江苏省省级水旱灾害防御物资管理手册

（下册 操作使用篇章）

江苏省水利防汛物资储备中心◎编著

河海大学出版社
HOHAI UNIVERSITY PRESS
·南京·

图书在版编目(CIP)数据

江苏省省级水旱灾害防御物资管理手册. 下册，操作使用篇章 / 江苏省水利防汛物资储备中心编著. -- 南京：河海大学出版社，2022.8

ISBN 978-7-5630-7634-5

Ⅰ. ①江… Ⅱ. ①江… Ⅲ. ①水灾一防御一物资管理一江苏一手册②干旱一防御一物资管理一江苏一手册 Ⅳ. ①F253

中国版本图书馆 CIP 数据核字(2022)第 147600 号

书　　名　江苏省省级水旱灾害防御物资管理手册(下册　操作使用篇章)
书　　号　ISBN 978-7-5630-7634-5
责任编辑　龚　俊
特约编辑　梁顺弟　卞月眉
特约校对　丁寿萍　许金凤
封面设计　槿容轩　张育智　周彦余
出版发行　河海大学出版社
地　　址　南京市西康路 1 号(邮编:210098)
电　　话　(025)83737852(总编室)
　　　　　　(025)83722833(营销部)
　　　　　　(025)83787107(编辑室)
经　　销　江苏省新华发行集团有限公司
排　　版　南京布克文化发展有限公司
印　　刷　南京迅驰彩色印刷有限公司
开　　本　880 毫米×1230 毫米　1/16
印　　张　13.75
字　　数　414 千字
版　　次　2022 年 8 月第 1 版
印　　次　2022 年 8 月第 1 次印刷
定　　价　100.00 元

Foreword 序

习近平总书记指出，要坚持人民至上、生命至上。要做好预案准备、队伍准备、物资准备、蓄滞洪区运用准备，宁可备而不用，不可用时无备。《"十四五"国家综合防灾减灾规划》提出，力争到2035年，自然灾害防治体系和防治能力现代化基本实现。加强水旱灾害防御物资管理是强化水旱灾害防御物资保障的重要手段，是夺取防汛抢险胜利的有力支撑，是积极推进防洪救灾体系和能力现代化的重要举措。

近年来，江苏省水利厅积极推动水旱灾害防御物资管理专题研究，细致分析洪涝灾害特性和水旱灾害防御物资需求，积极探索物联网、信息化时代背景下防汛物资管理新方法、新手段。为了更好地指导和推动全省水旱灾害防御物资管理，由江苏省水利防汛物资储备中心牵头，组织有关单位和专家，对江苏乃至全国水旱灾害防御物资管理工作先进实践进行凝练和总结，组织编写了《江苏省省级水旱灾害防御物资管理手册》。该手册重点突出规章制度、出入库管理、物资管养及使用和仓储设备安全操作等内容，能够有效指导水旱灾害防御物资管理，具有十分重要的参考价值。

奋进新征程，建功新时代。我们要坚持以习近平总书记关于防汛救灾工作重要指示精神为指导，持续强化水旱灾害防御物资储备管理工作，着力提高水旱灾害防御物资规范化、标准化、数智化管理水平，提升突发险情灾情应急物资保障能力，系统推进全省水旱灾害防御物资储备现代化，促进新时代江苏水利高质量发展，为建设"强富美高"新江苏提供坚实有力的防洪救灾物资保障！

朱海生

2022年8月

Preface 前言

江苏是经济大省，也是水利大省。随着经济社会的快速发展及“强富美高”新江苏建设的加快推进，对防洪保安提出了更高的要求。多年来，我省在防汛抗灾斗争中形成了以工程措施和非工程措施互为支撑的格局，其中，防汛物资保障是非工程措施中十分重要的手段之一。防汛物资是夺取防汛抢险胜利的重要物质基础，加强我省防汛应急保障体系建设，加快防汛物资储备管理能力建设，是我们面临的一项十分重要的任务。

《江苏省“十四五”水利发展规划》《江苏省省级防汛防旱物资及抢险设备仓库建设规划报告》对我省防汛防旱物资仓库布局及建设进行了近期和远景规划，并有序开展实施。同时，加速推进防汛物资管理规范化、数智化等能力建设，创新防汛物资管理手段日益成为防汛物资管理的重要课题。

为进一步提高全省防汛物资储备管理水平，加强对全省防汛物资管理的规范化、数智化能力建设的指导，2018年以来，江苏省水利防汛物资储备中心开展了江苏省省级防汛物资储备管理规范化专题研究。工作人员专程前往防汛物资储备工作较具代表性的重庆、广东、浙江、安徽等省市进行了实地考察、学习调研，并就相关问题多次咨询省防办、省水利厅工管处、省水文水资源勘测局等单位，在充分汲取各地防汛物资储备管理先进经验的基础上，结合我省实际，编著了这本《江苏省省级水旱灾害防御物资管理手册》。

该手册分上下两册，上册是管理制度篇章，下册是操作使用篇章。手册结合了近年来江苏省防汛物资储备工作实践经验，分析了江苏省洪涝灾害特性和防汛抢险物资的需求特点，综合考虑了在物联网、信息化时代背景下，防汛抢险的发展趋势及其对防汛物资响应时间的要求，对于我省防汛物资储备管理具有很好的指导作用和参考价值。该手册不仅可以作为各级防汛物资管理人员参阅学习的工具书，也可以作为加强能力建设、提高自身管理水平的参考书。

江苏省水利防汛物资储备中心作为我省省级防汛物资储备管理专业单位，多年来在物资管理及历次抗洪抢险中，充分履行了职能，发挥了巨大的作用，积累了丰富的物资管理经验。该手册的编制既是对以往物资管理经验的总结，也是适应当前形势，创新管理手段的一种探索。希望该手册在今后的实践工作中能充分发挥指导意义和借鉴价值，为实践工作提供有益参考，为提升全省防汛物资管理水平作出积极的贡献。

编　者

2022年7月

Contents 目录

第三部分

储备物资及其使用说明

第一章
防汛抢险物料

储物袋类

储物袋类包括编织袋、土工布袋、防汛麻袋、草袋、吸水膨胀袋等(图 3-1-1),各类储物袋的优缺点如表 3-1-1 所示,运用场景包括构筑子埝(堤)、月堤、围堰、传统围井等(图 3-1-2)。本章第一节、第二节、第三节介绍防汛麻袋、防汛吸水膨胀袋和防汛堵漏材料。

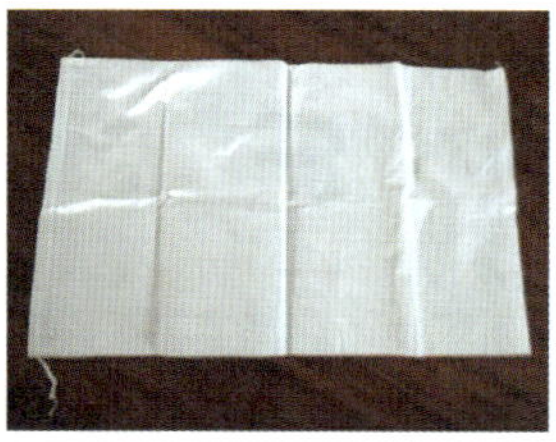

(a) 编织袋

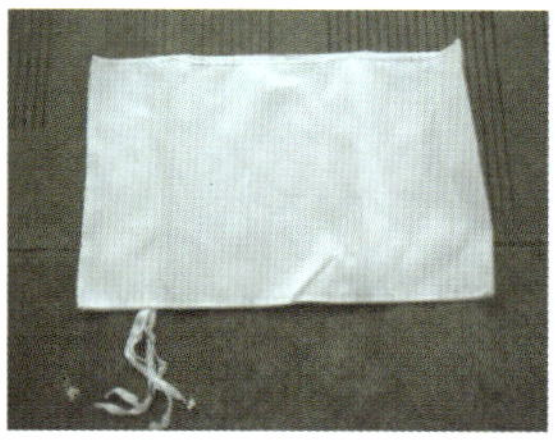

(b) 土工布袋

(c) 帆布沙袋

(d) 麻袋

(e) 草袋

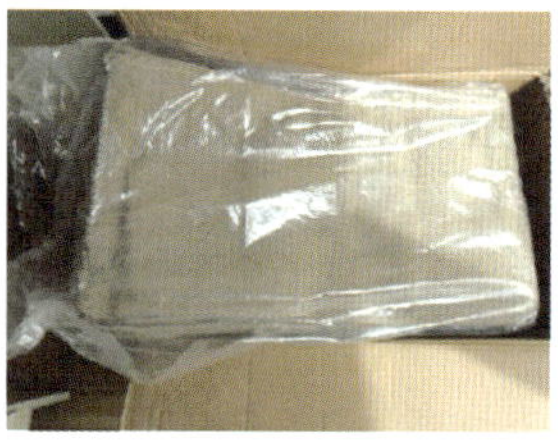

(f) 膨胀袋

图 3-1-1　储物袋类

表 3-1-1　各类储物袋的优缺点

种类	优点	缺点
编织袋	较为普遍,成本低	一般都是由聚丙烯(PP)经过挤压、拉伸成丝编织而成,暴晒易老化,不能长久使用
土工布袋	强度高,抗拉抗晒,容量大	制作成本较高,且表面光滑,抗摩擦力不够
草袋	就地取材,短期耐水性较好,成本较低	编织间隙较大,耐塑性、耐冲刷、强度不够
膨胀袋	使用前体积小,重量轻,存放、运输方便。该产品属环保产品,无毒、无害、无味、无污染。可自然降解	构建高度受其自身承受力影响,高度不会太高,但其是一次性使用产品,用后就消耗完毕
麻袋	不易受潮发霉,吸湿性好	不耐酸,易被腐蚀

(a) 构筑子埝(堤)　　(b) 构筑传统围井　　(c) 构筑月堤、围堰

图 3-1-2　储物袋类运用场景

第一节　防汛麻袋

一、简介

防汛麻袋以黄麻为原料，由粗糙结实的粗麻坯布制成，麻袋的袋口均须卷折缝光，经过轧光机整理。麻袋摩擦系数高，具有较高的断裂强度，装土堆砌后比较坚固密闭，可自然降解，较为环保，主要应用于防汛抢险装土料或砂石料，见图 3-1-3、图 3-1-4。

图 3-1-3　装填前的麻袋

图 3-1-4　装填后的麻袋

二、性能技术参数(表 3-1-2、表 3-1-3)

表 3-1-2　防汛麻袋常用规格

项目		规格			允差
		2 号	3 号	4 号	
组织	地	双经平纹	双经平纹	双经平纹	—
	边	加密布边	加密布边	加密布边	—
尺寸(cm)	长	107	90	105	+2.5，-1.2
	宽	74	58	74	+2.5，-1.2

表 3-1-3 防汛麻袋性能指标

项目		规格			允差
		2 号	3 号	4 号	
经纬密度(根/10 cm)	经密	66	66	57	+2.5,-1.0
	纬密	32	32	28	+2.5,-1.0
缝针密度(针/10 cm)	缝边	10	10	10	+2.5,-0.5
	袋口[a]	6	6	6	+2.5,-0.5
断裂强力(N)	经向	900	900	700	-8%
	纬向	1 000	1 000	700	-8%
	缝边[b]	675	675	480	-8%
公定质量(g)		927	610	740	-7%

注 1:袋口[a] 缝针密度是指用双股线缝合者,若用单线缝合,其密度是 10 针/10 cm。
注 2:缝边[b] 处断裂强力是指用卷绕法缝合的情况。若用连锁法缝合时,其断裂强力为本表规定的 85%。
注 3:缝合处不是布边时应折边。
注 4:缝制麻袋的坯布,一般经过轧光机整理。
注 5:袋口不是布边时应缝口,缝口后应在袋角扎口。用圆筒缝口法时,可以不扎口。
注 6:麻袋的公定回潮率是 14%,作为折算公定质量之用。

三、使用方法及注意事项

(一) 使用方法

1. 护脚阻坡:当堤坝坡面发生滑坡时,可用装满土的麻袋垒砌在滑坡体下部堤脚附近,起到阻止堤坝坡面继续下滑和固基的双重作用。

2. 背河反滤导渗:当闸门与土堤结合部出现漏洞及渗水时,可根据渗水险情及现场反滤料物的准备情况,修筑反滤减压围井或用麻袋、土袋等物质采取反滤导渗措施。

3. 漫溢险情的抢护:在漫溢险情发生前,一般用编织袋或麻袋装土七八成满,分层交错叠垒,并踩实严密,在袋后填土帮戗防渗。或全部用土袋筑埝,但要加裹土工膜防渗。

4. 风浪险情的抢护:汛期河水上涨,水面变宽。当风速较大时,风浪对堤防冲击力强,轻者造成堤坡坍塌变陡,重者出现滑坡、漫溢等险情,甚至造成决口,应因地制宜,采取具体抢护措施。用编织袋、麻袋装土(或砂或碎石或砖等),叠放在迎水堤坡。土袋应排挤紧密,上下错缝。

(二) 注意事项

防汛麻袋的包装与标志应符合下列要求:

1. 每 100 条为一件,采用"#"形捆扎后,外用麻布包装。包装应平整、牢固,无破损、无沾污,每件包装内必须放置产品合格证。

2. 每件包装外印刷白色标志如下:"防汛专用麻袋(×号)"、规格、数量、重量、监制单位、生产厂家、生产日期。

3. 麻袋面布的跳线、断线、单线长度不大于 10 mm,并且无经线、纬线交叉或相邻跳线、断线,每条麻袋单面跳线、断线不多于 2 处。总体上应没有影响使用的疵点。

四、维护修养

1. 麻袋应该按包装整齐码放，便于搬运，不得散乱堆放。
2. 下部要设有防潮垫层，垫层高度不小于 20 cm。
3. 注意通风，防虫防鼠。
4. 严禁接触酸、碱、氧化剂和有机溶剂等物质。
5. 避免存放尖锐物品，避免硬物划伤。

第二节 防汛吸水膨胀袋

一、简介

吸水膨胀袋又称膨胀防洪袋，是一种储存方便、使用方便的防水新产品。它是由具有透水性能较好的麻布或棉布材料按不同用途做成的不同规格和形状的外层袋，内袋则是由特制的吸水材料构成，见图 3-1-5。

图 3-1-5 防汛吸水膨胀袋吸水前后对比图

二、性能技术参数

1. 产品尺寸：680 mm×380 mm×8 mm（长×宽×高）
2. 产品重量：吸水前为 0.42 kg±5%，吸水后为 20 kg±5%
3. 材料使用：外袋为天然麻织物；内袋为纺织品
4. 使用环境：淡水酸碱环境 8>pH>4
5. 膨胀时间：3～5 min（水温环境≥18℃）
6. 耐压强度：≥200 kg

三、使用方法及注意事项

1. 防止堤坝滑坡：在堤坝滑堤的下部用吸水膨胀袋按“品”字型多层堆叠起来，在最短时间内阻止坝土继续滑坡,同时可以加紧时间填土抢修垮坡的堤坝。

2. 堤坝升高:根据水情预告,洪水位将超过设计洪水位,甚至可能超过堤坝,在洪水来临之前,用吸水袋在堤顶临水一边抢修子埝,吸水袋膨胀后,把它分层错缝垒筑压紧,为了避免层间渗漏,应在层间添加散土。如果能配合塑料薄膜使用,防渗效果更好。

3. 消浪防冲:把吸水袋摊开放平,将袋两端用绳系在堤岸木桩上,直接抛置于水面上,吸水袋膨胀后,由于吸水袋具有一定的浮力,能够随波起伏,发挥消浪作用。

4. 管涌蓄水反压:以堤坝的背水一面作为一个固定边,把膨胀好的吸水袋以多层"品"字型堆砌成一堵沙包墙,于堤坝另一面围成一个长方型的蓄水槽,然后往槽中注水,通过水压抑制管涌回渗。为了防止渗漏,应在吸水袋内侧添加一层塑料薄膜。

四、维护保养

1. 吸水膨胀袋应储备于室内干燥处,用塑料密封袋密封,严禁破损,防潮防湿。
2. 吸水膨胀袋可以折叠储存,也可堆砌,但堆高不超过 5 箱。
3. 严禁接触酸、碱、氧化剂和有机溶剂等物质。
4. 避免存放尖锐物品,避免硬物划伤。

第三节 防汛堵漏材料

一、简介

防汛堵漏材料又称"管涌停",是由高分子吸水材料组成,具有吸水性强、吸水后体积迅速膨胀等特点,在抗洪抢险中可用来快速堵塞管涌通道、临时加高防洪堤坝、封堵穿堤建筑物的渗漏等,见图 3-1-6、图 3-1-7。

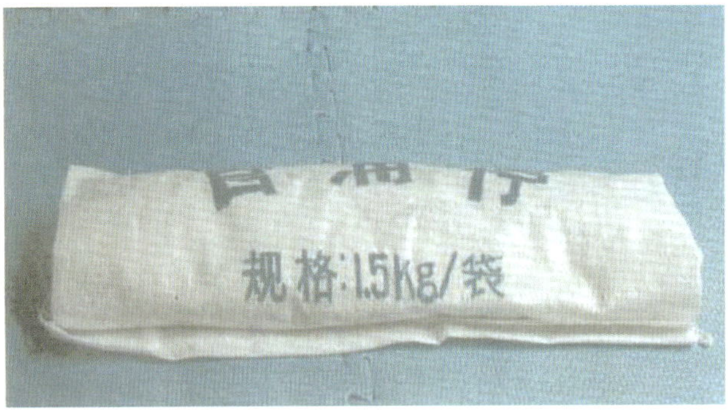

图 3-1-6 吸水前的防汛堵漏材料

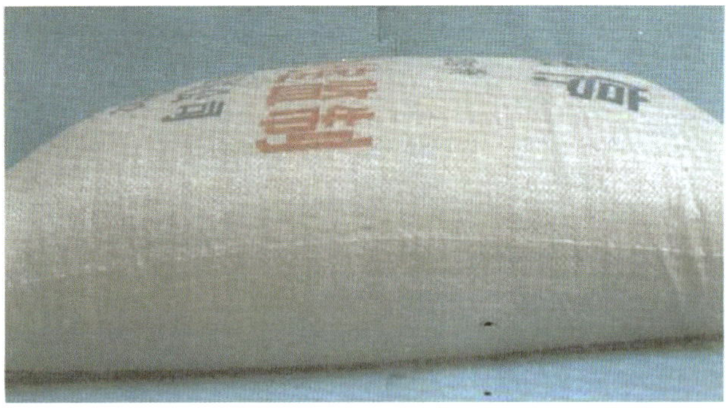

图 3-1-7 吸水膨胀后的防汛堵漏材料

二、性能技术参数

防汛堵漏材料遇水前体积小、重量轻,吸水 4 min 后达到最大体积,10 min 后达到最大吸水量,吸水后的重量超过自身重量的 20 倍,其包装可使用透水性编织袋、土工袋、防汛麻袋等,见表 3-1-4。

表 3-1-4 聚丙烯编织袋防汛堵漏材料技术参数表

项目	指标	允许偏差
单袋质量(kg)	1.5	±0.05
比重(g/cm^3)	1.2	±0.1
浸水膨胀时间(min)	4～10	—
体积膨胀率(%)	700	−10
膨胀后质量(kg)	30	−1.5

注:检测膨胀率,应先将防汛堵漏材料称重,展开后完全浸没于水中,10 min 后取出称重,计算其膨胀率。

三、使用方法及注意事项

(一) 使用方法

1. 封堵管涌和漏洞

根据漏洞或管涌情况,视水深预估洞口直径,选择一个或几个防汛堵漏材料卷成小卷,塞入洞口,封堵管涌通道。如果漏水较大或水面已经形成较大的漩涡,可投放多袋防汛堵漏材料,用推杆或依靠水的吸力将其送至洞口,堵塞漏洞。

当分不清漏洞具体位置时,可打开密封袋取出防汛堵漏材料,在漏洞可能存在的地方均匀投放,形成一层防水层,也可在流速较大区域和石块一起投放。

2. 临时加高堤坝

汛期,将防汛堵漏材料放置在险段,一旦出现险情,迅速打开塑料包装,将吸水膨胀后的防汛堵漏材料平铺在堤顶,形成快速挡水围堰,临时加高堤坝。

3. 结合防汛土工滤垫用于堤坝管涌抢护

先在管涌出口四周摆放展开后的袋装防汛堵漏材料,使袋内原料尽可能均匀分布,放置后应立即加压防护滤垫或滤布,并在滤布上加压石块或砂袋等重物,避免防汛堵漏材料体积膨胀过大,影响防护效果。在压重情况下,可使其体积膨胀较小,形成致密防水层,堵住防护垫和地面之间可能出现的漏水通道。

4. 风浪险情的抢护

汛期河水上涨,水面变宽。当风速较大时,风浪对堤防冲击力强,轻者造成堤坡坍塌变陡,重者出现滑坡、漫溢等险情,甚至造成决口,应因地制宜,采取具体抢护措施。用编织袋、麻袋装土(或砂或碎石或砖等),叠放在迎水堤坡。土袋应排挤紧密,上下错缝。

(二) 注意事项

1. 防汛堵漏材料重量较轻,吸水后重量虽然加重,但抗风浪能力较差,所以,使用时应加压砂袋或石块等重物。仅使用防汛堵漏材料修筑挡水围堰时,围堰高度不宜过高,以一至二层为宜。

2. 使用防汛堵漏材料修筑挡水围堰时,应先将其展开放于水中,待其吸水膨胀后使用。在防汛堵漏材料吸水膨胀前,不得加压土料、砂袋等影响其吸水的材料,否则将导致其性能丧失。

3. 修筑挡水围堰、堵漏等使用的防汛堵漏材料,汛后处理时,可打开袋子将袋内材料撒于田地间用作保水剂,增加土地的保水抗旱能力。

四、维护保养(图 3-1-8)

1. 储存在通风、阴凉干燥处,应远离火源、热源,避免阳光直射,防止内外包装物破损,防止物品受潮。

图 3-1-8 防汛堵漏材料的包装及堆放

2. 存放平整,叠放高度不宜高于 5 箱。

3. 下部要设有防潮垫层,垫层高度不小于 20 cm。

4. 避免存放尖锐物品,避免硬物划伤。

(以上技术参数资料由沈阳华洋船舶配件制造有限公司提供)

布、膜类

布、膜类包括复合土工膜、土工布、彩条布、滤垫等(图 3-1-9、表 3-1-5),本章第四节到第七节介绍相关的内容。

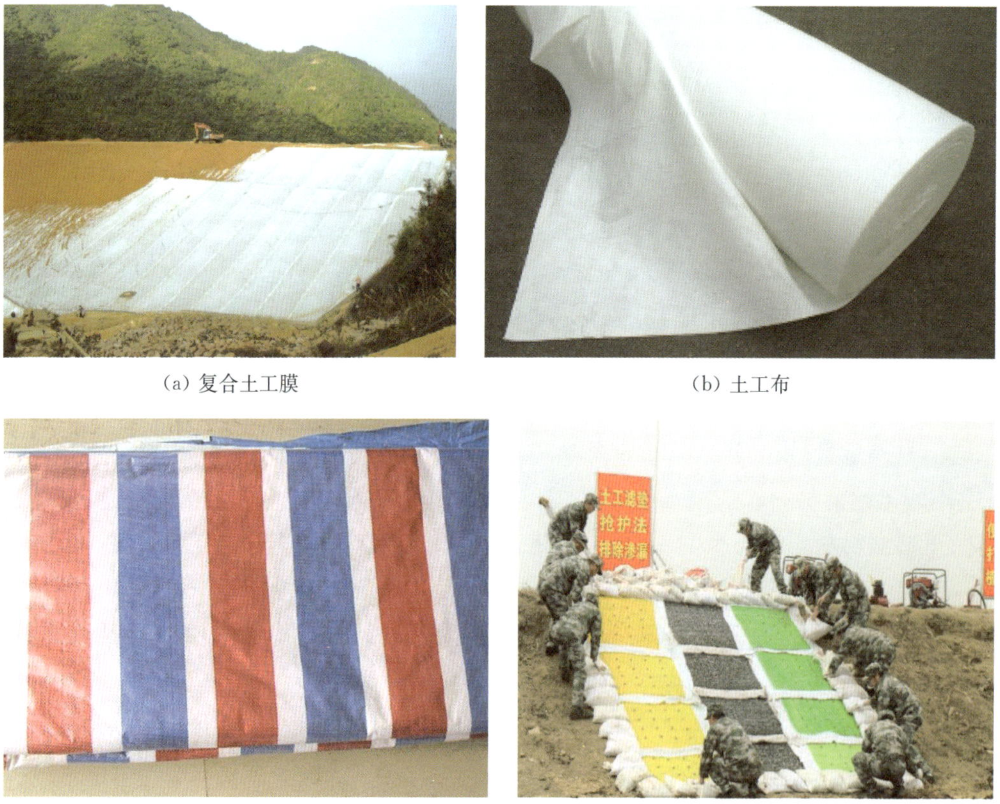

(a) 复合土工膜 (b) 土工布

(c) 彩条布 (d) 滤垫

图 3-1-9 布、膜类

表 3-1-5 布、膜类对比

品种	用途	对比区别
1. 复合土工膜	满足工程建设中的防渗、隔离、补强、防裂加固等土木工程需要，常用于堤坝、排水沟渠的防渗处理，以及废料场的防污处理	1、3 主要用于防渗处理，土工膜使用的范围更为广泛，表层长丝土工布韧性、抗拉性较强，使用周期较长，不易老化，中间一层夹层易热熔拼接；彩条布只能临时处理，忌暴晒，不宜长期依赖使用 2 与 1、3 对比，使用作用不同，土工布和土工膜有本质区别，土工布是导流截沙，土工膜是防渗截水，使用的险情处理也截然不同，一般 2 用在背水坡，1、3 用在迎水坡 滤垫是专用材料，特制产品，与其他 3 个产品对比，其使用比较局限，不够灵活
2. 土工布	利用土工布良好的透气性和透水性，使水流通过，从而有效地截留沙土流失	
3. 彩条布	具有防水、防霉功能，并具有材轻、抗拉强度高、耐酸碱、抗高温、洗刷折叠方便等特点；用于防渗处理以及遮风防雨等	
4. 滤垫	防汛土工滤垫是一种抢护堤防和大坝管涌险情的专用材料，主要是防止土颗粒流失，保护土体结构不发生变化，排除渗水，削减水压力，达到稳定险情的目的	

第四节 防汛土工滤垫

一、简介

防汛土工滤垫(图 3-1-10)是由土工席垫和特制土工织物组合而成，用于抢护堤防和大坝管涌险情的专用材料。主要是防止土颗粒流失，保护土体结构不发生变化，排除渗水，消减水压力，达到稳定险情的目的。具有高效快捷、装配灵活、操作简单、便于储运、可重复使用和绿色环保等特点。

图 3-1-10 防汛土工滤垫

二、性能技术参数

(一) 防汛土工滤垫结构

根据堤防管涌险情的特点，防汛土工滤垫的结构由四部分组成，其中最主要部分由两层土工席垫和一层特制滤层组合而成，分别为黄色、黑色、绿色三种规格，依次适用于粉砂、细砂、中砂土质。

1. 底层减压层。底层减压层为土工席垫，是由改良后的聚乙烯加热喷挤出的纤维熔结而成的三维多孔材料，单块尺寸 1.0 m×1.0 m×0.01 m(长×宽×高)，它具有较高的抗拉、抗压强度和一定的孔隙率，其作用为抵御管涌孔出口处挟砂水流的流速,控制水势,可替代部分块石和碎石。它置于滤垫的下部,直接与地表土相接触。根据管涌土质的不同,采用不同颜色的土工席垫。

2. 中层过滤层。中层过滤层是以涤纶和丙纶为原料特制的土工织物,单块尺寸为 1.4 m×1.4 m(长×宽),具有一定的厚度、渗透系数和有效孔径,功能为滤土排水,也就是防止土颗粒随水流失,同时起到排水减压的作用,可替代传统的砂石料滤层。滤层四周比土工席垫四周均宽出 0.2 m 作为防汛土工滤垫之间的搭接。

3. 上层保护层。上层保护层是以全新聚乙烯和聚丙烯为原料的土工席垫,单块尺寸为 1.0 m×1.0 m×0.01 m(长×宽×高),其作用为保护中层过滤层在使用过程中特性不发生变化,便于储运。

4. 连结件。当单块滤垫不能满足抢护管涌时,可将若干块滤垫拼装成滤垫铺盖,用连结件连接。

(二) 主要技术参数

1. 防汛土工滤垫的外观质量及允许偏差(表 3-1-6)

表 3-1-6 防汛土工滤垫外观质量及允许偏差表

序号	项目		单位	技术指标	允许偏差
1	复合固定点		个	16 只,(M10×35)	/
2	席垫丝条		/	连续不断裂,丝条内无气泡,相互粘连牢固	/
3	特制滤层	搭接宽度	cm	20	±1.0
4		厚度	mm	5	−0.5
5		单位面积质量	g/m^2	300	−18
6	土工席垫	长×宽	cm	100×100	±1.0
7		厚度	mm	10	±0.5
8		单位面积质量	g/m^2	1 400	−50

2. 防汛土工滤垫的物理力学性能(表 3-1-7)

表 3-1-7 防汛土工滤垫物理力学性能指标

序号	项目		单位	指标	
1	特制滤层	垂直渗透系数	cm/s	NH-GF03 滤垫	$\geqslant 10^{-2}$
				NH-GF02 滤垫	$\geqslant 10^{-1}$
				NH-GF01 滤垫	$\geqslant 10^{0}$
		孔径 O_{95}	mm	NH-GF03 滤垫	0.07~0.15
				NH-GF02 滤垫	0.15~0.28
				NH-GF03 滤垫	0.25~0.35
2	土工席垫	抗压强度	kPa	≥100	
		孔隙率	%	60~90	
		渗透系数	cm/s	≥10	

三、使用方法及注意事项

(一) 材料及工具

在抢护一处管涌险情时,所需材料见表 3-1-8。

表 3-1-8 滤垫材料用料表

材料	单位	数量	备注
滤垫	块	9	围井直径约 3.0 m
连结件	个	36	连接单块滤垫
装石防汛袋	条	36	压盖

(二)操作工序

1. 确定滤垫的型号和安装位置。首先针对发生管涌的土质确定滤垫的型号,然后以管涌区域的大小确定滤垫的安装范围。

2. 清理现场,平整场地。

3. 铺设滤垫。先在管涌出口处放置第一块滤垫,然后在第一块滤垫的四边叠置 4 块滤垫,再在 4 个边角叠置 4 块滤垫,并用连结件(特制塑料扣)连接。

4. 在叠置滤垫的同时,施加负荷重,可采用装砂石防汛袋或块石均匀且间隔地堆放在滤垫的连接处和管涌孔处。

5. 观测抢护效果。

(三)注意事项

1. 滤垫若出现漂浮现象,要立即均匀施加荷重,使其稳定。

2. 若滤垫周边出现涌砂,要立即增加或更换滤垫,将其控制。

四、维护保养

1. 防汛土工滤垫应保存在阴凉干燥且无鼠害的仓库内,每一叠的堆放量应不超过 10 层。

2. 周围不得接触酸、碱等腐蚀性物质,注意防潮、防火。

3. 在贮存和运输过程中应保证不破损、不沾污、防雨淋,不得长期暴晒。

4. 每年汛前检查一次,进行必要的维护,做好抢险准备。

5. 使用后用水冲刷干净并晾干,连结件进行除锈保养。

(以上技术参数资料由南京瑞迪建设科技有限公司提供)

第五节 防汛土工织物

一、简介

防汛土工布分为塑料编织土工布、长丝机织土工布、非织造(无纺)针刺土工布三大类,在防汛抢险中用于过滤、排水、隔离、防护、加强等,如图 3-1-11 所示。

二、性能技术参数

(一)不同类型防汛土工织物的规格要求

1. 塑料编织土工织物幅宽应在 4.0～6.0 m 之间。普通型应为白色或彩条色,防老化型应为蓝色或黑色。

图 3-1-11　防汛土工织物的实际应用

2. 长丝机织土工织物幅宽应在 2.0～4.0 m 之间。

3. 非织造针刺土工织物幅宽应在 4.0～6.0 m 之间。

(二)防汛土工织物不应采用或添加再生材料

塑料编织土工织物的材质应为聚丙烯或聚乙烯树脂,长丝机织土工织物的材质应为丙纶或涤纶长丝,非织造针刺土工织物的材质应为涤纶。

1. 塑料编织土工织物物理力学性能指标(表 3-1-9)

表 3-1-9　塑料编织土工织物物理力学性能表

项目	指标						
	20～15	30～22	40～28	50～35	60～42	80～56	100～70
经向断裂强度(kN/m)≥	20	30	40	50	60	80	100
纬向断裂强度(kN/m)≥	15	22	28	35	42	56	70
经纬向断裂伸长率%	15～28						
梯形撕裂强力(kN)≥	0.3	0.45	0.5	0.6	0.75	1.0	1.2
顶破强力(kN)≥	1.6	2.4	3.2	4.0	4.8	6.0	7.5
垂直渗透系数(cm/s)	10^{-4}～10^{-1}						
等效孔径 O_{95}(mm)	0.08～0.5						
单位面积质量(g/m^2)	120	160	200	240	280	340	400
单位面积质量允许偏差值(%)	±10						

2. 长丝机织土工织物物理力学性能指标(表 3-1-10)

表 3-1-10　长丝机织土工织物物理力学性能指标表

项目		规格				
		35 kN/m	50 kN/m	65 kN/m	80 kN/m	100 kN/m
1	经向断裂强度(kN/m)≥	35	50	65	80	100
2	纬向断裂强度(kN/m)≥	按协议规定,无特殊要求时,则按经向断裂强度×0.7				
3	标准强度对应伸长率/%≤	经向 35,纬向 30				
4	缝制强度(kN/m)≥	断裂强力×50%				

续 表

项目		规格				
		35 kN/m	50 kN/m	65 kN/m	80 kN/m	100 kN/m
5	撕裂强力(kN)≥	0.4	0.7	1.0	1.2	1.4
6	顶破强力(kN)≥	2.0	4.0	6.0	8.0	10.5
7	垂直渗透系数(cm/s)	$K\times(10^{-2}\sim10^{-5})$ 其中,K=1.0～9.9				
8	等效孔径 O_{95}(mm)	0.05～0.50				
9	单位面积质量(g/m^2)	140	200	260	320	390
10	幅宽偏差(%)	−1.0				
11	模袋冲灌厚度偏差(%)	±8				
12	模袋长、宽偏差(%)	±2				
13	单位面积质量偏差(%)	−5				

注1:规格按经向断裂强度,实际规格介于表中相邻规格之间,按线性内插法计算相应考核指标;超出表格中范围时,考核指标由供需双方协商确定。

注2:实际断裂强度低于标准强度时,标准强度对应伸长率不作符合性判定。

注3:第10～13项标准值按设计或协议。

3. 短纤针刺非织造土工织物物理力学性能指标(表3-1-11)

表3-1-11 短纤针刺非织造土工织物物理力学性能表

项目	标准断裂强度/(kN/m)						
	8	10	15	20	25	30	40
纵横向断裂强度(kN/m)≥	8.0	10.0	15.0	20.0	25.0	30.0	40.0
标准断裂强度对应伸长率(%)	20～100						
顶破强力≥(kN)	1.4	1.8	2.5	3.2	4.0	5.5	7.0
垂直渗透系数(cm/s)	$K\times(10^{-1}\sim10^{-3})$ 其中,K=1.0～9.9						
等效孔径 O_{95}(mm)	0.07～0.2						
纵横向撕破强力(kN)	0.20	0.25	0.40	0.50	0.65	0.80	1.00
单位面积质量偏差率(%)	±5						
幅宽偏差率(%)	−0.5						
厚度偏差率(%)	±10						
抗酸碱性能(强力保持率)(%)	80						
抗氧化性能(强力保持率)(%)	80						
抗紫外线性能(强力保持率)(%)	80						

注:规格按经向断裂强度,实际规格介于表中相邻规格之间,按线性内插法计算相应考核指标;超出表格中范围时,考核指标由供需双方协商确定。

4. 长丝纺粘针刺土工织物物理力学性能指标(表 3-1-12)

表 3-1-12　长丝纺粘针刺土工织物物理力学性能表

项目		指标						
标准断裂强度(kN/m)		10	15	20	25	30	40	50
1	纵横向断裂强度(kN/m)≥	10.0	15.0	20.0	25.0	30.0	40.0	50.0
2	纵横向断裂伸长率(%)	40～80						
3	CBR 顶破强力≥(kN)	1.9	2.9	3.9	5.3	6.4	7.9	8.5
4	垂直渗透系数(cm/s)	$K\times(10^{-1}\sim10^{-3})$ 其中,$K=1.0\sim9.9$						
5	等效孔径 O_{95}(mm)	0.05～0.2						
6	纵横向撕破强力(kN)	0.28	0.42	0.566	0.70	0.82	1.10	1.25
7	厚度(mm)≥	1.6	2.2	2.8	3.4	4.2	5.5	6.8
8	幅宽偏差(%)	−0.5						
9	单位面积质量偏差(%)	−5						

注 1:规格按经向断裂强度,实际规格介于表中相邻规格之间,按线性内插法计算相应考核指标;超出表格中范围时,考核指标由供需双方协商确定。

注 2:实际断裂强度低于标准强度时,标准强度对应伸长率不作符合性判定。

注 3:第 7～9 项标准值按设计或协议。

三、使用方法及注意事项

(一) 使用方法

1. 塑料编织土工织物。防止堤岸受风、浪、潮、雨的冲刷,并用于护岸、护坡、护底,防止水土流失。

2. 长丝机织土工织物。用于堤、坝、河及海岸石块、土坡、挡土墙的滤层,防止砂土粒通过,而允许水或者空气自由通过。

3. 当出现大面积的散浸险情时,非织造针刺土工织物用于土坝散浸排水的方法有两种:一是用非织造针刺土工织物作贴坡排水;二是堤坡开挖导渗沟,沟内放非织造针刺土工织物,上面塞小石子。

(二) 注意事项

1. 不能与尖锐物品混装。
2. 吊装时采用柔性绳带。
3. 不得用木棒、铁棍等硬件辅助顶装。
4. 装车紧固时,须有应力分散措施,避免用绳索直接大力勒紧。

四、维护保养

1. 存放的库房内清洁无杂物、无化学腐蚀品。
2. 库房内干燥、阴凉。
3. 库房内有必要的消防用具,如消防栓、灭火器等。

第六节 防汛复合土工膜

一、简介

防汛复合土工膜应是为防汛抢险专门制作的，以非织造土工织物为基材，以聚乙烯、聚氯乙烯等土工膜为膜材复合而成的一种土工合成材料，以及以聚乙烯树脂、乙烯共聚物为原料，加入各种添加剂所生产的聚乙烯土工膜，主要用于防渗、防护、隔离、加强等，见图 3-1-12、图 3-1-13。

图 3-1-12 复合土工膜

图 3-1-13 复合土工膜的应用

二、性能技术参数(表 3-1-13～表 3-1-16)

表 3-1-13 短纤针刺非织造复合土工膜物理力学性能指标

项目		规格			
标准断裂强度(kN/m)		7.5	10	12	14
1	纵横向断裂强度(kN/m)≥	7.5	10.0	12.0	14.0
2	CBR 顶破强力(kN)≥	1.5	1.9	2.2	2.5
3	纵横向撕破强力(kN)≥	0.25	0.32	0.40	0.48
4	纵横向断裂伸长率(%)	30～100			
5	剥离强度(N/cm)≥	6			
6	耐静水压(MPa)≥	按耐静水压表			
7	垂直渗透系数(cm/s)	按设计或合同要求(例如≤10^{-11})			
8	幅度偏差(%)	−1.0			

注 1:实际规格(标称"断裂强度")介于表中相邻规格之间,按线性内插法计算相应考核指标;超出表中范围时,考核指标由供需双方协商确定。

注 2:第六项如测定时,试样难以剥离或未到剥离强度,基材或膜材断裂,视为符合要求。

注 3:第八项标准值按设计或协议。

注 4:实际断裂强度低于标准强度时,标准强度对应伸长率不作符合性判定。

表 3-1-14 普通高密度复合土工膜物理力学性能指标

序号	项目	指标								
	厚度(mm)	0.30	0.50	0.75	1.00	1.25	1.50	2.00	2.50	3.00
1	密度(g/m^3)	≥0.94								
2	拉伸屈服强度(纵、横向)	≥4	≥7	≥10	≥13	≥16	≥20	≥26	≥33	≥40
3	纵横向断裂强度(N/mm)	≥6	≥10	≥15	≥20	≥25	≥30	≥40	≥50	≥60
4	屈服伸长率(纵、横向)(%)	—	—	—	≥11					
5	断裂伸长率(%)	≥600								
6	直角撕裂负荷(纵、横向)(N)	≥34	≥56	≥84	≥115	≥140	≥170	≥225	≥280	≥340
7	抗穿刺强度(N)	≥72	≥120	≥180	≥240	≥300	≥360	≥480	≥600	≥720
8	炭黑含量(%)	2.0～3.0								
9	炭黑分散性	10个数据中3级不多于1个,4级、5级不允许。								
10	常压氧化诱导时间(OIT)(min)	≥60								
11	低温冲击脆化性能	通过								
12	水蒸气渗透系数[g. cm/(cm^2. s. pa)]	≤1.0×10^{-13}								
13	尺寸稳定性(%)	±2.0								

注:表中没有列出厚度规格的技术性能指标要求按照内插法执行。

表 3-1-15 耐静水压规定值

项目		膜厚度/mm							
		0.2	0.3	0.4	0.5	0.6	0.7	0.8	1.0
耐静水压(MPa)≥	一布一膜	0.4	0.5	0.6	0.8	1.0	1.2	1.4	1.6
	二布一膜	0.5	0.6	0.8	1.0	1.2	1.4	1.6	1.8

注:膜厚介于表中相邻规格之间,按线性内插法计算相应考核指标;超出表中范围时,考核指标由供需双方协商确定。

表 3-1-16 编织复合土工膜一布一膜、一布两膜物理力学性能指标

项目	规格				
	80 g/m^2	100 g/m^2	120 g/m^2	140 g/m^2	160 g/m^2
经向断裂强度(kN/m)≥	12	16	18	20	22
纬向断裂强度(kN/m)≥	11	15	17	19	21
经纬向断裂伸长率(%)	15～40				
剥离强度(kN/m)≥	1/6				
纵向梯形撕裂强力(kN)≥	0.16	0.22	0.30	0.38	0.45
顶破强力(kN)≥	0.8	1.2	1.6	2.0	2.4
渗透系数(cm/s)≤	10^{-11}				

三、使用方法及注意事项

1. 土工膜盖堵。此法适用于洪水期深度大且贯穿大堤断面的横缝。用防渗土工薄膜或复合土工薄膜、土工织物在临水堤坡进行全面铺设，并用土帮坡或铺压土袋、砂袋等，使水与堤隔起截渗作用；在背水坡用透水土工织物进行反滤排水，保持堤身土粒稳定。

2. 挡水防渗布。此挡水防渗布为二布一膜的土工织布。设置在刚性坝体迎水侧，是子堤挡水防渗的关键部件之一。根据坝基不同，设计了两种结构，一是适应软质坝基的齿片埋设式挡水防渗结构；二是适应硬质堤基的挤压式挡水防渗结构。

四、维护保养

1. 施工人员必须穿无钉鞋或胶底鞋，禁止在土工膜上任意踩踏。
2. 铺膜后应及时进行防护层施工，防止热收缩引起土工膜变形及紫外线照射引起土工膜老化。
3. 禁止接触可引起聚烯烃性能变化的化学物质，以免土工膜发生永久变形。
4. 机械不得直接碾压土工膜表面。

（以上技术由盐城市雍荣土工材料有限公司提供）

第七节　防汛机织/非织造复合土工织物

一、简介

防汛机织/非织造复合土工织物（普通型或防老化型）包括编织针刺复合土工织物和机织针刺复合土工织物，编织针刺复合土工织物以编织土工布与短纤针刺非织造土工布或长丝纺粘非织造土工布针刺复合而成，见图 3-1-14。机织针刺复合土工织物以长丝机织土工布与短纤针刺非织造布或长丝纺粘非织造土工布经针刺复合而成。防汛抢险时主要发挥反滤、排水、隔离等功能，特别适用于泥沙颗粒小的抢险现场排水反滤。

图 3-1-14　防汛针刺复合土工织物

二、性能技术参数(表 3-1-17、表 3-1-18)

表 3-1-17 防汛机织/非织造复合土工织物外观质量及允许偏差

疵点名称	轻缺陷	重缺陷	备注
分层	—	严重	影响施工
杂物	软质,粗≤5 mm	硬质;软质,粗>5 mm	
边不良	≤300 cm 时,没 50 cm 计一处	>300 cm	
破损	≤0.5 cm	>0.5 cm,破洞	以疵点最大长度计
断纱	分散的,1~2 根	并列 2 根及以上	
稀路	10 cm 内少 2 根	10 cm 内少 3 根	
其他	参照相似疵点进行评定		

表 3-1-18 防汛机织/非织造复合土工织物的内在质量指标

<table>
<tr><td colspan="3" rowspan="2">项 目</td><td colspan="9">指 标</td></tr>
<tr><td>30</td><td>40</td><td>50</td><td>60</td><td>70</td><td>80</td><td>100</td><td>120</td><td>140</td></tr>
<tr><td rowspan="7">考考核项</td><td colspan="2">纵向断裂强度(Kn/m) ≥</td><td>30</td><td>40</td><td>50</td><td>60</td><td>70</td><td>80</td><td>100</td><td>120</td><td>140</td></tr>
<tr><td colspan="2">横向断裂强度(Kn/m) ≥</td><td colspan="9">纵向强度标准值×0.8</td></tr>
<tr><td rowspan="2">定负荷伸长率(%) ≤</td><td>长丝类</td><td colspan="4">30</td><td colspan="5">35</td></tr>
<tr><td>裂膜丝类</td><td colspan="7">25</td><td colspan="2">30</td></tr>
<tr><td colspan="2">CBR 顶破强力(kN) ≥</td><td>3.1</td><td>4.2</td><td>5.2</td><td>6.3</td><td>7.3</td><td>8.4</td><td>10.5</td><td>12.6</td><td>14.7</td></tr>
<tr><td colspan="2">等效孔径 O_{95}(mm)</td><td colspan="9">0.065~0.200</td></tr>
<tr><td colspan="2">垂直渗透系数(cm/s)</td><td colspan="9">$K\times(10^{-1}\sim10^{-3})$ 其中,$K=1.0\sim9.9$</td></tr>
<tr><td rowspan="2">参考项</td><td colspan="2">幅度偏差(%)</td><td colspan="9">−1.0</td></tr>
<tr><td colspan="2">单位面积质量偏差(%)</td><td colspan="9">−8</td></tr>
</table>

注 1:定负荷伸长率考核纵向和横向,定负荷分别为纵向强力标准值和横向强力标准值。
注 2:幅宽偏差和单位面积质量偏差,根据标称值考核复合后的产品。
注 3:实际规格介于表中相邻规格之间时,按内插法计算相应指标;超出表中范围时,指标由供需双方协议。

三、使用方法及注意事项

(一) 注意事项

1. 每一卷产品外观疵点不允许存在重缺陷,轻缺陷每 200 m² 应不超过 5 个。
2. 不能与尖锐物品混装。
3. 内在质量的测定应从批样的每一卷中距头端至少 3 m 随机剪取一个样品。
4. 机织/非织造复合土工织物按定长成卷包装,定长值根据协议或合同规定。

(二) 使用方法

背河反滤导渗。在遇到闸门漏水险情时,可根据渗水险情选用针刺复合土工织物作为反滤料物,采取反滤导渗措施。如修筑反滤减压围井等。

四、维护保养

1. 仓库应适时通风、降低室温和湿度，在贮运中应保证不破损、不沾污、不受潮、防雨淋，不得长期暴晒。
2. 织物应码垛堆放，堆高不超过 4 m，垛底要用垫层。
3. 定期进行外观检查，并进行防潮倒垛或翻晒，重新投放防虫、鼠药。

第八节 铅丝网片

一、简介

铅丝网片是由 8 号或 10 号镀锌铅丝作框架，以 10 号或 12 号镀锌铅丝为网线编织而成，主要规格有 2 m×3 m、3 m×4 m、4 m×4 m(长×宽)等，见图 3-1-15。通过铅丝网片将石块、砂袋打包成特定体积的物体进行抢险，用以加大抛填物的体积和重量，减缓石块和砂袋的流失量，提高石块和砂袋的有效利用率，主要适用于加固、堵口、崩岸处理及工程基础防护等。

图 3-1-15 铅丝网片

二、性能技术参数(表 3-1-19、表 3-1-20)

表 3-1-19 主要规格的铅丝网片技术参数表

规格(m×m)	网孔数量(个)		单孔面积(cm²)		加筋数量	重量
	棱形	三角形	棱形	三角形	(根)	(kg)
2×3	≥164	≥50	≤320	≤160	1	≥7.0
3×4	≥327	≥120	≤320	≤160	2	≥10.0
4×4	≥436	≥160	≤320	≤160	3	≥13.0

表 3-1-20 铅丝的物理力学性能技术参数表

规格		断面面积 (mm^2)	重量(kg/km)	长度 (m/kg)	抗力强度 (N/mm^2)	弯曲试验 (次/180°)
号数	直径(mm)					
8	4.064±0.07	12.96	101.78	9.83	≤890	≥4
10	3.251±0.07	8.30	65.19	15.34	≤960	≥4
12	2.642±0.06	5.48	43.01	23.25	≤960	≥4

注:表中抗力强度为冷拉钢丝机械性能。退火钢丝的抗力强度应在 295 N/mm～540 N/mm。

三、使用方法及注意事项

(一) 使用方法

1. 机械施工

将铅丝网片铺在装载机料斗中,将铅丝网片前沿挂在料斗齿上,装载机铲石后,将铅丝网片上下沿对折,然后用铅丝封口,抛入出险地点。

2. 人力施工

将铅丝网片展开平铺在垫桩或抛笼架上,按大石在外、小石在内的原则在网片上排垒块石,达到规定体积或重量后,封边盖顶,扎牢后推抛入水。

(二) 抢险应用

1. 护脚防冲

当堤防受水流冲刷形成陡坎险情时,可在出险部位抛投铅丝石笼(铅丝网片形成铅丝网笼后装载石块即为铅丝石笼)进行护脚,控制险情发展,见图 3-1-16。

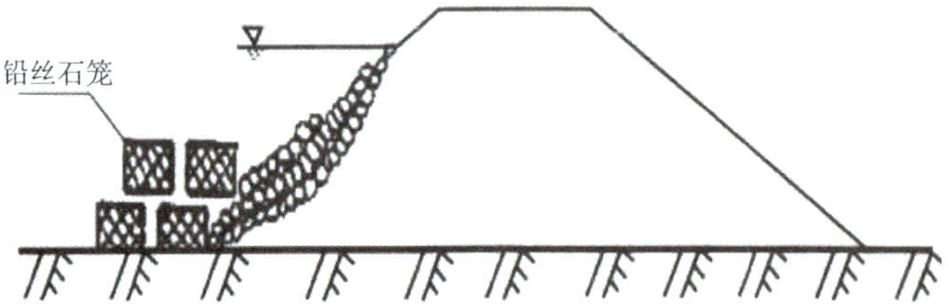

图 3-1-16 铅丝石笼防冲抢险示意图

2. 抛笼护根

洪水期间,险工、控导(护滩)工程的坝岸、根石容易被水流冲刷带走,护根被淘空,引起坍塌险情发生,此时抛块石已不能制止根石流失。因此,可采用铅丝笼装块石压护的方法进行抢护,补充加固根石,增强抗冲刷能力,控制险情发展。

3. 抛笼堵口

在堵口抢险中,可以将多个铅丝笼连接在一起使用,以进一步提高抗冲能力,保证堵口成功。

4. 铅丝笼沉排坝

在修筑工程时,先在坝前滩地上挖槽,再以土工布铺底,以铅丝笼压载形成铅丝笼排体,排体逐步下沉,起到护根防冲作用。

四、维护保养

1. 铅丝网片日常存储于防潮通风库房内。
2. 平放在距地面 20 cm 的垫板上，堆码高度不超过 2.5 m。
3. 定期进行外观检查，做防锈处理。
4. 铅丝的运输工具应保持清洁、干燥，并须有必要的防潮、防雨条件；铅丝应用良好的机械平稳装卸或人工堆码整齐，不允许用丝绳直接吊装或在 1 m 以上高度扔落；铅丝应贮存在清洁、干燥的仓库中；铅丝在中途转运过程中应存放在干燥场地，底层应用防潮材料垫底，防止锈蚀。

（以上技术参数资料由义马市金顺达线材有限公司提供）

第九节 钢丝网兜

一、简介

钢丝网兜是由不锈钢丝编织而成，具有耐腐蚀、抗氧化能力，见图 3-1-17。在钢丝网兜内装放石块，通过石块自重作用，可用于抗洪抢险堵口、基础工程防护、堤岸加固等，见图 3-1-18）。钢丝网兜不受地形条件限制，可以单独使用，也可以多个相互连接，形成整体以起到互固作用。

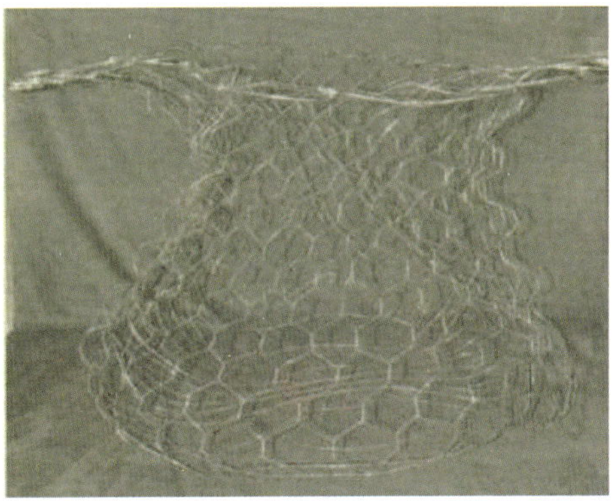

图 3-1-17 钢丝网兜

图 3-1-18 抛用钢丝网兜石体

二、性能技术参数(表 3-1-21)

表 3-1-21 钢丝网兜主要规格的技术参数表

参数型号	钢丝直径(mm)	网兜直径(mm)	网长(mm)	体积(m^3)	承载重量(kg)
PWQ-100	1.0±0.01	460±20	850±50	0.14	100
PWQ-250	1.0±0.01	700±20	1 000±50	0.38	250
PWQ-500	1.0 ± 0.01	1 000±20	1 000±50	0.78	500
PWQ-620	1.0±0.01	1 000±20	1 050±50	0.82	620
PWQ-800	1.12±0.01	1 200±20	1 000±50	1.13	800
PWQ-2000	1.25±0.01	1 600±20	1 200±50	2.41	2 000

三、使用方法及注意事项

(一) 使用方法

1. 人工向网兜装填块石,达到规定的承载量,用起吊绳索从网兜顶部的几何网孔环绕穿入,起吊绳索使网兜形成缩口后,用配套扎口钢丝紧固兜口,抽出起吊绳索并挂入自动脱钩吊具,按所需抛投的位置完成抛投工作。

2. 装填块石不允许超过网兜规定的承载重量。

(二) 抢险应用

1. 基础工程防护

如排涝闸防冲槽的冲刷修复等。

2. 堤防决口的抢护

在决口险情的抢护中进行抢护裹头时,在水深流急、土质较差的地带,则要考虑采用抗冲流速较大的石笼等进行裹护。

用立堵法封堵决口时,通过迅速抛石笼、块石、柳捆或芦捆和土料等材料,向口门中间推进填筑,逐渐缩窄口门,最后实现合龙。

3. 堤岸加固

防止洪水对堤岸的冲刷,造成滑坡、崩岸等险情的发生。2008 年汶川大地震时,在支援唐家山堰塞湖抢险中进行固堤护脚,调用了镇江分中心钢丝网兜 4 000 只,完成护坡 4 200 m^3。

4. 河道截留围堰

在唐家山堰塞湖应急处置工程中运用钢丝笼完成围堰工程。

四、维护保养

1. 钢丝网兜应存放于防潮、防尘、通风库房内。
2. 钢丝网兜应堆放在衬垫上,与地面保持 15～20 cm 的距离。
3. 钢丝网兜堆放高度不得超过 3 箱。
4. 定期进行外观检查,做防锈处理。

(以上技术参数资料由江苏新科水利电力成套设备有限公司提供)

第十节　防汛铅丝

一、简介

铅丝是用普通低碳钢热扎圆盘条(线材)经冷拉镀锌而成,常用规格有 8 号、10 号、12 号。在防汛抢险中的主要用途为:作绑扎材料、制作铅丝笼、作导线,以及拧制成不同规格的绳缆供防汛抢险或作其他用途,见图 3-1-19。

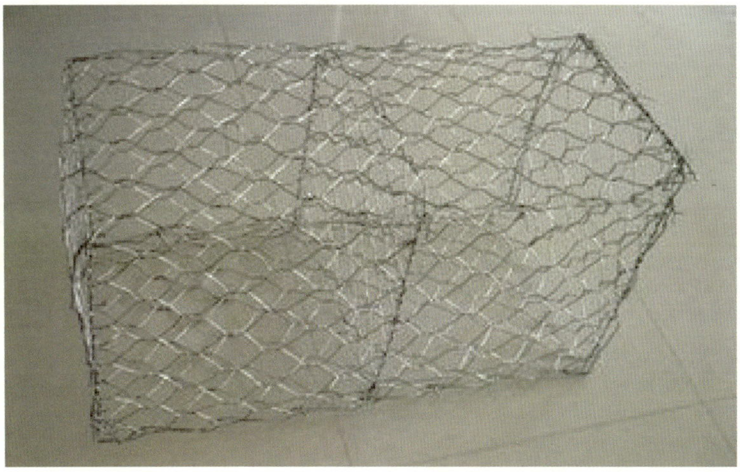

图 3-1-19 由铅丝所编的石笼

二、性能技术参数(表 3-1-22)

表 3-1-22 防汛铅丝质量标准

规格		断面面积(mm²)	重量(kg/km)	长度(m/kg)	抗力强度(N/mm²)	弯曲试验(次/180°)
号数	直径(mm)					
8	4.064±0.05	12.96	101.78	9.83	≤890	≥4
10	3.251±0.05	8.30	65.19	15.34	≤960	≥4
12	2.642±0.04	5.48	43.01	23.25	≤960	≥4

注:表中抗力强度为冷拉钢丝机械性能。退火钢丝的抗力强度应在 294 N/mm～490 N/mm。

三、使用方法及注意事项

1. 铅丝石笼网。用机器将金属丝编织成网箱结构,再装上石块、砖块等填充物,用于河道防洪,它是水利工程建设中的生态防护新型结构。

2. 雷诺护垫。雷诺护垫是指由机编双绞合六边形金属网面构成的厚度远小于长度和宽度的垫形工程构件,其中装入块石等填充料后连接成一体,成为主要用于水利堤防、岸坡、海曼等的防冲刷结构,具有柔性、对地基适应性的优点。

四、维护保养

1. 防汛铅丝应堆放在通风、干燥、防潮的库房中。
2. 应堆放在衬垫上,并与地面保持一定的距离。
3. 定期进行外观检查,做防锈处理。

桩类

本章第十一节和第十二节为桩类,包括防汛桩木、防汛钢管,见图 3-1-20。

(a) 防汛桩木

(b) 防汛钢管

图 3-1-20 桩类

桩类运用场景包括构建钢木土石组合坝,植桩固坡等,见图 3-1-21。

(a) 构建钢木土石组合坝

(b) 植桩固坡

图 3-1-21 桩类运用场景

第十一节 防汛桩木

一、简介

木材是防汛抢险的重要材料,主要用于制作防浪排、签桩和堵口打桩等,是抢险常备料物。它具有质地轻、强度高、韧性和抗震性好、加工容易等优点,在防汛抢险中一直得到广泛使用,见图 3-1-22。

图 3-1-22　防汛木桩

二、性能技术参数(表 3-1-23)

表 3-1-23　防汛桩木规格及质量标准

名称	长度(m)	直径(cm)	
		梢径	根径
短桩	1～3	6～12	8～16
长桩	3～5 >5	13～15 >15	17～20 >20

注 1:累计裂缝长度不大于桩木长度的 1/5,不得有贯通性裂缝。
注 2:疤节直径不大于桩木直径的 1/4。相当于桩木直径 1/5～1/4 的疤节,每 1 m 长度内不能多于 3 个。
注 3:无腐朽和明显缺陷。
注 4:原木检验标准按 GB/T144 标准执行,原木材积计算按 GB/T4814 标准执行。
注 5:杉原条检验标准按 GB/T5039 标准执行,杉原条材积计算按 GB/T4815 标准执行。
注 6:木材保管按 GB/T18959 标准执行。

三、使用方法及注意事项

1. 临水筑戗。用土袋在渗水堤段临水坡修成月牙形围埝,或用木桩、元竹、摊垫等材料在临水坡做成月牙形篓,将渗水部位围在月牙形围埝或篓内,然后在围埝或篓内抛填黏土。一般戗顶宽 3～5 m,高出水面 1 m,长度超过渗水两端 5 m,见图 3-1-23。

2. 构建钢木土石组合坝。决口险情发生时,如流速较大,可用打桩、抛枕、抛笼等进堵,构建钢木土石组合坝进行封堵,最后集中抛投合龙,见图 3-1-24。

图 3-1-23 临水筑戗

图 3-1-24 构建钢木土石组合坝

3. 桩柴护岸。适用于水浅溜缓的冲塌抢险。在坍塌处下沿打桩一排木桩后,从下到顶密叠柳把一层,其后用散柳等软料铺填,再用黏土填实,最后再将该排桩与新打的后排桩连接成一体,见 3-1-25。

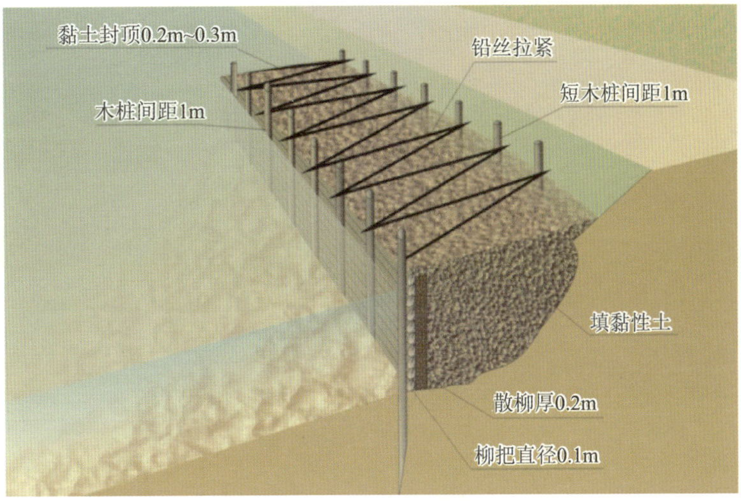

图 3-1-25　桩柴护岸

4. 构筑木桩子堤。漫溢险情发生后，当土质较差，取土困难，又缺乏土袋时，可以就地取材，采用木桩子堤。先在临水坡打一排木桩，在木桩背水面将单层木板或预先捆绑好的芦苇、禾把或柴捆，用铅丝或麻绳绑扎于木桩后，自上而下紧靠木桩逐层叠放。在木板或柴捆的后面逐层铺土夯实，见图 3-1-26。

图 3-1-26　构筑木桩子堤

5. 挂柳防浪。在风浪险情发生时，用柳树、秸料或苇料等，扎成直径 50 cm 的枕，将枕两端用绳系在堤岸木桩上，推置水面上，随波起伏，起到消浪作用，见图 3-1-27。

6. 植桩防渗。在渗水险情抢险中，采用土工膜（一布一膜）截渗时，将直径 4～5 cm 钢管插入土工膜下端，卷好后将上端系于堤顶木桩上，沿堤坡滚下，在其上压上土袋，以防土工膜漂浮。

四、维护保养

1. 采用大小头倒顺形或“井”字形分别堆放，用钢管架垛，便于通风，保持干燥。堆放要整齐美观、安全。

2. 防汛木材保管方法应符合 GB/T 18959 标准要求。保持木材采伐时边材所具有的高含水率或迅速使木材含水率降低至 25%以下，防止木材发生腐朽、虫害和开裂；防止木材变质降等，降低使用性能；防火、防洪、防盗，避免木材损失。

3. 要做好应对木材开裂的措施。可采用在木材上用铁丝捆端头，使用防裂环（“C”型或“S”型钢丝圈）等，用机械的方法强制木材不要膨胀和收缩，避免木材发生开裂；也可以采用在木材端部和表面涂刷防水涂

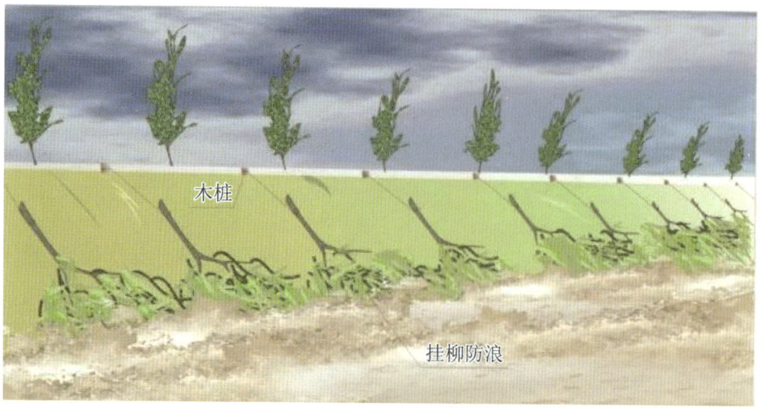

图 3-1-27 挂柳防浪

图 3-1-28 植桩防渗

料,减缓木材表面的蒸发强度,减少木材内部的含水率梯度,减少开裂;还可以用防水剂进行加压浸注处理,使防水剂深深进入木材中,以达到持久性的良好防裂效果。

4. 堆放处要防止灭火器,禁止仓库吸烟。

第十二节 防汛钢管

一、简介

防汛钢管是为防汛抢险专门制作的焊接钢管,主要用于构筑钢木土石组合坝、植桩固坡等,见图 3-1-29。

二、性能技术参数

防汛钢管材质应用 GB700 规定的 Q195、Q215、Q235 钢制造,外涂两层防锈漆;管体应顺直,无裂缝、分层搭焊等缺陷,内外表面应光滑,见表 3-1-24、表 3-1-25。

图 3-1-29 钢管

表 3-1-24 防汛钢管的规格及允许偏差(GB/T13793)

内径	外径	普通管		加厚管	
(mm)	(mm)	壁厚(mm)	理论重量(kg/m)	壁厚(mm)	理论重量(kg/m)
40	48.3±0.5	3.6±0.36	3.97	4.25	4.62
50	60.3±1	3.6±0.36	5.03	4.5	6.19

注 1:理论重量按照 GB/T21835 标准中普通焊接钢理算公式[W=0.024 661 5×(D−S)×S]计算,不含计扣件重量。
注 2:壁厚允许偏差±10%。

表 3-1-25 防汛钢管的物理力学指标(GB/T700 和 GB/T13793)

项目	抗拉强度(σ_b)	伸长率(δ_b)	弯曲度
指标	≥335 MPa	≥15%	≤1.5 mm/m

三、使用方法及注意事项

1. 构建钢木土石组合坝。这种技术解决了洪灾发生后封堵决口的难题,利用钢管搭设脚手架的结构原理,通过护固坝头,框架进占(设置框架基础,设置钢框架,木桩打筑,连接固定,填塞护坡),导流合龙(设置导流排,设置围堰,加密设置斜撑桩,连通钢木框架,分层加快填塞速度),防渗固坝,最后达到闭气的目的,见图 3-1-30。

图 3-1-30 构建钢木土石组合坝

2. 软帘盖堵。当渗水、漏洞险情发生时,将直径 4～5 cm 的钢管固定在土工膜的上下两端,卷好后将上端系于堤顶木桩上,下端钢管内充填石块,由抢险人员迅速放开软帘,用长杆推入水中,盖住洞口,并立即抛压土袋等,使之闭气。在难以找到漏洞进口位置时,也可根据出水口位置,分析漏洞进口的可能范围,在较大的面积上采用土工织物软帘盖堵,见图 3-1-31。

图 3-1-31　软帘盖堵

3. 反滤围井。管涌险情基本稳定后,在围井的适当高度插入排水管(钢管),使围井水位适当降低,以免围井周围再次发生管涌或井壁倒塌。同时,必须持续不断地观察围井及周围情况的变化,及时调整排水口高度,见图 3-1-32。

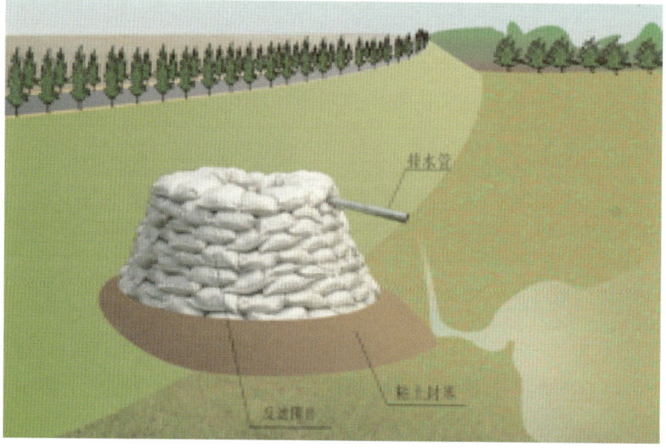

图 3-1-32　反滤围井

4. 构筑前戗台。在险情发生前,用钢管桩组合对堤坝进行人工加固、植桩固坡,构筑前戗台,防止险情进一步扩大,见图 3-1-33。

图 3-1-33　构筑前戗台

四、维护保养

1. 抢险钢管要涂防锈漆并在库房内存放，底部要设防潮垫层，摆放整齐避免重压，防止钢管和扣件变形生锈。

2. 扣件是防汛钢管连接必需的材料，具体要求为：(1)扣件应外涂两层防锈漆，螺栓加涂黄油后要按品种分别堆放，要用麻袋或硬材箱进行牢固包装，每袋(箱)重量不超过 30 kg。(2)每吨防汛钢管配套扣件的规格及数量可按直角 110 个、对接 20 个、旋转 20 个配套。(3)用小麻袋分类包装。

制式围井

制式围井包括传统围井、装配式围井、装配式制式围井、橡胶围井等(图 3-1-34)，本章第十三节介绍装配式围井。

(a) 传统围井

(b) 装配式围井

(c) 装配式制式围井

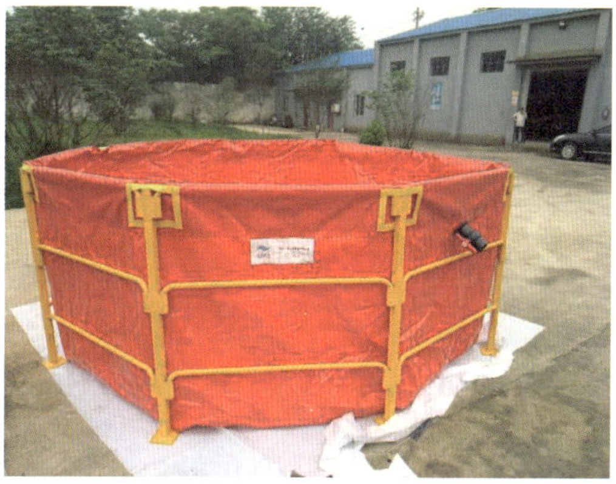

(d) 橡胶围井

图 3-1-34　制式围井

第十三节　装配式围井

一、简介

装配式围井是由单元围板、固定件、排水系统、止水系统四部分装配而成，主要用于抢护堤坝管涌破坏，是抢护堤坝管涌险情的有效措施之一。其作用原理是使围井内保持一定的水位，降低管涌孔口处的水力坡降，减少动水压力，使管涌流动的土颗粒恢复稳定，从而达到抑制管涌破坏和继续发展的目的，见图 3-1-35。

图 3-1-35 组合成的围井围板、滤垫组装围井图

二、性能技术参数

1. 单元围板尺寸:宽 1.0 m,高分别为 1.0 m、1.2 m 和 1.5 m。
2. 围井大小:可根据管涌险情的实际情况和抢险要求进行组装,一般为管涌孔口直径的 8~10 倍。
3. 围井内水深:根据管涌险情的实际情况和抢险要求,由围井的排水口调节其水位。
4. 单元围板重量:19.5 kg(高 1.5 m),17.5 kg(高 1.2 m),16.0 kg(高 1.0 m)。

三、使用方法及注意事项

(一) 人员组织

以构筑直径为 6 m 的围井为例,共需装配单元围板 19 块,需工作人员 6~10 名。

(二) 材料和工具(表 3-1-26)

表 3-1-26 围井器材用料表(直径 6 m)

材料	单位	数量	备注
单元围板	块	19	其中二块围板带有排水口
固定件	根	19	—
压条	条	19	—
螺丝(ϕ8)	套	95	—

注:作业工具需要铁锤、扳手、铁锹等。

(三) 操作工序

1. 确定装配式围井的安装位置和单元围板数量。以管涌孔口处为中心,根据预先制定的围井大小(直径),确定围井的安装位置和单元围板及相应附件数量。

2. 开设沟槽。可使用开槽机或铁铲开设 1 条深 20~30 cm 的沟槽,宽度以放入单元围板为宜。

3. 将围板全部置于沟槽中,实现相互之间的良好连接,并将连接杆插入连接孔中,初步固定。

4. 将单元围板上的止水复合土工膜依次用压条及螺丝固定在相邻一块单元围板上,尽量将螺丝拧紧,减少渗漏。

5. 将单元围板内外的沟槽进行回填并夯实,减少渗漏量;如遇到砂质土壤,可在沟槽内放置隔水土工膜(厚度 0.2 mm 或 0.3 mm),然后用铁锤将连接插杆夯于地下固定围板。

6. 检查验收，观测抢险效果。

（四）注意事项

1. 如果单元围板与地面的接触面渗漏，则用土继续回填内外沟槽，也可将土工膜置于围井内，用土袋压实密封。

2. 一个围井必须装配至少一个带排水孔的单元围板，控制围井内的水位，保持水压稳定，以防止围井内的水位过高或过低。

3. 在围板装配时，将单元围板上的止水复合膜用螺丝加压条固定在相邻围板的螺孔上，达到防渗止水的目的。

四、维护保养

1. 装配式围井应保存在阴凉、无鼠害的仓库内，周围不得接触酸、碱等腐蚀性物质，要注意防潮、防火，每一叠的堆放量应不超过 8 层。

2. 每年汛前检查一次，进行必要的维护，做好抢险准备。主要检查防汛装配式围井配件是否齐备，单元围板上的螺钉和焊接点是否牢固。

3. 使用后，单元围板、固定件和止水复合膜需用水冲刷干净，分别包装储存。

（以上技术参数资料由南京瑞迪建设科技有限公司提供）

子堤

子堤包括传统子堤、制式子堤、围井改板坝式子堤、板坝式子堤、橡胶软子堤、充水式橡胶子堤等，本章第十四节、第十五节分别介绍充水式橡胶子堤、板坝式挡水子堤，见图 3-1-36。

（a）传统子堤

（b）制式子堤

（c）围井改板坝式子堤

（d）板坝式子堤

(e) 橡胶软子堤

(f) 充水式橡胶子堤

图 3-1-36　子堤

第十四节　充水式橡胶子堤

一、简介

充水式橡胶子堤是由充水胶囊、防护垫片两部分构成,与潜水泵配合使用,主要用于城市防洪抢险、加高堤坝、阻滞洪水漫溢等。其特点是重量轻、耐压强度高、气密性能优良,是一种轻便、灵活、高效、可以反复使用的新型防汛抢险材料,见图 3-1-37。

(a) 组装后的充水式橡胶子堤

(b)连接固定充水式橡胶子堤

图 3-1-37　充水式橡胶子堤

二、性能技术参数

(一) 主要技术参数(表 3-1-27)

表 3-1-27　橡胶子堤主要技术参数表

序号	项目	技术指标
1	每组子堤长度(m)	10
2	每组子堤充水后高度(m)	1.2

续 表

序号	项目	技术指标
3	抗滑移安全系数	1.5～2.0
4	设计防浪高度(m)	0.8
5	每组子堤充水后总容积(m^3)	15
6	每组子堤充水后总重量(t)	15

1. 子堤橡胶涂覆织物的胶料应用耐老化、耐油的胶料制造，拉伸强度≥12 MPa，扯断伸长率≥400%，屈挠性不裂≥20 万次。

2. 橡胶涂覆织物材质为锦纶织物，经、纬向拉伸强度径向≥60 kN/m，伸长率≤30%。

3. 各种金属件、橡胶压膜件、塑料件、护坦、尼龙绳尺寸及物理机械性能符合图样要求，橡胶压膜中橡胶与金属件的粘合强度≥19.6 MPa。

4. 每组子堤充满水后高度为 1.2 m，长度为 10 m，护坦长度为 0.7 m，注水后单元重量≥15 t，停放 24 h 表面不透水。

5. 每 5 组子堤配备 1 台水泵，流量为 50 m^3/h，扬程为 20 m，电机额定功率为 2.2 kW。

6. 子堤基本尺寸(表 3-1-28)：

表 3-1-28 子堤基本尺寸表

项目	要求
高度(m)	1.2±0.1
长度(m)	10±0.3
护坦长度(m)	0.7±0.05
重量(kg)≤	150
注水后单元重量(t)≥	15

7. 备品明细(表 3-1-29)：

表 3-1-29 备品明细表

名称	规格型号	单位	数量	备注
水龙阀门	2 寸	套	3	
水龙带(带接头)	2 米长，2 寸接头一个	套	3	
急救夹		个	3	
胶布	300 mm×300 mm	块	3	
剪子	圆头	把	1	
砂棒	ϕ10	只	1	
滑石粉		100 g	1	

(二) 性能

充水式橡胶子堤中充水胶囊的主体材料是高强力耐老化橡胶，每组由 3 个直径 0.8 m、长 10 m 的胶囊组合而成，3 个胶囊用 6 组三连环固定成一个稳定的三角形，可防止子堤向外滑移。防护垫片是以特制土工膜为基材，经粘接、铆合而成，它的主要功能是防止胶囊滑移、被刺破和子堤挡水防渗。

三、使用方法及注意事项

1. 排查和平整坝顶：清除杂物，简单平整坝顶。

2. 开挖沟槽：在堤坝迎水面挖 30 cm×30 cm 的沟槽，沟槽须平直、拐弯半径大，以增大子堤护坦的渗径。

3. 上护坦布的对接：根据防洪要求，将数块护坦布展开对齐，把护坦布之间的凹凸槽对接起来，中间用一条直径 10 mm、长 5 m 尼龙绳连接，使凹凸咬合不产生离缝，见图 3-1-38。

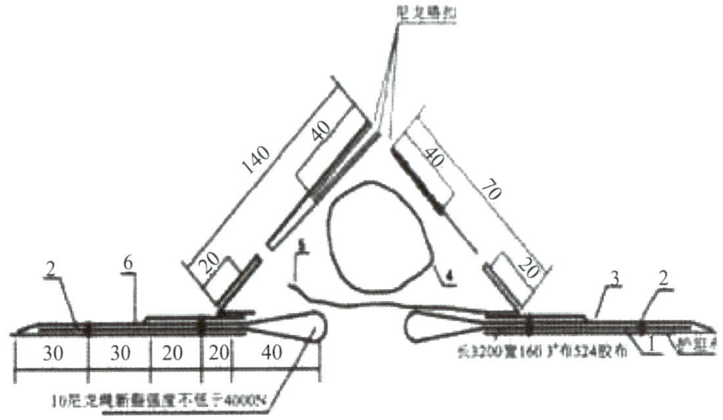

图 3-1-38　护坦布连接结构图

4. 水密胶囊安装：上护坦布对接好以后，将凹凸槽上方已固定好的密封胶布展平，再将胶囊平直放在密封胶布上，充气嘴指向背水面。然后将尼龙搭扣拉平扣好，向胶囊内充入 40～60 mm 汞柱的压缩空气。

5. 护坦布的固定：把下护坦布末端埋入沟槽并夯实，埋入深度不少于 30 cm。

6. 子堤胶囊在下护坦布的摆放：在距下护坦布边缘 20 cm 处摆放左、右两个胶囊，水嘴指向背水面，白色"十"字标记指向上方；套上 6 组三环圈，与白色"十"字对齐，然后再装上部胶囊，见图 3-1-39。

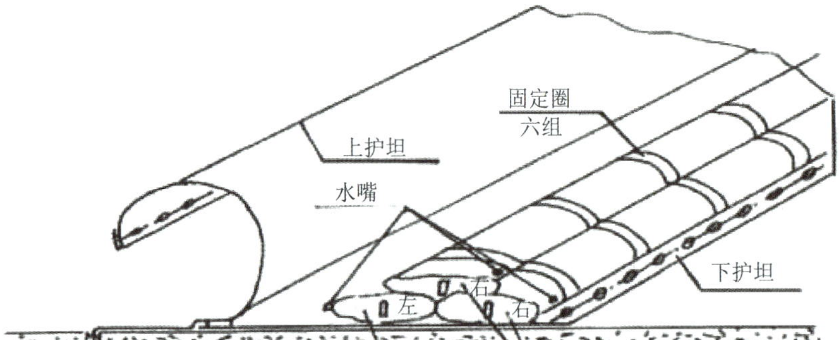

图 3-1-39　胶囊与上、下护坦布装配示意图

7. 充水程序：抢险救灾现场用水阀向胶囊充水，将输水软管一端接在胶囊水嘴上，另一端接在水泵出水口上，用喉箍拧紧，启动水泵，分别向下面的两个胶囊里充水。在充水时将排气阀拧松 2～3 扣，使胶囊空气能够排出，当下面两个胶囊充满后立即拧紧排气阀，然后再向上部胶囊按同样程序充水，当胶囊充水高度达 1.2 m 时即可。观察胶囊充水后是否平正，有无漏水点，一切正常即为充水完毕。

8. 搭盖护坦布：检查充水后的胶囊是否平正，高度是否相符，是否有漏水点，如果一切正常即可盖上护坦布并用尼龙绳将上下护坦布连接好。

四、维护保养

1. 胶囊外观检查:检查胶囊是否有开胶离层、机械损伤、部件脱落、排气阀内胶垫老化等现象,如有则应立即修复或更换。

2. 气密性检查:向胶囊内充入约 16 kPa 压缩空气,然后在胶囊上涂擦一层中性皂液,观察是否有气泡冒出,如有气泡出现即在漏气处标上标记以待修补。

3. 三环固定圈检查:检查有无开胶和机械损伤现象,如有则应立即修复。

4. 护坦布检查:仔细查看护坦布有无霉变、附件脱落、尼龙搭扣开胶、绳索短缺等现象,同时检查护坦布有无孔眼、刮坏等缺陷,如有应立即修复、更换。

5. 密封胶囊的检查:检查胶囊管是否老化龟裂、气咀是否堵塞、气门芯是否老化,如有应立即修复或更换。

6. 连结凹凸槽的检查:检查凹凸槽是否有粘连现象,如有则要用滑石粉进行隔离。

7. 橡胶子堤的回收:

将上下护坦布连接绳全部打开,把绳子冲洗干净后晾干,卷折成捆后分别装入包装袋内。

将水龙带中的水放干,卸下阀门,冲洗晾干后包装。

放干净胶囊中的水,晾干后包装。

将护坦布冲洗干净,晾干后折叠包装。

8. 包装和保管:

包装前涂隔离剂:检修后的充水胶囊和密封胶囊,表面要清理干净,均匀涂擦一层滑石粉。

胶囊包装:把两个“右”充水胶囊装在有“右”字的包装袋内,把“左”胶囊和三环固定圈装在有“左”字的包装袋内。

护坦布包装:将护坦布统一包装在一个包装袋内。

(以上技术参数资料由沈阳成禧橡胶制品厂提供)

第十五节　板坝式挡水子堤

一、简介

板坝式挡水子堤采用三角钢架结构,用玻璃钢板敷设在三角桁架上,迎水面底部置土工织布作为护坦,并与板坝面板上土工织布连成挡水体,以自身水体重量达到坝体稳定,见图 3-1-40、图 3-1-41。

图 3-1-40　板坝式挡水子堤

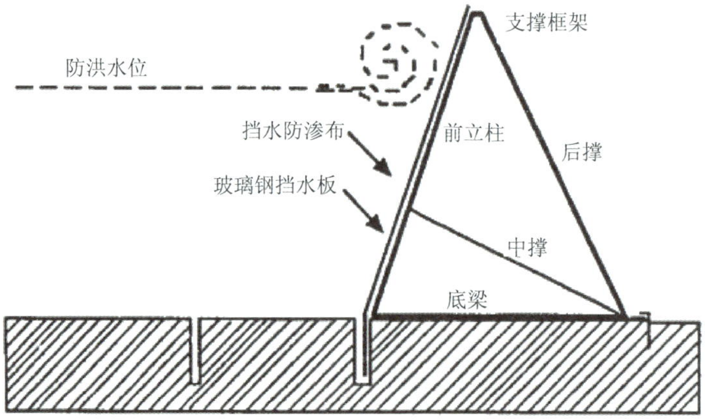

图 3-1-41 板坝式应急挡水子堤结构

二、性能技术参数(表 3-1-30)

表 3-1-30 板坝式应急挡水子堤材料力学计算结果

杆件名称	受拉应力(t)	弯矩(kN·m)	构件应力(MPa)	容许应力(MPa)	选择方钢版型(cm)	截面积(cm^2)	安全系数
板坝钢架前立柱	0.04		5.11	200.00	2×2×2	0.79	39.14
后斜拉	0.04		4.74	200.00	2×2×2	0.79	42.20
中斜拉	0.05		5.60	200.00	2×2×2	0.79	35.69
底梁	0.32		55.49	200.00	2×2×2	0.79	3.60
异型板		1.0	62.42	150.00	100+35+40.5+28	15.70	2.40
土工织物护坦膜	0.45						
挡水玻璃钢板		1.0	44.22	200.00	210×100×0.3	22.62	4.52

三、使用方法及注意事项

(一) 板坝式应急挡水子堤运行环境要求

1. 堤防宽度。板坝要求母堤宽度应大于 6 m,1 级堤防堤顶宽度不宜小于 8 m,2 级堤防不宜小于 6 m。

2. 运行温度。安装与运行温度要在 5~45℃。

3. 运行维护要求。安装与运行需要有组织进行,在安装与运行前需要对有关人员进行演练培训。

4. 安全要求。板坝式应急挡水子堤主挡水面料是土工膜布及波纹复合板,在安装与运行中不能受到刀器刺划、击打,子堤上不能放置重物。

(二) 布置与安装

1. 对预设子堤区域进行平整,清理堤顶,堤顶无大的坑洼,无草木。

2. 沿坝轴线放置子堤部件。挡水支撑板每 0.72 m 一块、异形板每 3 m 一块、三角形支撑框架每 1.5 m 一个,挡水防渗布每 50 m 一卷。

四、维护保养

1. 板坝式子堤在运行中要 24 h 看护，检查运行中是否正常。

2. 挡水支撑板变形：用备用支撑板和支架背在后面。

3. 防渗布撕破：在迎水侧用大块土工布铺盖，并用土、沙袋压实密封。

4. 汛后分解撤收，将各部件冲洗晾干（必要时，可对金属件进行防腐处理），分类包装，存放在阴凉、无鼠害仓库里。

5. 每年汛前检查一次，做好抢险准备。

第十六节 防汛块石

一、简介

防汛块石主要用于堤坝、护岸的抛护、堵口，固脚、填塘、压枕、沉排、砌石护坡、反滤导渗等，在防汛抢险中用量较大，是抗洪抢险的主要物料之一，见图 3-1-42。

图 3-1-42 装填成笼的块石

二、性能技术参数

石料是由天然岩石经开采加工而得，石质坚硬，无风化石、山皮石、分层易碎石。块石单体重量 15～75 kg、质地坚硬、未风化的天然块石，其中 15～30 kg 的块石总量不得超过批次的 20%，若超出总量的 20%，必须剔除，剔除后下限石的量占总量的比例不得大于 15%，见表 3-1-31。

表 3-1-31 块石物理性能参数表

项目	要求	项目	要求
天然抗压强度(Mpa)	≥80	软化系数	≥0.9
天然抗剪强度(Mpa)	≥10	天然密度(g/cm)	≥2.6

三、使用方法及注意事项

1. 护脚阻坡。查清滑坡范围,将块石、土袋、铅丝石笼等重物垒砌在滑坡体下部堤脚附近,起到阻止继续下滑和固基的双重作用。

2. 填筑滤料。当陷坑发生在堤防的背水坡,伴随有渗水、管涌或漏洞险情时,除尽快对堤防迎水坡渗漏通道进行截堵外,对不宜直接翻土填筑夯实的背水坡陷坑加填石子、块石、砖块、梢料等透水材料,在消杀水势后再填实。

3. 反滤铺盖。先清理铺设范围内的软泥和杂物,对涌水带沙较严重的管涌出口,用块石或砖块抛填,消杀水势。

四、维护保养

1. 块石堆放要整齐,宽度视场地的情况而定,不得用虚土垫平。高度一般情况下不得超过 2 m,同时注意稳固不坍塌,顶层边线最好用色漆涂刷标记。

2. 货场要有车辆进出通道,便于机械和人工装、卸货。在货场周边明显位置树立警示标牌和“省级防汛块石”标牌,标明数量、储备单位、储备时间、保管单位、责任人、联系方式。

3. 块石在多处堆放的,要分别建账,在平面图上标明各处数量,调拨使用后要及时清理,重新码方。

第十七节　防汛卵砾石

一、简介

防汛卵砾石应为粒径在 5～100 mm 之间的岩石颗粒,在防洪抢险中与砂料配合作反滤和压浸材料。质地致密坚硬,具有高度的耐水性、抗风化能力,无黏性,见图 3-1-43。

图 3-1-43　防汛卵砾石

二、性能技术参数

规格：防汛卵砾石的规格按其粒径不同有粗、中、细之分，防汛抢险中常用卵砾石的粒径为 10～20 mm、20～40 mm 两类。防汛卵砾石的材质应为天然卵砾石或用质地坚硬的石料轧制。质地应致密坚硬，具有高度的耐水性、抗风化能力，无黏性，见表 3-1-32。

表 3-1-32 防汛卵砾石指标

项目	单位	指标
容重	kg/m^3	≥1 700
含泥量	%	≤5
10～40 mm 粒径所占比例	%	≥80

三、使用方法及注意事项

1. 填筑滤料。当陷坑发生在堤防的背水坡，伴随有渗水、管涌或漏洞险情时，除尽快对堤防迎水坡渗漏通道进行截堵外，对不宜直接翻土填筑夯实的背水坡陷坑加填卵砾石、石子、块石、砖块、梢料等透水材料，在消杀水势后再填实。

2. 反滤导渗。用砂料作为反滤料，做法是分层铺设卵砾石、粗砂、小石子、大石子、片石，每层厚度大于 20 cm。

3. 护脚阻坡。查清滑坡范围，将卵砾石、块石、土袋、铅丝石笼等重物垒砌在滑坡体下部堤脚附近，起到阻止继续下滑和固基的双重作用。

四、维护保养

1. 防汛卵砾石堆放要经过筛分，颗粒均匀，无泥浆和砂料等混合。

2. 要求堆放成规则体，堆放要整齐，宽度视场地的情况而定，不得用虚土垫平。

3. 卵砾石在多处堆放的，要分别建账，在平面图上标明各处数量，调拨使用后要及时清理，重新码方。

4. 货场要有车辆进出通道，便于机械和人工装、卸货。在货场周边明显位置树立警示标牌和“省级防汛卵砾石”标牌，标明数量、储备单位、储备时间、保管单位、责任人、联系方式。

第十八节 防汛砂料

一、简介

砂料主要用于防汛抢险作反滤层和压渗排水。粗、中砂作为混凝土细骨料。砂在防汛抢险中主要用作反滤料和压浸排水，装袋后作具有透水功能的填筑料，见图 3-1-44。

图 3-1-44 防汛砂料

二、性能技术参数

防汛砂料应为粒径 0.5～2 mm 的岩石颗粒，其材质为天然砂，见表 3-1-33。

表 3-1-33 防汛砂料性能技术参数

项目	要求
容量	≥1 500 kg/m³
渗透系数	$\geq 10^{-2}$ cm/s
含泥量	≤5%
0.5～2 mm 粒径所占比例	≥80%

三、使用方法及注意事项

1. 反滤铺盖。先清理铺设范围内的软泥和杂物，在已清理好的有大片管涌群的范围内，按反滤要求铺设砂石等反滤料物，作为反滤层压盖。

2. 反滤导渗。用砂料作为反滤料，做法是分层铺设粗砂、小石子、大石子、片石，每层厚度大于 20 cm。

3. 当出现滑坡险情时，可先清理滑坡体，然后用砂料作土撑。

四、维护保养

1. 防汛砂料堆放要经过筛分，砂料无泥土和粉砂混合。

2. 货场要有车辆进出通道，便于机械和人工装、卸货。在货场周边明显位置树立警示标牌和“省级防汛砂料”标牌，标明数量、储备单位、储备时间、保管单位、责任人、联系方式。

3. 砂料在多处堆放的，要分别建账，在平面图上标明各处数量，调拨使用后要及时清理，重新码方。

第二章
防汛抢险设备

第一节　便携式打桩机

一、简介

便携式打桩机是由柴油机、激振器、软轴等组成，利用振动冲击原理实现快速沉桩，提高防汛抢险效率。其结构采用主机与动力装置分离，用传动软轴连接，便于工作人员移位操作。适用于堤防堵口、防浪护堤、加高堤坝、抢护堤岸崩塌等防汛打木桩作业，见图 3-2-1、3-2-2。

图 3-2-1　便携式打桩机

图 3-2-2　便携式打桩机作业图

二、性能技术参数(表 3-2-1)

表 3-2-1　便携式打桩机技术参数表

项目	单位	参数
柴油机主要技术参数		
型号		175R
标定功率	kW	4.85
离合器结合转速	r/min	1 200
动力装置总质量	kg	73
主机主要技术参数		
最大冲击能	Nm	110.46

续　表

项目	单位	参数
主机质量	kg	46
软轴长度	m	4～6
便携式打桩机工作参数		
木桩直径	mm	60～120
木桩长度	mm	≤3 000
沉桩深度	mm/min	500～1 000

三、使用方法及注意事项

(一) 检查与准备

1. 打开油箱盖，将预先经过充分沉淀、滤网过滤的清洁柴油注入油箱。

2. 旋出加机油口盖(与机油的标尺连在一体)，将清洁的约 1.6 L 润滑油注入油底壳，使油底壳油面处于机油油标尺两条刻线中的上刻线位置。以后每次运转前都需检查油标尺，油底壳机油油面必须在油标尺两刻线之间，如低于下刻线，应补加机油。

3. 打开油箱开关，柴油经过柴油滤清器和输油管路流至喷油泵。

4. 用扳手将喷油泵上的输油管螺栓旋松，使混杂在燃油管路中的空气放出，排净后旋紧。

5. 将清洁的水注入水箱，至浮子红色标志升到最高位置为止。

6. 用手转动飞轮，检查柴油机各运动部件是否灵活和压缩状况是否良好。

7. 检查动力装置皮带传动张紧度是否合适。

8. 检查激振器内润滑油是否合适，并对夹桩器丝杆加注机油。

9. 检查并紧固主机各固定螺栓。

10. 用软轴连接主机输入端和动力装置输出端，并有效紧固，以保证在使用过程中不致松脱。

11. 木桩上端应锯平，下端削尖，将上端装入夹桩器套筒，注意顶紧夹桩器砧板，转动丝杆，压紧木桩。

(二) 柴油机的启动

1. 将调速操纵手柄置于转速指示牌的“运转”位置。

2. 左手反时针方向转动减压手柄，右手用启动摇把摇转柴油机，直至听到喷油器发出“咯咯”的喷油声音，然后加速摇转柴油机，当转速摇至最快时，迅速释放减压手柄，此时再补摇 1～2 转后，柴油机即能发动。

3. 柴油机启动后，如果转速过高，大于离合器结合转速致使激振器起振，此时可把调速手柄向减速方向移动，使柴油机低于离合器结合转速空负荷运转。

4. 柴油机启动后，一般应在低速空负荷运转 5～10 min，倾听柴油机有无不正常声音，检查有无漏油、漏水、漏气等现象。

5. 柴油机启动后若发现有不正常现象，应立即停机，排除故障后再重新启动。

(三) 打桩机的操作流程

1. 由两名操作人员垂直扶住主机和木桩，使木桩尖端扎入土层。

2. 由一名操作人员调节柴油机油门，使离合器结合，并通过软轴输出动力，带动激振器工作。

3. 根据土层性质和沉桩情况随时调节油门，借助柴油机转速的变化来调节激振器的激振力和振动频率，达到最佳动力匹配，从而提高沉桩效率。

4. 在操作过程中，有可能因振动引起木桩松动，应随时转动夹桩器的丝杆以压紧木桩。

5. 当桩体达到贯入深度时，调节油门使柴油机低速运转，此时离合器脱离结合，激振器停止运转，松开夹桩器丝杆，将主机从木桩上卸下，至此完成打桩作业。

6. 在作业过程中一旦发现柴油机运转异常，或主机存在固定螺栓松脱等情况，应立即停机检查，排除故障后再重新启动作业。

（四）停机操作

在整个打桩作业完成后，按下述步骤进行停机操作。

1. 将柴油机调速操纵手柄移向怠速位置，让柴油机在低速空负荷运转 5 min，而后再将调速操纵手柄移向停止位置，柴油机即可实现停车。

2. 关闭柴油箱开关。在冬季应放出冷却水，防止机体冻裂。

3. 在主机与动力装置之间拆下传动软轴，并卷绕放置好。

4. 将主机从桩体上卸下。

5. 仔细检查主机与动力装置（包括柴油机），并做好记录，为例行保养做准备。

（五）注意事项

为保证操作人员自身的安全和机器设备的可靠运转，操作人员在作业过程中，必须注意安全防护工作。

1. 做好劳动保护，戴好耳塞以减轻噪声污染，戴好手套以防止木桩的棱角毛刺伤手，并尽可能减轻振动污染。

2. 操作过程中，身体不要贴近打桩机，防止碰伤、砸伤。

3. 一般情况下，尽可能将打桩机扶直，垂直向下作业，减少扶持力；若要倾斜作业，务必注意安全。

4. 传动软轴的连接必须牢固可靠，并尽可能拉直，其过渡弯曲半径不得小于 0.8 m；作业过程中要随时观察并防止软轴打结，一旦发生打结现象，应立即停机处理。

5. 若柴油机调速器失灵，转速失控，发生“飞车”事故，应立即关闭油门紧急停车。

6. 在作业过程中一旦发现固定螺栓松脱、焊缝开裂等异常情况，必须立即停机检修。

四、维护保养

（一）柴油机的维护与保养

为使柴油机工作正常可靠，延长使用寿命，必须坚持对柴油机进行技术保养。

1. 日常维护保养

（1）柴油、机油、冷却水是否足够，不足时应立即加足。

（2）检查及消除柴油机漏油、漏水、漏气现象。

（3）经常用抹布擦去柴油机表面的油渍及灰尘。

2. 一级技术保养

柴油机累计运转 100 h 后应进行一级技术保养，除完成日常维护保养的项目外，还须进行：

（1）换曲轴箱全部机油，并用柴油清洗曲轴箱，换油和清洗工作要在柴油机停车后进行。

（2）打开空气滤清器盖，取出空气滤清器纸芯，清除纸芯上的尘土和积垢，如发现滤芯破损，应予以更换。

（3）打开油箱盖，取出加油滤网，用清洁柴油清洗，如发现滤网破损，应予以更换。

（4）累计运转 200 h 后，取出柴油滤清器，用清洁柴油清洗，如发现滤网破损应予以更换。

（5）检查紧固件，如机座固定螺栓等是否松动。

3. 二级技术保养

柴油机累计运转 500 h 后进行二级技术保养，除完成一级技术保养的项目外，还须进行：

（1）检查和调整进、排气门的间隙。

（2）检查喷油器的喷油情况，必要时进行清洗，并校正喷油器压力。

(3) 检查气门与气门的密封情况,必要时进行研磨。同时清除进排气道及气门环部的炭渣,清除排气管及消音器内的积炭。

(4) 检查气缸盖螺母、连杆螺母、飞轮螺母紧固及防松情况。

(5) 清除气缸盖和机体水套的水垢和泥沙。

(6) 取出活塞连杆组件,检查活塞环开口间隙,并清洗去除活塞顶部、活塞环槽内各处的积炭。

(7) 检查曲轴油封,如发现唇口破损硬化,应予以更换。

(8) 用清洁柴油搅拌及清洗油箱内部污垢。

(9) 累计运转 1 000 h 后,增加下列保养项目:

a. 检查并测量气缸套、活塞的磨损情况及配合间隙。

b. 检查曲轴连杆轴颈、连杆轴瓦的磨损情况及配合间隙,并冲洗曲轴油道。

c. 检查摇臂和摇臂孔、气门杆与气门导管孔磨损及配合间隙。

(二) 打桩机的维护与保养

1. 打桩机第一次工作运转 8 h 后,要更换激振器传动齿轮润滑油,调整动力装置三角皮带传动张紧度,检查并紧固所有固定的螺栓。若发现主要零件发生故障,如齿轮断齿、偏心轴有裂纹、传动软轴接头松脱等,应立即与生产厂家联系,及时维修。

2. 打桩机的日常维护保养

(1) 每次运转后都应检查固定螺栓的松紧状况,如有松动,必须紧固。

(2) 由于振动的受力情况复杂,所以每次运转后都必须检查各振动件的焊缝处,若有开裂现象,应立即补焊。

(3) 检查并调整三角皮带张紧度。

(4) 连续运转 30 个台班后,必须更换激振器齿轮润滑机械油。

(5) 若发现主要零件有严重故障,如激振器传动齿轮断齿、偏心轴裂纹、传动软轴接头松脱等,应及时与生产厂家联系进行维修。

(以上技术参数资料由三门峡水工机械厂提供)

第二节 液压自动抛石机

一、简介

液压自动抛石机由移动装置、滑槽、料斗、行走装置、配套动力五个部分组成,主要是利用液压传递技术实现各主要动作。适用于江河坝岸抛石抢险和施工,是一种灵活性强、自动化程度较高的抢险抛石设备,见图 3-2-3、图 3-2-4。

图 3-2-3 液压自动抛石机

图 3-2-4 液压自动抛石机现场操作图

二、性能技术参数(表 3-2-2)

表 3-2-2　液压自动抛石机基本参数表

项目	参数
电机	4.0 kW
额定最大抛石量	800 kg
抛石距离	8～14 m
抛石速度	15 s/斗
移动速度	≥18 m/min
滑槽打开(到位后安装)时间	50 s
液压系统工作压力	8 MPa
液压系统保护压力	11 MPa
液压系统试验压力	24 MPa
滑槽宽度	主、副节:1 000±30 mm
	小节:≥900 mm
滑槽长度	主、副节:4 m
	小节::1.5 m
体积(折叠后)	5.5 m×1.5 m×2.0 m
整机重量	1 200 kg

三、使用方法及注意事项

(一) 使用方法

1. 运输方式:用拖拉机或其他小型车辆拖至施工现场。

2. 电源连接:接通电源,检查电路及机械各部位,防止设备运行中发生意外。

3. 安装定位:

(1) 根据施工或抢险需要,操作行走控制杆及按钮,调整抛石机方位,安装调整固定支撑腿。

(2) 放下前端支撑腿,根据坝头长度调节高度,落下料斗。

(3) 根据抛石距离及坝头坡度,调整后端支撑腿的长度,并进行安装。

(4) 操作液压操纵手柄,打开中节,然后扳下后端支撑腿操纵手柄,放下支撑腿支撑地面(坝面)。

4. 操作使用:

(1) 安装好后接通电源,操作行走控制杆及按钮,调整抛石机方位,调整固定支撑腿。

(2) 放下前端支撑腿,根据坝头长度,调节高度,落下石斗。

(3) 根据抛石距离及坝头坡度,调整后端支撑腿的长度。

(4) 操作液压操纵手柄,打开中节,然后扳下后端支撑腿操纵手柄,放下支撑腿以支撑地面(坝面)。

(5) 操作液压手柄,打开前节。

(6) 用装载机或三轮车将石料装入料斗后，适当增加液压泵流量，操作液压手柄使料斗翻转升起抛出石料。

(二) 注意事项

1. 操作人员须经专门培训后方可上岗，使用前必须认真阅读使用说明书，熟悉设备的性能及要求。
2. 为了保持设备稳定，打开中节时需要利用加力杆进行配重。
3. 运输中应注意防雨。

四、维护保养

1. 应存放在干燥通风的库房。
2. 每年汛前汛后各发动机械运行一次，运行时间 30～60 min，检查有无漏油、卡阻现象。
3. 液压缸活塞杆裸露部分应涂油存放。

(以上技术参数资料由山东黄河梁山机械厂提供)

第三节　机械组合装袋机

一、简介

机械组合装袋机可自动地将堆积在地上的物资装入编织袋中，具有自动化、机械化程度高，省时、省力等优点，可用于河道抢险。装袋效率远远高于人工装袋，极大地节省了劳动力，在汛期可为江河抢险快速提供沙袋，见图 3-2-5。

图 3-2-5　机械组合装袋机工作图

二、性能技术参数(表 3-2-3)

表 3-2-3　防汛组合装袋机技术指标

规格(长×宽×高)	3 m×1.7 m×2.9 m
包装速度	800～1 000 包/h
电源	4NAC380V50Hz

续表

气源	0.4～0.8 MPa，0.25 m^3（空气压缩机）
配套皮带输送机（宽×长）	0.4 m×10 m
电机	4 kW，380 V
称重范围	5～50 kg/包
定量误差	±0.2%

三、使用方法及注意事项

沙土物料通过气动蝶阀进入缓冲料仓，通过气动弧形门进行大、中、小三级给料。进入称量斗，物料到达设定值时由传感器发出信号，弧形门关闭，称量斗底部放料斗阀打开，物料进入物袋，夹袋器打开，材料通过运输机送至缝包机单元。最后由皮带输送机将包好的麻袋送至需投放麻袋的抢险位置。

四、保养维护

1. 要定期对设备进行外部检查和防锈保养。
2. 定期检查设备的坏损情况并及时修理。

第四节　堤坝管涌渗漏检测仪

一、简介

堤坝管涌渗漏检测仪主要由发送机和接收机两部分组成，利用特殊电流场拟合渗漏水流场的“流场法”原理研发设计，发送机工作时可发出一种特殊波形电流，在水中形成电流场以模拟水流场。如果堤坝有管涌渗漏点时，在漏水点周围其电场有明显变化，此变化由探头在水流中检测出，并将信息传送给接收机加以显示，可快速查明堤坝管涌或渗漏进水口位置。须适用于水深超过 50 m 的各种堤坝管涌渗漏检测、病险水库加固、矿山坑道突水预警等，，具有定位精度高、操作简便、灵敏度高、测量效率高等特点，见图 3-2-6。

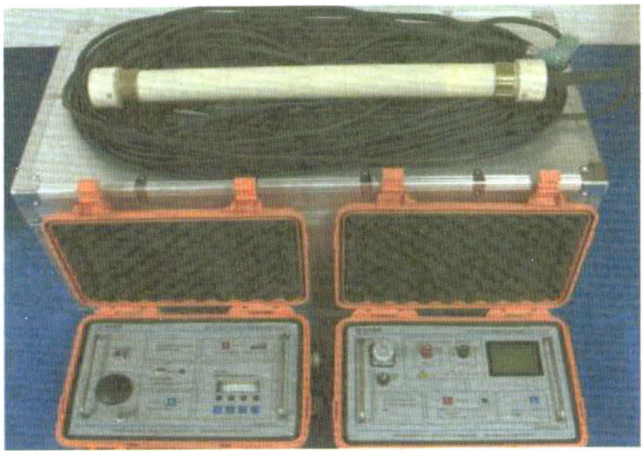

图 3-2-6　堤坝管涌渗漏检测仪

二、性能技术参数(表 3-2-4)

表 3-2-4　DB-3A 堤坝管涌渗漏检测仪技术参数表

项目		参数
输出频率		优于 7×10^{-4}
输出电压		≥90 V(峰-峰值)
发送电流		≥500 mA(峰-峰值)
持续工作时间	当输出电流为 200 mA 时	>10 h
	当输出电流为 300 mA 时	>8 h
	当输出电流为 400 mA 时	>5 h
	当输出电流为 400 mA～500 mA 时	>3 h
3 dB 带宽	当中心频率为 f_0 时	$\leqslant 1/f_0$
灵敏度		优于 1.0×10^{-4} A/m^2
输入阻抗		>150 kΩ
工作抗干扰		>50 dB
连续工作时间		>7 h

三、使用方法及注意事项

(一) 设备布置

进行管涌渗漏探测前，应做好准备工作，利于快速准确查找出涌水口。发送机应放置在待测堤段地势较高、视野开阔的位置。将发送机与供电铅酸电池用专用电缆连接好，并连接好各电极，布局如图 3-2-7 所示。

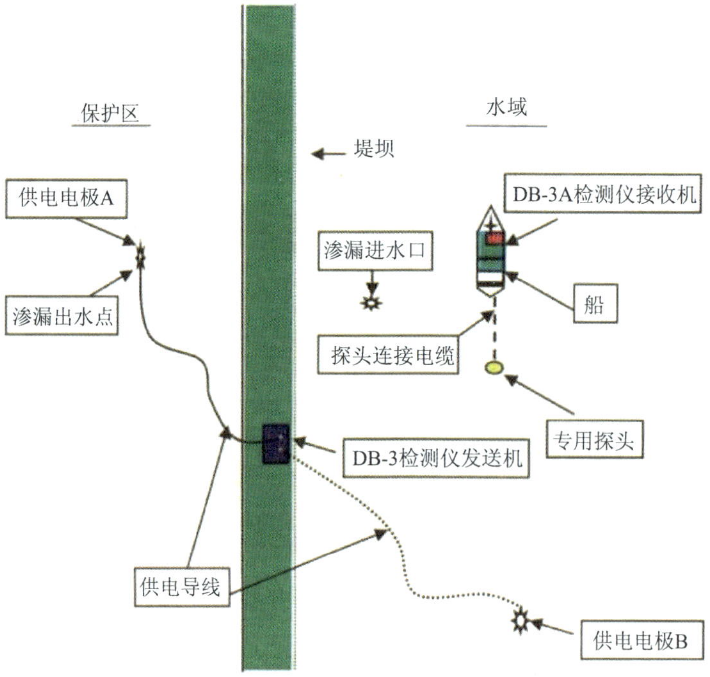

图 3-2-7　堤坝管涌渗漏检测仪实际工作布置示意图

（二）使用方法

1. 仪器电源检查：开机后，发送机显示电池电压不小于 11 V，接收机电源电量指示灯不小于 2 个，则仪器电源为正常。

2. 按工作布置图布置好发送机电极。

3. 检查导线及电极是否布好，发送机与电源的连接线是否接好，以及导线与发送机的两接线柱是否接好。

4. 检查接收探头是否完好。

5. 发送机操作：

(1) 开机操作：轻按发送机的触摸开关"开"，打开发送机，指示灯亮，表示发送机已开始工作。显示屏电压大于 90 V，供电电流为 100～900 mA，表示发送机处于正常工作状态。

(2) 发送电流调节：通过调节发送机 A、B 电极的入水程度或极板数量，可将发送电流调整到需要的电流值。

(3) 关机操作：轻按发送机的触摸开关"关"，关闭发送机，然后断开发送机与铅酸电池的连接。

6. 接收机操作：

(1) 开机操作：按接收机的触摸开关"开"，打开接收机，旁边的指示灯亮，表示接收机已进入工作状态。

(2) 探头检测：将探头放入水中，按下通断检查按钮，如果通断指示灯亮，表示探头与接收机连接正常。

(3) 测量操作：在发送机供电状态下，观测并记录接收机观测信号读数表的读数，根据各地的实际情况，可以通过量程选择按钮来改变测量的量程，当选择某一量程时，对应量程的指示灯亮，选择该量程数值越小表示测量的信号越大。

(4) 量程选择：接收机开机后，测量量程为 1 档（接收机默认设置），一般情况下，采用 2 档观测即可。如果渗漏探测结果很弱，可以选择更大的档位，在前面探测结果有变化的区域进一步观测，可以得到明显的变化；如果在探测区域正常场很强的情况下，可以选择小档位进行测量。

(5) 工作完毕后，轻按接收机的触摸开关"关"，关闭接收机。

（三）注意事项

1. 发送机面板"A""B"接线柱之间的接线切忌短路。

2. 每次工作前，发送机配备的铅酸电池、接收机都要按要求进行充电，而且要充足。每天工作完毕后，要及时地给发送机配备的电瓶、接收机充电。

3. 工作中，供电电流一般应控制在 100～500 mA。如果供电电流太大，将影响发送机工作时间；如果供电电流太小，将影响探测效果。

4. 在探测的过程中，接收探头不能接触水底，并要始终保持读数时接收探头垂直操作。

5. 在发现有渗漏异常的地段，应反复验证观测。

6. 在河水流动区域测量时，建议测量船只顺流观测，即每次测量完一条线后，船只返回上游往下游方向行进，进行下一条线的测量。

四、维护保养

1. 堤坝管涌渗漏检测仪为高精密仪器，应储放于通风干燥库房内。使用后需擦干净机器，保持灵敏度。

2. 移动过程中要小心轻放，谨防仪器激烈震动和碰撞。

3. 仪器电池为铅酸电池，应每三个月充电一次。

4. 谨防仪器雨淋及掉入水中。

5. 接收机和发送机的储备年限为五年，铅酸电池的储备年限为一年。

（以上技术参数资料由湖南继善高科技有限公司提供）

第五节 防汛指挥车

一、简介

指挥车主要由经过特殊改装的载车和车载的众多电子设备所组成，其主要功能由各成套的电子设备来实现。实现防洪现场音视频信息的实时采集与实况转播，与指挥中心之间的异地会商；实现防洪现场与指挥中心之间的网络互联和语音通信，在防洪抢险现场形成以指挥车为中心的应急分中心，见图 3-2-8。

图 3-2-8 防汛指挥车效果图

二、性能技术参数(表 3-2-5)

表 3-2-5 防汛指挥车设备配置及其参数

序号	设备名称	性能指标	单位	数量
1	小型车载	越野车	辆	1
2	天线	动中通，等效口径大于 0.6 m	套	1
3	BUC	40 W	台	1
4	LNB 高频头	PLL1506HB	台	1
5	卫星路由器	支持星状网、网状网、SCPC	套	1
6	现场无线调度系统	含调度终端和单兵图传设备	套	1
7	本地显示	头枕式液晶显示器	台	2
8	视频编解码器	支持 D1	台	1
9	网络交换机	16 口	台	1
10	3G 通信系统	支持 IP，可传输 1CIF 视频	套	1
11	音箱	30 W	套	2
12	全向拾音器	全向	个	1
13	音频切换器	8×8 切换	台	1
14	语音网关	8 路，带 WIFI	台	1

续 表

序号	设备名称	性能指标	单位	数量
15	硬盘录像机	支持 D1 和 1080iDS-9004 支持 4 路	台	1
16	车载摄像机	D70P	台	1
17	主摄像机	高清	台	1
18	发电机	AC2.5	台	1
19	USP	C3KVA	台	1
20	照明系统	CJE12270	套	1
21	便携机	工业机、IntelCorei7CPU、4 GB 内存、1 TB 硬盘	台	1
22	集中控制系统	控制管理移动站卫星通信、音视频等设备	套	1
23	车体改造	含空调、机柜、车顶平台、会议桌等	套	1

三、使用方法及注意事项

(一) 注意事项

1. 在指挥车的使用中,为防止雷电和电源等对人体和设备的伤害,使用前要做好防雷和接地措施。

2. 车辆在驻车使用状态中时,需将支撑系统撑起并调平,以防车身变形。

3. 当需要调整极化角时,操作人员一定要在天线停止转动后再进行调整。

4. 在天线展开之前,需要打开天线紧锁装置,并观察旋转范围内是否有障碍物。

5. 在发电机的使用中,要将发电机抬出车外放置于阴凉通风处使用,并对电池进行定期检查。

(二) 主要功能

1. 车载通信平台。这是应急通信指挥车首要的功能,在险情发生的时候保证通信畅通是最重要的,因为只有了解到当时的情况才能做出合理的判断,才能够制定出合理的救援方案。同时,应急通信指挥车还可以接受和发送信息,在通信受阻的情况下可以为大家提供通信的便利,为稳定人员情绪提供了有力的保证。作为通信平台,车上具备电台、卫星电话、手机等多种通信设备,具有接受电视电话会议的功能,避免突发事件带来的通信障碍,保证险情被及时掌握,并随时接收外部的信息。

2. 信息采集功能。在灾情发生的时候,对周围环境的图片和影像采集也是工作的一个重点内容,把当时的情况客观地记录下来可以作为以后参考的资料,同时也能够记录重要的事实,可以作为以后查找的依据。应急通信指挥车具有车载摄像头,可以对周边的环境进行实时拍摄,把整个救灾过程记录下来,还可以起到监控的作用,及时发现险情,及时提供救援。

3. 车载辅助与指挥终端。应急通信指挥车在现场有时候还要承担起车辆运输的功能,在指挥的同时还要为救灾提供其他方面的服务。比如车上配备生存物资,在特大灾害发生的时候,指挥车也可以承担一定的救援任务。作为指挥终端来说,这里就是发布救灾命令的中心,承担着对整个救灾行动的指挥责任。

四、维护保养

1. 在指挥车入库长期停放时,需将支撑系统撑起并调平,以防车身变形。

2. 定期检查车辆状况,出现故障须及时修理。

3. 为保证车辆结构稳固和行驶安全,需要定期更换车辆弓子板,以防车辆底盘出现变形情况。

第六节　防汛应急抢险车

一、简介

防汛应急抢险车搭配了柴油发电机组、移动水泵、控制系统等,可满足深水区域抢险救援工作,保障城市防汛排水通畅,提高防汛排涝能力,确保汛期群众生命财产安全和城市道路正常运转,见图 3-2-9。

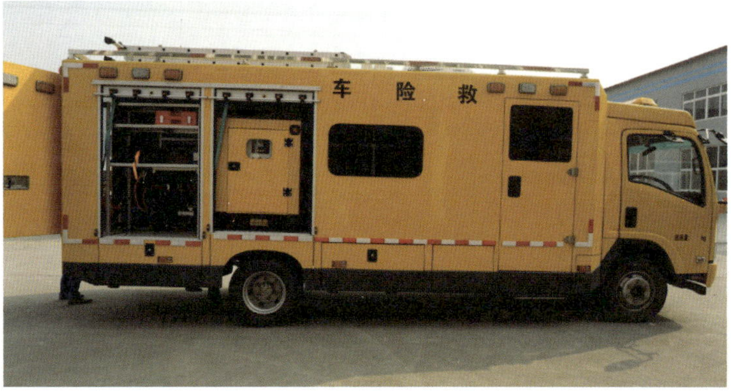

图 3-2-9　防汛应急抢险车

二、性能技术参数(表 3-2-6)

表 3-2-6　HAJ5090XXH 系列抢险应急车性能参数

项目名称		规格描述
整车	底盘型号	EQ1095SJ8CD2 东风
	轴距	3 800
	总质量(kg)	9 100
	外形尺寸(mm)	7 140×2 400×3 400
	排放标准、功率(kW)	国六,103 kW
发电机组	功率(kW)	≥120(康明斯、斯坦福)
	启动方式	软启动(可选)
自动排污泵	流量(m^3/h)	800
	最大扬程(m)	56
	吸程(m)	≥8
	特有功能	切割、防缠绕、可以长时间无水干运行、自动排真空、瞬间出水
	通过颗粒物最大直径(mm)	75

续 表

项目名称		规格描述
便携式潜水泵	单台流量(m^3/h)	300
	扬程(m)	12
	功率	18.5 kW
	出水	出水口 8 寸,出水口水带配备 2 个×100 m 铝合金快速接头连接,操作方便,并在接头处有防松保险装置,安全可靠
	配套电缆	使用专业潜水电缆 50 m
	滤网	单泵配有不锈钢滤网,可有效防止垃圾堵塞
	浮圈	浮圈与潜水泵固定后,实现潜水泵随水面降低自行移动位置,无需人为移动
控制系统	每台水泵配有单独的控制系统,控制系统相互独立,可同时开启,亦可单独开启。控制系统有可视化操作界面,实时监测运行参数,带有漏电、电流过载、缺相、过压、欠压、电机过热等保护;防护等级 IP55	
配套工具	雪锹、斧头、榔头、撬棍、铁钩、链条、老虎钳、尖嘴钳、活动扳手、测电笔、万用表、内六角等。除大型工具外,配套工具应能全部放置在配套工具箱中	
液压支撑系统	车辆安装两只液压支撑腿,在驻车状态均分车辆静压,保护车轮及弹簧钢板。选用优质阀组,加装双向液压锁,采用手动控制调节各缸动作	
安全消防	配手提式干粉灭火器 2 只,摆放于车上易拿取处	
内、外照明	可升降灯,升降高度 1.8 m,可旋转 360°,范围 250 m,无线遥控操作,车厢内部配置照明装置	
倒车影像	车位安装可视倒车雷达	

三、使用方法及注意事项

(一) 防汛应急抢险车适用范围

1. 适用于城市积水排涝,地下水管爆裂等城市时有突发的紧急情况的解决。
2. 适用于工业工厂排水排污,各工作台紧急用水用电等。
3. 适用于小区的雨水池水排涝、无电源现场、广场的用电等实际问题。
4. 适用于港口渔业用水、排水、输导、现场发电等,能有效提高工作效率。
5. 突击防洪排涝,抗旱抢险,临时调水,围堰抽水。

(二) 防汛应急抢险车一般作业流程

1. 出车前

检查各油箱油量,检查随车工具,检查车辆及设备状况。

2. 到达现场后,作业开始前

驻车,开启警示灯,开启发电机。

3. 作业结束后,离开现场前

关闭各电器、电源;发电机组停机;固定各随车工具。

4. 入库

驻车,检查各设备电源是否关闭,检查电瓶电量是否充足。

(三) 安全操作注意事项

1. 操作人员

必须两名操作人员共同工作,其中一位操作人员必须位于控制面板前,并且能很清楚地与另一位操作人员进行交流。

2. 潜在危险

(1) 防火

发电机组工作时,请勿往燃油箱内添加燃油;燃油管路经常检查,不得渗漏;严禁在机组和燃油箱附近明火作业;机组附近应配备消防设施;机组运转时,禁止接触排气管。

(2) 防止废气中毒

发动机排出的废气应及时排出;应确保工作场所通风良好。

(3) 防止机械伤害

启动之前,应确保所有机件紧固牢靠,支架、管夹定位可靠,防护罩安装完整且安全可靠;当主车发动机工作时,严禁任何人接触驱动机构,只有在关闭发动机的情况下,维修人员方可对驱动机构进行维修。

(4) 防电击

电气安装必须由电气专业人员执行;在维护和保养电气设备时,应首先关闭电源;不允许传潮湿的衣物,非绝缘鞋处理电气故障;发电机组不允许接到市电供电系统上,否则会造成设备和电力系统损坏。

(5) 安全预防

柴油和润滑油含有有毒有害物质,加油和放油时,不得吸入;发电机组和机仓应保持清洁;应经常检查气瓶及压力表,严禁卸漏。

四、维护保养

1. 在更换润滑油时要清洗油道。
2. 检查三级空气滤清器中油盘内是否有机油。
3. 检查各部螺栓的紧固情况。
4. 对喷油压力进行检查调整。
5. 要换油底壳内机油。

(以上技术参数资料由淮安市翔龙特种车辆有限公司提供)

第三章
防汛救生器材

第一节　橡皮舟

一、简介

橡皮舟主要分为Ⅰ类乘载 9 人及 9 人以下和Ⅱ类乘载 9 人以上规格，由橡胶船舷、船底、木质挂机板、船底板及相关附件组成，用于浅滩登陆、渡河、水上搜救、转移群众等抗洪抢险，具有吃水浅、稳定性强、灵活机动等特点，见图 3-3-1。

图 3-3-1　橡皮舟

二、性能技术参数

1. 橡皮舟舟体参数（表 3-3-1）。

表 3-3-1　橡皮舟舟体参数表

项目	参数		
	乘载 5 人	乘载 9 人	乘载 12 人
舟体长（mm）	3 300	4 180	4 500
舟体宽（mm）	1 300	1 520	1 850
舷筒直径（mm）	370	400	480
总质量（kg）	35	55	93

2. 橡皮舟主体胶料的基本性能(物理机械性能)要求(表 3-3-2)。

表 3-3-2　橡皮舟主体胶料物理机械性能表

基本性能	要求
拉伸强度 MPa	≥14.7
拉断伸长率%	≥450
硬度 邵尔 A	60±5
热空气老化(100℃×24 h)	≥0.8
拉伸强度降低率%	≤15
耐臭氧老化 10^4 pphm	2 h 不龟裂

3. 橡皮舟主体胶布基本性能(覆织物物理机械性能)要求。橡皮舟胶布接缝强度应不小于橡胶涂覆物主体的强度(表 3-3-3)。

表 3-3-3　橡皮舟主体橡胶涂覆织物物理机械性能

基本性能	要求
经向扯断强度 kN/m	≥70
纬向扯断强度 kN/m	≥70
经向撕断强度 kN/m(梯形法)	≥250
纬向撕断强度 kN/m(梯形法)	≥200
粘着强度 kN/m	≥2.5
透气性(36 kPa×5 min)	不透气

4. 防汛橡皮舟的橡胶压模件与金粘合强度应不小于 19.6 MPa。挂机板不应有开胶、离层现象,浸水后厚度增加应不大于 1.2 mm。

5. 防汛橡皮舟耐压性指标应符合表 3-3-4 的要求。

表 3-3-4　防汛橡皮舟耐压性指标

充气部位	充气压力(kPa)	静放时间(min)	指标
舟舷	48_0^{+1}	5	无异常
浮襄	48_0^{+1}	5	无异常
充气龙骨	48_0^{+1}	5	无异常

6. 防汛橡皮舟充气至工作压力时的气密性指标应符合表 3-3-5 的要求。

表 3-3-5　防汛橡皮舟充气至工作压力时的气密性指标

充气部位	充气压力(kPa)	静放时间(min)	剩余压力(kPa)
舟舷	20_0^{+1}	120	≥18
浮囊	40_0^{+1}	120	≥36
防浪、横撑	13_0^{+1}	15	≥12
龙骨	20_0^{+1}	15	≥18

7. 满载额定成员时,橡皮舟的干舷应不低于 1/2 舷筒。

三、使用方法及注意事项

（一）使用方法

1. 打开包装袋取出舟体及附件，在清洁平整处把舟体展开，安装好各个充气阀门。

2. 依次安装底板，并压平底板。装入边条，边条安装到舟舷与底板之间的夹角处，起到固定底板的作用。

3. 检查舟体状态完好后进行充气，充气前先旋松充气嘴上部，再向气室部分充气，先将舷筒由尾至首充气，注意不可一次充到工作压力（9 人及 9 人以下橡皮舟为 80 mmHg，9 人以上橡皮舟为 120 mmHg），待各气室分别充起后再补充到工作压力，补压时依次由首至尾，最后旋紧充气嘴。

（二）注意事项

1. 按照使用说明正确安装橡皮舟及船外机。

2. 橡皮舟内积水时，可将固定在挂机板底部的单向阀胶堵取出，开动橡皮舟前进，即可排出积水。

四、维护保养

1. 橡皮舟在使用过程中应避开尖锐物体；应随气温变化适当调整气室压力。

2. 入库前用淡水清洗舟体表面，如有油渍可用少量酒精清除。

3. 附件和底板如有损坏或缺失，要修复或补齐，单独包装存放。

4. 舟体如有漏气损伤，选一块大于破损处 25 cm 的修补片，将破损处和修补片打毛并清理干净；涂三次胶液，每次干燥 25～35 min，环境温度应在 25℃以上；将修补片平整贴在破损处压牢，停放 48 h 后方可折叠或使用。

5. 橡皮舟储存环境温度为 0～25℃，相对湿度不大于 75%。

6. 橡皮舟在储存及运输过程中应避免阳光直接照射，雨雪浸淋，禁止与酸、碱、油类、有机溶剂等有害于橡胶质量的物质接触。

7. 定期进行舟体外观检查，对非不锈钢金属件做涂敷黄油养护。

8. 木质附件如出现磨损现象，应涂刷防海水液，纺织绳要检查是否磨损，必要时进行更换。

9. 橡皮舟应存放于恒温库中，避免与油水及酸碱腐蚀性物质接触，环境内无鼠害，单独堆码存放。

（以上技术参数资料由沈阳成禧橡胶制品厂提供）

第二节　嵌入组合式抢险舟

一、简介

嵌入组合式抢险舟是采用玻璃钢冲锋舟和橡皮舟技术结合而研发的新一代产品，由玻璃钢舟体、橡胶（或 PVC）充气胶舷等组成，通过特殊的 PVC 棒材，将橡胶胶舷充气嵌入舟体组合而成。具有稳定性高、抗风浪性好、通过能力强、安全可靠等特点。主要用于大洪水中查险、现场指挥、快速转移群众等，见图 3-3-2。

图 3-3-2 嵌入组合式抢险舟

二、性能技术参数(表 3-3-6)

表 3-3-6 HD660RIB 嵌入组合式抢险舟技术参数表

项目	指标	项目	指标
总长(m)	6.60	船外机(hp)	60
总宽(m)	2.63	乘员(人)	16
胶舷直径(mm)	530	最大乘员(人)	32
气室数(个)	5	航速(km/h)	38～42
满载吃水(m)	0.31	2 倍乘员航速(km/h)	18
2 倍满载吃水(m)	0.36	稳性	满足现行规范要求
2 倍满载航速(km/h)	18	抗沉性	满足现行规范要求
舟体重量(kg)	500	回转半径	全速 1.5～2 倍艇长
气室工作压力(bar)	0.22	气室安全压力(bar)	0.25
满载排水量(kg)	1 700	燃油容积(L)	25
润滑方式	混合润滑	抗风能力	蒲式 6 级以上
操纵方式	尾操	启动方式	手操

三、使用方法及注意事项

(一) 充气胶舷与舟体组装、拆卸(图 3-3-3)

注意事项:

1. 洗涤剂溶液从首至尾润滑舟体两舷切槽。
2. 胶舷展开注意方向,安全充气阀朝下。
3. 拖拽胶舷时,胶棒与舟体两舷切槽顺向。
4. 调整胶舷使两舷与舟体匀称。
5. 两舷骆驼背与 D 环用安全扣连接。
6. 拆卸时胶舷与舟体切槽顺向。

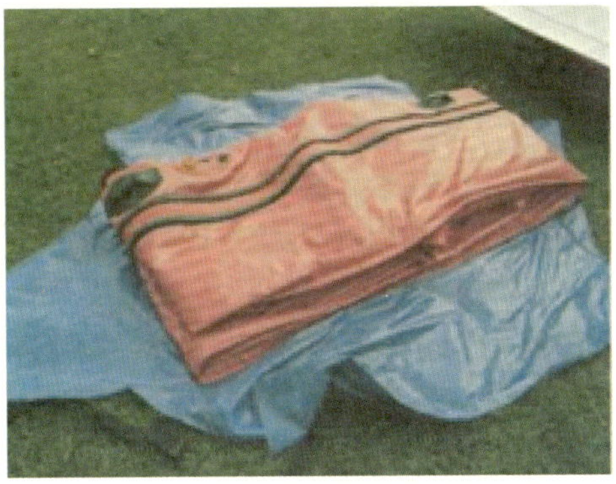

(1) 打开胶舷袋

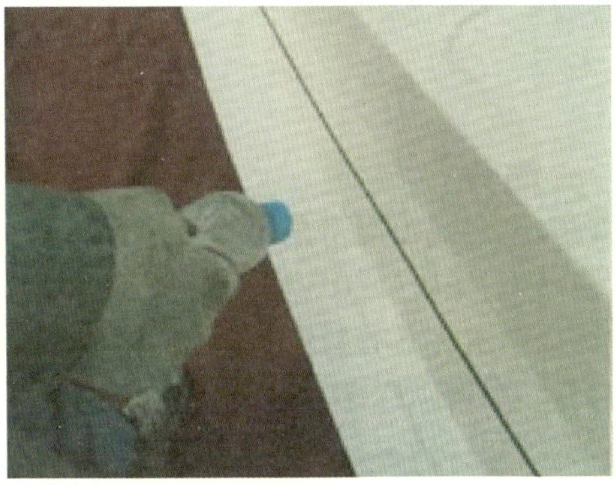

(2) 用洗涤剂溶液充分润滑舟体两舷切槽

(3) 胶舷沿舟体切槽向尾部嵌入

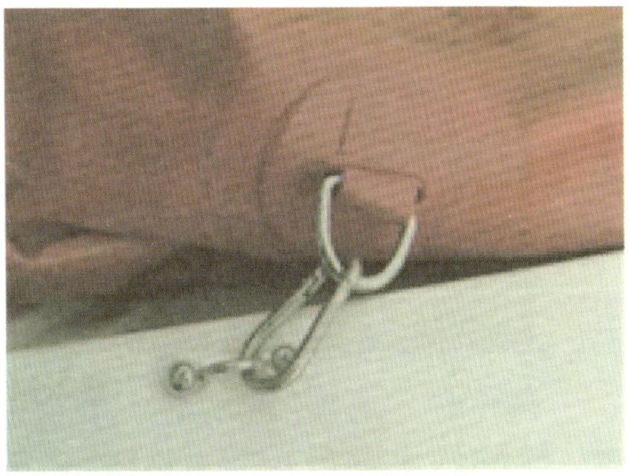

(4) 用扣环将胶舷固定于舟

图 3-3-3 充气胶舷与舟体组合图

(二) 充气肢舷的充气方(图 3-3-4)

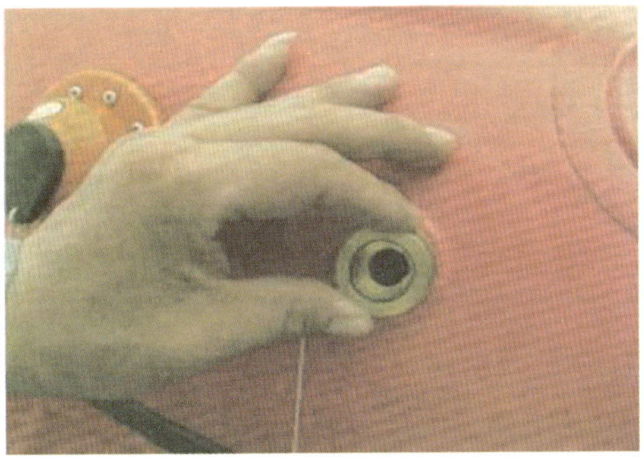

(1) 将充气铜阀拧开一半

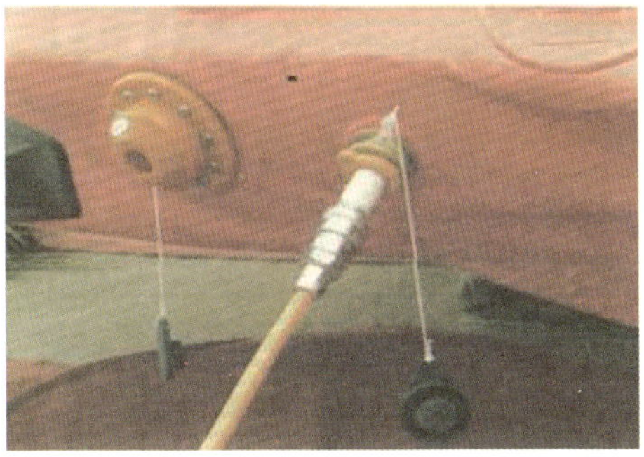

(2) 用气嘴开始充气

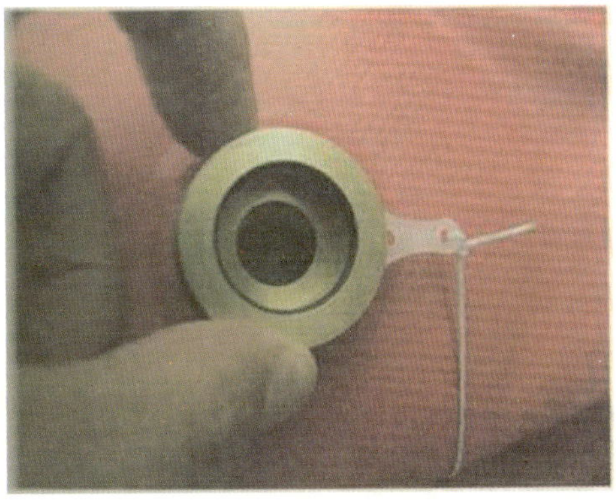

(3) 拧紧充气铜阀

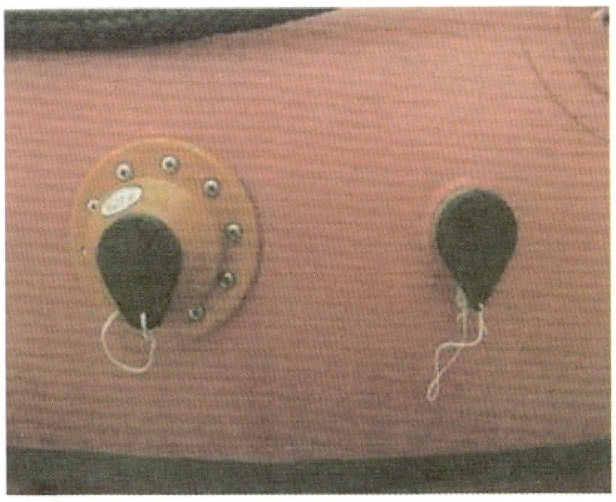

(4) 盖上橡胶盖

图 3-3-4 胶舷充气流程图

注意事项:
1. 胶舷充气前,拧开充气铜阀。
2. 胶舷充气时,气泵应安装压力表,充气压力达到 0.25 bar。
3. 胶舷充气完毕,要拧紧充气铜阀,并盖上橡胶盖。

四、维护保养

(一)舟体的维护保养

1. 保持舟体表面清洁、无划痕、无裂纹等,如发现小的裂纹、破损时,先打磨缺陷表面至粗糙,然后用玻璃糊制,待固化后打磨,用胶衣修复表面。

2. 每次抢险使用后,要用清水清洗甲板、舟体,舱内积水,清除凹型嵌入管槽的异物,清洗舟体,清理油箱内的汽油及杂质。

3. 管系、电线、操纵无裸露,无打结,清除表面异物,U 形环、羊角、合页、锁扣等除锈,清洗表面,清除表面异物等。

4. 舟体配件如有遗失或损坏,请及时更换。

5. 舟体不能长期暴露在室外及强紫外线环境下。

6. 定期检查、维护电瓶,长期不用的电瓶,在使用前须充电。

7. 舟体避免与礁石等物质发生碰撞。

(二)充气胶舷的维护保养

1. 每次抢险使用后,要及时清洗表面泥沙和清洗表面油污等;清除嵌入管棒处的杂物,检查胶舷气密。

2. 胶舷如有漏气损伤,选一块大于破损处 25 cm 的修补片,将破损处和修补片打毛并清理干净;涂三次胶液,每次干燥 25～35 min,环境温度应在 25℃以上;将修补片平整贴在破损处压牢,停放 48 h 后方可折叠或使用。

3. 胶舷放在恒温库中储存(温度 0～25℃、湿度<70%),并避免与酸碱溶液、油脂等挥发性物质接触。

4. 定期对舟体外观进行检查,对非不锈钢金属件做涂敷黄油养护。

5. PVC 胶舷禁止在地面上或粗糙表面上拖拽,一定要叠好整体移动;PVC 胶舷用包装袋包装,避免与其他硬质及尖锐物体碰撞或摩擦;PVC 胶舷折叠时注意避免气囊表面被充气阀和安全阀摩擦。

(以上技术参数资料由大连恒达玻璃钢船艇有限公司提供)

第三节 喷水组合式抢险舟

一、简介

喷水组合式抢险舟是在嵌入组合式抢险舟基础上研发的新产品,由玻璃钢舟体、胶舷等组成,采用了喷泵卧式发动机系统,具备了舟体动力防缠绕功能。适用于大洪水中靠前指挥、查险、救生转移等,具有吃水浅、航速快、安全可靠等特点,见图 3-3-5。

图 3-3-5　喷水组合式抢险舟

二、性能技术参数(表 3-3-7)

表 3-3-7　HD660RIB-WJ 喷水组合式抢险舟技术参数表

项目	性能指标	项目	性能指标
总长(m)	6.60	最大输出功率	125 kW
总宽(m)	2.63	启动方式	电启动
胶舷直径(m)	0.53	乘员(人)	16
气室数(个)	5	满载排水量(kg)	1 880
满载吃水(m)	0.30	航速(km/h)	38～40
气缸数	4	2 倍乘员航速	18
主机排量(cc)	1 812	燃油容积(L)	40
喷泵系统直径(mm)	155	气室安全压力(bor)	0.25
润滑方式	干式油底壳	最高转速 rpm	7 500
抗风能力	蒲式 6 级以上	冷却系统	开环水冷
叶轮螺旋角(°)	16.3	续航力(h)	2.5
抗沉性	满足现行规范要求	回转半径	全速 1.5～2 倍艇长
稳性	满足现行规范要求	适应水域	内河 B、C 级沿海遮蔽航区

三、使用方法及注意事项

1. 喷水组合式抢险舟舟体使用方法及注意事项参照嵌入组合式抢险舟内容。此外，喷水组合式抢险舟使用过程中还应及时清除吸入的杂物。

2. 耙齿式除污装置使用方法及注意事项(图 3-3-6)：

(1) 除污装置使用方法：喷水组合式抢险舟在复杂水域航行时，如有杂物吸附在进水口处，应立即停机

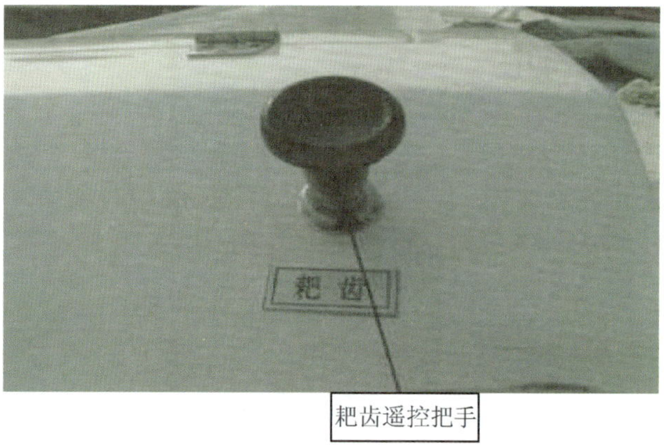

图 3-3-6 耙齿式除污装置

熄火,拉动耙齿遥控把手清除杂物,耙齿复位后重新启动发动机航行。

如果耙齿除污装置不能自动清除杂物,可参照说明书,采用清理除污装置密封阀,进行手动除污。

(2) 注意事项:

① 发动机运行时,不能拉动耙齿遥控把手。

② 远程遥控除污装置工作时,发动机必须熄火。

四、维护保养

1. 喷水组合式抢险舟舟体维护保养参照嵌入组合式抢险舟维护保养方法。

2. 喷水组合式抢险舟除污装置的日常维护:

(1) 齿轴轴封、操纵软轴、耙齿遥控把手等用密封甘油擦拭。

(2) 操纵软轴不能打折。

(3) 每次使用时要检查耙齿轴两端法兰盘密封状况。

(4) 每次使用后及时清理耙齿轴根部杂物。

(5) 时常拉动耙齿遥控把手,使除污装置处于灵活状态。

(6) 打开手动除污装置密封阀,检查阀体密封橡胶质量,并处理表面杂物。

3. 定期进行舟体外观检查,对非不锈钢金属件做涂敷黄油养护。

(以上技术参数资料由大连恒达玻璃钢船艇有限公司提供)

第四节 玻璃钢防汛冲锋舟

一、简介

玻璃钢冲锋舟是以不饱和聚酯树脂为基体材料，以玻璃纤维为增强材料，中间填充聚氨酯泡沫为储备浮力材料的纤维增强塑料船，是抗灾抢险的重要物资，在防汛抢险中以其机动灵活的特点，在运送受洪水围困群众和救灾物资方面都起着重要的作用，被群众誉为“生命之舟”，见图 3-3-7。

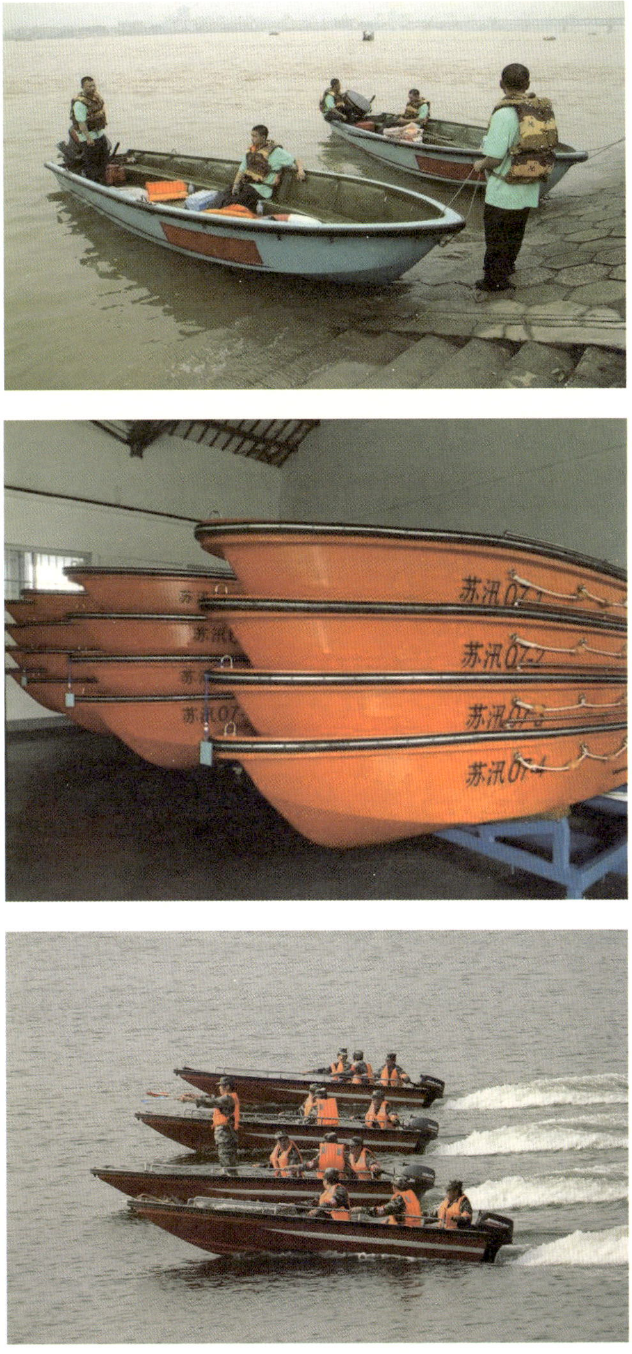

图 3-3-7 玻璃钢防汛冲锋舟

二、性能技术参数

1. 基体材料应为通用型不饱和聚酯树脂,其性能指标如表 3-3-8 所示。

表 3-3-8　通用型不饱和聚酯树脂的性能指标

性能	外观	酸值(KOH/g)(mg)	粘度(25℃)(Pa・S)	固化含量(%)	凝胶时间(25℃)(min)	稳定性		触变指数
						(20℃)d	(80℃)h	
指标	透明淡黄色液体	17～25	0.25～0.85	59～67	6～25	180	24	>1.9
测试方法	GB7193.7	GB2895	GB7193.1	GB9193.3	GB7193.6	GB7193.5		—

2. 舟体板材的力学性能满足表 3-3-9 的要求。

表 3-3-9　舟体板材的力学性能

项目	指标
拉伸强度	>150 MPa
弯曲强度	>180 MPa
冲击强度	>180 kJ/m^2

3. HD587 玻璃钢冲锋舟技术参数见表 3-3-10。

表 3-3-10　587 冲锋舟参数表

技术指标	型号规格
总长(m)	5.87
型宽(m)	1.80
型深(m)	0.66
满载吃水(m)	0.30
主机功率(hp)	48
乘员(人)	11
航速(km/h)	≥42
总质量(kg)	320～330
稳性及抗沉性	满足现行规范要求

三、使用方法及注意事项

(一)离岸、航行、靠岸

1. 离岸。船外机一般采用倒退掉头的方法离岸。启动船外机低速运转 3～5 min,将航行锁柄放在“锁紧”的位置,转动油门手柄,使箭头转向“换挡”的位置,将离合器手柄向后拨动,使之确实结合倒挡稍微加大油门,舟即可倒退出岸。倒退到指定方向时,降低油门,使箭头指向“换挡”位置,将离合器手柄向前拨动,经过空挡时稍作停顿,再将手柄推倒前进位置,同时将航行锁柄置于“松开”位置,然后加大油门,舟即可行驶。

2. 航行。航行中船外机在一般情况下,不可长时间使用高速,应避免将节气门突然开大或者降低以避免螺旋桨减震套打滑，航行中应集中注意力，正确掌握航速和航向，转弯或者掉头时应先降低航速，否则容易折断操纵臂或者造成其他事故。

3. 靠岸。要找准靠岸点和码头，在距离靠岸点适当位置减速，将离合器扳至“空挡”位置，利用舟的惯性缓慢靠岸，靠岸时应逆水靠近码头。

（二）夜间航行

尽可能在白天选定的航线航行，并在两岸选择明显的固定目标和航灯，作为分辨方向的横渡标记，条件允许时，可在靠岸点设置专用指示灯。加强指挥联络，群机航行时应注意保持间距，以免碰撞和失去联络。

（三）驾驶操作规则和安全要求

1. 上舟人员必须穿好救生器材，严禁在船上吸烟，以免发生事故。
2. 通过狭窄河道、桥孔、转弯时，要降低航速缓慢通行，严禁高速转弯。
3. 群机在一起航行时，要规定航行区域，避免单机远航失去联络。
4. 载重时要均匀，使舟底与水面接近平行，以取得良好的航行效果。
5. 使用过的工具和零件，应妥善放置在适当位置以防落水。
6. 熟悉水上航行规则并严格遵守。

四、维护保养

1. 防汛冲锋舟在入库前要将舟体擦拭干净，金属部位要涂敷黄油，叠放不超过四条，下层舟体吊环内侧面也用两根垫木（截面 120 mm×100 mm）支撑，舟与舟之间用硬质泡沫块支垫。
2. 操舟机及专用机油要单独堆垛存放。
3. 定期进行舟体外观检查，对非不锈钢金属件做涂敷黄油养护。

第五节　螺旋桨式船外机

一、简介

螺旋桨式船外机作为冲锋舟、橡皮舟等抢险舟艇的推进动力，具有易启动、动力强、加速快、效率高和操作简便等特点，在防汛抢险、转移群众中作为配套动力装置使用，见图 3-3-8。

图 3-3-8　螺旋桨式船外机

二、技术性能

1. 螺旋桨式船外机使用 76°交叉进气，使发动机更加紧凑。可以提高进气效率，使发动机容易启动、加速快、运转平衡，节省燃油。
2. 高精度进气和排气系统，提高了燃烧效率，有助于获得最高性能。
3. 具备微机控制系统，能持续监视发动机状况，延长发动机使用寿命。
4. 螺旋桨式船外机是由顶罩、顶部整流罩锁杆等 22 个部分组成，组成结构见图 3-3-9。

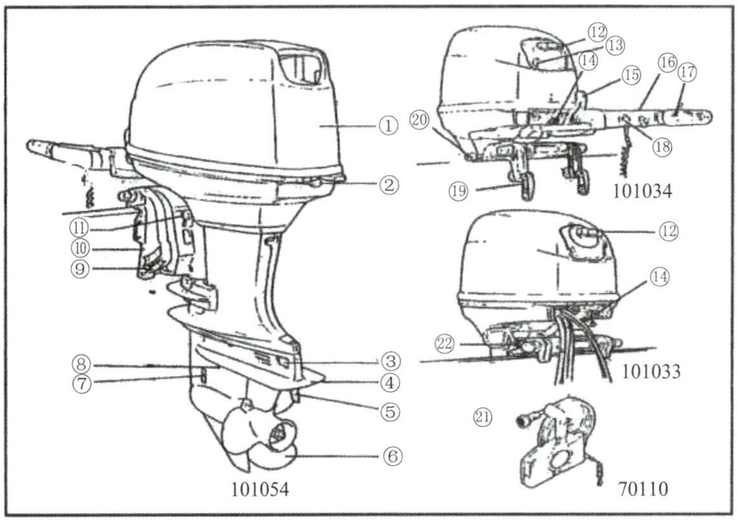

图 3-3-9 螺旋浆式船外机组成结构图

1. 顶罩;2. 顶部整流罩锁杆;3. 阳极;4. 防涡凹挡板;5. 航向调整片;6. 螺旋浆;7. 入水口;8. 辅助冷却人口;9. 纵倾角调整杆;10. 夹子托架;11. 控制摩擦调节螺丝;12. 拉索启动器手柄;＊13. 自动开关;14. 阻风门按钮;＊15. 换挡手柄;＊16. 操舵手柄;＊17. 油门杆握把;＊18. 引擎停止键/引擎停止小索开关;＊19. 艉板钳位手柄;20. 倾斜锁定杆;＊21. 遥控盒;＊22. 倾斜支撑旋钮。

三、使用方法及注意事项

(一) 发动机的磨合运作

汽油与机油的混合比为 25∶1,在负载情况下(螺旋桨被装入排挡时),按以下步骤启动发动机。其具体操作方法是:

1. 发动最初 10 min,以低速运转发动机。
2. 发动后 50 min,打开二分之一的油门持续运转。
3. 发动第 2 h,打开四分之三的油门持续运转。
4. 发动第 3～10 h,注意避免连续将油门全开超过 5 min。
5. 发动最初 10 h 后,以混合比 50∶1 的燃油运行发动机。

(二) 浅水航行

在浅水航行时,由于倾斜定位功能将不发生作用,因而在碰撞到水下物体时螺旋桨有可能跳出水面或失去控制。解决方法为:

1. 将换挡手柄移至空挡位置。
2. 将倾斜锁定杆移至释放位置。
3. 将引擎轻轻向上倾斜以便将引擎放在倾斜支撑棒上。
4. 以低速运行发动机。

四、维护保养

(一) 船外机使用后的保管

1. 冷却水管道:在清水中以空转速度开动发动机 5 min。
2. 化油器:取下排油螺塞后,将燃油放出。
3. 燃油过滤器:将过滤器取下,使用清洁剂清洗过滤器。

4. 火花塞：将火花塞取下，清洁或更换火花塞，并调整火花塞间隙（火花塞间隙 0.5～0.6 mm）。

5. 燃油箱：使用清洁剂彻底清洗燃油箱内壁，并将燃油管接头取下，用清洁剂清洗过滤器。

6. 齿轮油：将螺塞取下，排出机油，然后由低塞孔中注入准双曲面 90 号齿轮油（专用齿轮油），待油从高孔中流出后，拧紧螺塞。

（二）技术保养周期表（表 3-3-11）

表 3-3-11 技术保养周期表

项目	附注	最初		以后	
		10 h（磨合运转）	50 h（3 个月）	100 h（6 个月）	200 h（1 年）
整流罩					
水分隔器排放孔	检查	○			○
燃油系统					
燃油管	检查	○		○	
燃油过滤器	检查	○	○	○	
化油器	检查	○	○	○	
动力装置					
温控器	检查/更换			○	
漏水	检查	○	○	○	
电动机外部结构	检查	○	○	○	
排放装置泄漏	检查	○	○	○	
冷却水管道	检查/清洗		○	○	
控制系统					
点火定时	检查/调整	○		○	
化油器凸轮卷轴	检查/调整				
油门钢索	检查/调整				○
怠速	检查/调整	○		○	○
齿轮离合器	检查/调整	○		○	
水下装置					
齿轮油	更换	○		○	
水下装置的泄漏	检查				○
螺旋桨	检查	○	○	○	
一般装置					
阳极	清洗/检查/调整		○	○	
火花塞	清洗/检查/调整	○	○	○	
布线与接头	调整/重新/连接	○	○	○	
螺栓和螺母	拧紧	○	○	○	
润滑点	润滑			○	

(三)船外机故障清除表(表 3-3-12)

表 3-3-12 船外机故障清除表

故障	可能原因	修正
A. 启动发动机不工作	1. 电源容量不够。 2. 电池接头松弛或腐蚀。 3. 电启动电路保险丝烧断。 4. 启动发动机部件故障。 5. 发动机止动手索没连接上。 6. 转向杆处于齿轮齿合状态。	1. 检查电源状态,使用规定容量电源。 2. 紧定电源电缆,清洁电源终端。 3. 检查电气过载并维修。用合适安培数保险丝更换。 4. 请经销商维修人员处理。 5. 连接手索。 6. 置于中挡位置。
B. 发动机不能启动	1. 燃油箱空了。 2. 燃油污染或变坏。 3. 燃油过滤器堵塞。 4. 启动程序错误。 5. 燃油泵错误功能。 6. 火花塞污浊或错误型号。 7. 火花塞帽安装不正确。 8. 点火线连接不良或已损坏。 9. 点火零件错误。 10. 停机手索没连上。 11. 转向杆处于齿合状态。 12. 发动机内部零件损坏。	1. 用干净、新鲜汽油装箱。 2. 用干净、新鲜汽油装箱。 3. 清洁或更换。 4. 阅读关于启动发动机部分。 5. 请经销商维修人员处理。 6. 检查火花塞,清洁或用指定型号更换。 7. 检查并重新安装。 8. 检查线腐蚀或断裂情况,紧固松弛处,更换磨损断裂线。 9. 请经销商维修人员处理。 10. 连接手索。 11. 置于空挡。 12. 请经销商维修人员处理。
C. 发动机怠速不正常或停机	1. 火花塞污浊或错误型号。 2. 燃油系统阻塞。 3. 燃油污染或变坏。 4. 燃油过滤器阻塞。 5. 失效的点火零件。 6. 报警系统被激发。 7. 火花塞间隙不正确。 8. 连接太差或点火线损坏。 9. 没使用规定机油。 10. 温控定子错误或堵塞。 11. 化油器调整错误。 12. 燃油泵损坏。 13. 燃油箱进气螺钉锁紧。 14. 风门按钮拔出。 15. 马达角太高。 16. 化油器堵塞。 17. 燃油接头连错。 18. 油门阀调整错误。 19. 电源线被拆开。	1. 检查火花塞,清洁或用指定型号更换。 2. 检查燃油系统夹紧或死扣处或其他堵塞处。 3. 油箱充满清洁、新鲜汽油。 4. 清洁或更换过滤器。 5. 请经销商维修人员处理。 6. 发现并校正原因。 7. 检查并按规定调整。 8. 检查磨损或断开的电线,紧固连接松弛点。 9. 检查并按规定更换。 10. 请经销商维修人员处理。 11. 请经销商维修人员处理。 12. 请经销商维修人员处理。 13. 打开通气口螺打。 14. 回复到原位置。 15. 回复到正常操作位置。 16. 请经销商维修人员处理。 17. 正确连接。 18. 请经销商维修人员处理。 19. 安全稳妥地连好。

(以上技术参数资料由哈尔滨市京穗船用发动机有限公司提供)

(四)船外机故障清除表(表 3-3-13)

表 3-3-13 船外机故障清除表

故障	可能原因	修正
D. 报警蜂鸣器发声或指示灯亮	1. 冷却系统阻塞。 2. 机油油位太低。 3. 火花塞热值不当。 4. 没使用规定机油。	1. 检查吸水口。 2. 用指定机油加注机油箱。 3. 检查火花塞条件并用正确型号更换。 4. 检查并使用规定机油。

续 表

故障	可能原因	修正
	5. 机油污染或质量降低。 6. 机油过滤器阻塞。 7. 机油供给注射泵功能错误。 8. 船上负载不正确地分配。 9. 水泵/温控定子错误。	5. 用新鲜、规定的机油更换。 6. 请经销商维修人员处理。 7. 请经销商维修人员处理。 8. 平均分配船的负载。 9. 请经销商维修人员处理。
E. 发动机功率降低	1. 螺旋桨损坏。 2. 螺旋桨桨距或直径错误。 3. 纵倾角不正确。 4. 发动机安装于错误的尾板高度。 5. 报警系统激发。 6. 船底由于杂物增加而变差。 7. 火花塞污浊或型号错误。 8. 杂草或其他异物卷曲于齿轮箱。 9. 燃油系统堵塞。 10. 燃油过滤器堵塞。 11. 燃油污染或变质。 12. 火花塞间隙不正确。 13. 点火线连接松弛或损坏。 14. 点火零件失效。 15. 没使用规定机油。 16. 温控定子错误或被堵塞。 17. 进气螺钉关闭。 18. 燃油泵损坏。 19. 燃油接头错误。 20. 火花塞热值不当。	1. 修理螺旋桨或更换。 2. 安装正确的螺旋桨并按规定转速范围运行。 3. 调整纵倾角，并获得最有效运行。 4. 让马达调整正确的尾板高度。 5. 查明并验证原因。 6. 清洁船底。 7. 检查火花塞，清洁或用指定型号更换。 8. 拆卸并清洁下部。 9. 检查燃油系统中拧紧或死扣处。 10. 清洁更换过滤器。 11. 用清洁、新鲜汽油注满油箱。 12. 检查并按规定调整。 13. 检查磨损或断开的线，紧固松弛连接处，更换磨损或断开了的线。 14. 请经销商维修人员处理。 15. 检查并按规定更换。 16. 请经销商维修人员处理。 17. 打开进气螺钉。 18. 请经销商维修人员处理。 19. 正确连接。 20. 检查火花塞并用正确的型号更换。
F. 发动机振动过大	1. 螺旋桨打坏。 2. 螺旋桨轴损坏。 3. 杂草或其他异物卷曲于螺旋桨。 4. 马达安装螺栓松弛。 5. 操舵轴枢松弛或损坏。	1. 修补或更换螺旋桨。 2. 请经销商维修人员处理。 3. 拆卸并清洁螺旋桨。 4. 紧定螺栓。 5. 紧定或求助于经销商维修人员。

（以上技术参数资料由哈尔滨市京穗船用发动机有限公司提供）

第六节 喷泵式船外机

一、简介

喷泵式船外机是由发动机传动轴带动泵体的叶轮高速转动，船外机下端的进水口吸水，从喷射口高压射出，形成强大的动力推动舟体前进。12人橡皮舟配套使用25马力喷泵式船外机，喷泵动力装置消除了杂物缠绕及螺旋桨易伤人等缺陷，并具备通过性能强和速度快等特点，见图3-3-10。

图 3-3-10 25 马力喷泵式船外机

二、性能技术参数(表 3-3-14)

表 3-3-14　性能技术参数表

项目		参数
整体长度(mm)		884
整体宽度(mm)		437
整体高度(mm)		988
推荐的横梁高度(mm)		555
重量(kg)		59
输出功率	喷泵功率(kW)	18.4
	引擎功率(kW)	22.1
最大转速范围		5 200～5 600
汽缸数		2
排气量(mL)		429
缸径×行程(mm)		68×59
排气系统		喷射排气
润滑系统		混合汽油发动机油
冷却系统		强制冷却水
启动系统		手动
火花塞		NGKB7HS-10(gap1.0mm)
交流发电机		12 V,80 W
倾斜调整位置		6
发动机油混合比		磨合期内 25∶1,磨合期后 50∶1
油脂驱动轴轴承		3HT-65319-0
油箱容量(L)		25
齿轮减速比		1∶1

三、使用方法及注意事项

1. 喷泵船外机和螺旋桨船外机使用方法相同。

2. 舟体在浅水域行驶时,可将发动机左侧的红色起翘手柄推到最下端,将发动机向上翘约 30°。此种方式行驶油门不能加太大,要保持中低速行驶,这样喷泵不易吸到沙粒,又可以保持船缓慢前行,不会因为失去动力而失控。

3. 在漂浮物多的水域行驶时,可以挂倒挡将油门控制在低速运行片刻。倒挡时可以利用导流罩改变的水流来冲刷进水口的漂浮物,如果漂浮物太多,也可将发动机翘起,从进水口清除漂浮物。

四、维护保养

1. 冷却水管道：在清水中以空转速度开动发动机 5 min。
2. 化油器：取下排油螺塞后，将燃油放出。
3. 燃油过滤器：将过滤器取下，使用清洁剂清洗过滤器。
4. 火花塞：将火花塞取下，清洁或更换火花塞，并调整火花塞间隙（火花塞间隙 0.5～0.6 mm）。
5. 燃油箱：使用清洁剂彻底清洗燃油箱内壁，将燃油管接头取下，使用清洁剂清洗过滤器。
6. 驱动轴轴承：使用后需用注油枪在传动轴轴承位置注入专用油脂，勿使用普通润滑脂。
7. 内置螺旋桨：使用后应将内置螺旋桨拆卸清洗。

（以上技术参数资料由厦门东发兴进出口有限公司提供）

第七节 喷泵卧式船用二冲程发动机

一、简介

喷泵卧式船用二冲程发动机是研发的新型产品，目前主要作为喷水组合式抢险舟推进动力，主要由动力系统、喷栗系统、控制系统三部分组成。其主要特点是发动机内置、操作简便、安全系数高、动力强劲、稳定性好，见图 3-3-11。

图 3-3-11 喷泵卧式船用二冲程发动机

二、性能技术参数

（一）喷泵卧式船用二冲程发动机性能

1. 工作原理：高速旋转的发动机通过推进轴带动喷泵中的叶轮从舟底格栅吸水，经过喷嘴向后喷射高压水流，通过水的反作用力推动舟体前进。

2. 喷泵结构示意图(图 3-3-12):

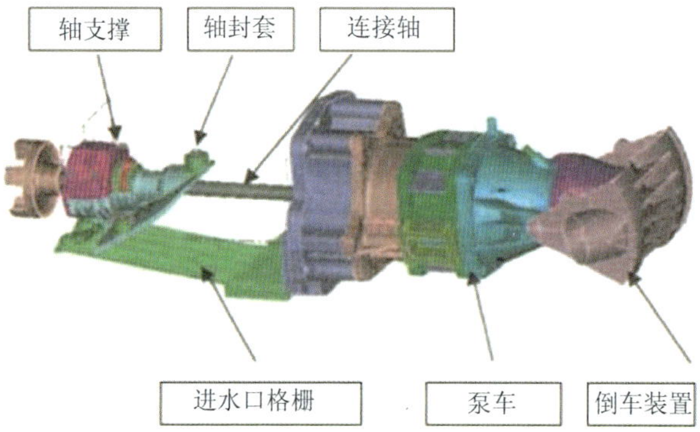

图 3-3-12　喷泵结构示意图

(二) 技术参数(表 3-3-15)

表 3-3-15　技术参数

项目	单位	数据
最大输出	kW(PS)r/min	58.8(80)/6 250 转
最大燃油消耗	L/h	每小时 34 升
汽缸数		2
排气量	mL	701
缸径,冲程	mm(in)	81×68(3.19×2.68)
压缩比		7.2∶1
润滑系统		预混
冷却方式		水冷
启动系统		电启动
电源输出	Ar/min	3 安培 5 500 转
推进系统		喷泵
喷泵类型		轴向,单级喷射
叶轮旋转		逆时针方向(从后部看)
机油		YAMALUBE2T
汽油与机油的比例		磨合期 25∶1,使用期 50∶1

三、使用方法及注意事项

(一) 使用方法

1. 安全/停机开关:使用前插入钥匙停机时,按下开关或拔出钥匙。
2. 启动开关:按下可以启动发动机,发动机在工作时和检查进水口时禁止使用。
3. 方向系统:转动方向盘控制行驶方向。
4. 操纵杆:分为前挡、空挡、后挡三挡,发动机必须在空挡才能启动,见图 3-3-13。

图 3-3-13 动机控制系统

（二）注意事项

1. 避免使用指定汽油、机油外的任何混合燃料。同时，确保汽油与机油以正确比例彻底混合。
2. 发动机不能在地面上运行超过 15 s 或以全油门运行，否则可能会过热而拉缸。
3. 请勿自行更换燃油滤清器。过滤器安装不当可能会造成汽油泄漏，从而引起火灾或爆炸。
4. 更换保险丝时，不能使用超过安培数的保险丝，否则可能会严重损坏电气系统，引起火灾。

四、维护保养

1. 冷却水管道：在清水中以空转速度开动发动机 3 min，将排气管的水排除。
2. 化油器：取下排油螺塞后，将燃油放出。
3. 燃油滤清器：使用 200 h 或过滤器中有水时，应及时更换。
4. 火花塞：应定期拆卸并检查，清洁密封垫，擦除火花塞螺纹上的污物，并用合适的扭矩拧紧火花塞。如果电极烧蚀过于严重，或者沉积物过多，须用指定的火花塞将其更换。

（以上技术参数资料由哈尔滨市京穗船用发动机有限公司提供）

第八节 喷泵卧式船用四冲程发动机

一、简介

喷泵卧式船用四冲程发动机作为喷水组合式抢险舟推进动力，主要由动力系统、喷泵系统、控制系统三部分组成，具有发动机内置、操作简便、安全系数高、动力强劲、稳定性好等特点，见图 3-3-14。

二、性能技术参数

（一）喷泵卧式船用四冲程发动机性能

1. 工作原理：高速旋转的发动机通过推进轴带动喷泵中的叶轮从舟底格栅吸水，经过喷嘴向后喷射高压水流，通过水的反作用力推动舟体前进。

图 3-3-14 喷泵卧式船用四冲程发动机

2. 喷泵结构示意图(图 3-3-15)：

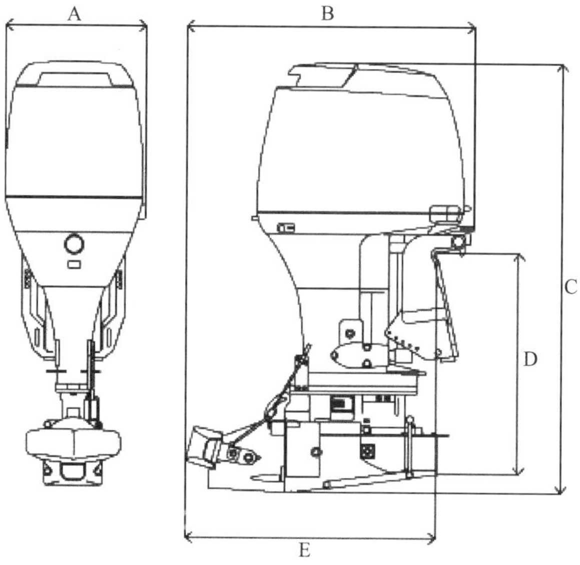

图 3-3-15　喷泵结构示意图

(二) 技术参数(表 3-3-16)

表 3-3-16　喷泵卧式船用四冲程发动机技术参数表

项目	单位	数据
发动机类型		四冲程、双顶置凸轮轴
最大输出	kW(PS)r/min	105(142.8)/9 500 转
最大燃油消耗	L/h	24
汽缸数		直列四缸
排气量	mL	1 052
缸径,冲程	mm(in)	76×58(2.99×2.28)
压缩比		11.9∶1
润滑系统		干式油底壳
冷却方式		开环水冷
启动系统		电启动
电源输出	Ar/min	14～16/6 000 转
推进系统		喷泵
喷泵类型		轴流
叶轮旋转		逆时针(从后部看)
机油		四冲程发动机润滑油 10 W-40
燃油		普通无铅汽油 93#

三、使用方法及注意事项

(一) 使用方法(图 3-3-16)

图 3-3-16 控制系统

1. 仪表总成:显示转速、速度、油位、电压及发动机累计运行时间。

2. 启动开关:顺时针转动钥匙可以启动发动机,当需要停机时,可逆时针转动钥匙。

3. 紧急停止开关:启动发动机前需将插销插在开关上,遇紧急情况时可直接将插销取下以使发动机停止工作。

4. 方向系统:可通过转动方向盘控制行驶方向。

5. 操纵杆:分为前进挡、空挡和倒退挡三个挡位,分别控制船艇的前进、停止和倒退,发动机只有在空挡时才能启动。

(二) 注意事项

1. 本发动机为四冲程发动机,不能使用常规二冲程发动机机油。

2. 在没有冷却水供应的情况下,发动机工作不能超过 15 s,否则发动机会过热,造成损坏。

3. 每次使用发动机前应检查机油高度线:将发动机水平放置,给发动机供应冷却水,然后启动发动机,使发动机在怠速持续运行 6 min 以上,然后停止发动机。拆下机油标尺并擦干净,再旋入机油箱加注口,再次拆下机油标尺,查看机油是否在最低限和最高限刻线之间。

4. 更换保险丝时,不能使用超过安培数的保险丝,否则可能会损坏电气系统,引起火灾。

四、维护保养

1. 空气过滤器:每 12 个月或每使用 100 h 检查一次。

2. 火花塞:每 12 个月或每使用 100 h 检查一次,擦除火花塞螺纹上的污物,检查火花塞间隙应为0.7～0.8 mm,并重新安装,拧紧力矩为 12.5 N·m。如果电极过度腐蚀,或者碳和其他的堆积物过多,须更换指定的火花塞 CR9EP(TORCH)。

3. 冷却水道冲洗:在岸上将船艇或发动机水平位放置,用软管连接清洗水入口管道并接到水龙头上,启动发动机,然后马上打开水龙头,直到水从船艇喷嘴或发动机排水管中持续流出。让发动机空转约 3 min,然后关闭水龙头,交替抓、放油门杆 10～15 s,使残留在冷却管中的水排出,最后停止发动机并拆掉软管。

(以上技术参数资料由大连恒达玻璃钢船艇有限公司提供)

第九节 救生绳索抛射器

一、简介

救生绳索抛射器是为满足远距离抛投,快速连接救生器材而研制的新型救援器具,由牵引绳索、发射器、发射气瓶、充气气瓶、高压连接管及专用充气的空气压缩机等组成,通过气动抛射发射气瓶将绳索牵引到指定位置,通过绳索连接达到快速救援的目的,见图 3-3-17～图 3-3-19。

图 3-3-17 救生绳索抛射器

图 3-3-18 气瓶充气用空气压缩机

图 3-3-19 抛投器

二、性能技术参数(表 3-3-17)

表 3-3-17 救生绳索抛射器性能技术参数表

项目	参数
充气气瓶充气压力	30 MPa
发射气瓶工作压力	10～20 MPa
发射距离	85～90 m(20 MPa 时)
牵引绳拉断力	2 500 N

三、使用方法及注意事项

(一) 使用方法

1. 检查器材。使用前,先检查器材是否完好,气瓶表面无外伤。

2. 准备器材。通过连接吊钩,将气瓶与绳索连接牢固,气瓶安装到抛射器上,充气接口与气源气瓶连好,装好安全销。

3. 充气。稍开气瓶阀,将发射气瓶充至 15～20 MPa。

4. 发射。拔出安全销,以适当角度(一般为 35°),并估计发射高度,扣动发射扳机进行发射,见图 3-3-20～图 3-3-22。

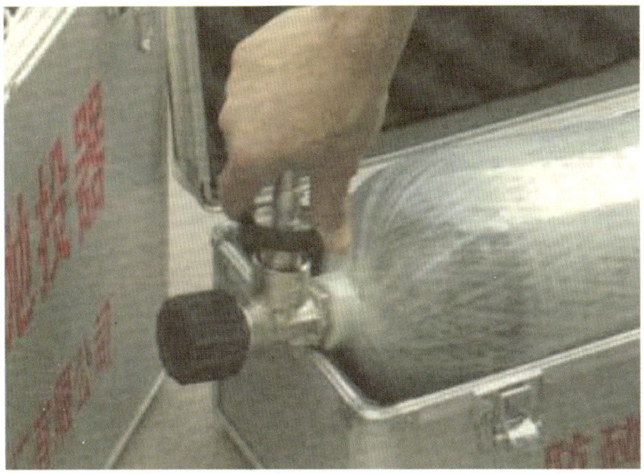

图 3-3-20　将高压连接管与充气气瓶连接并旋紧

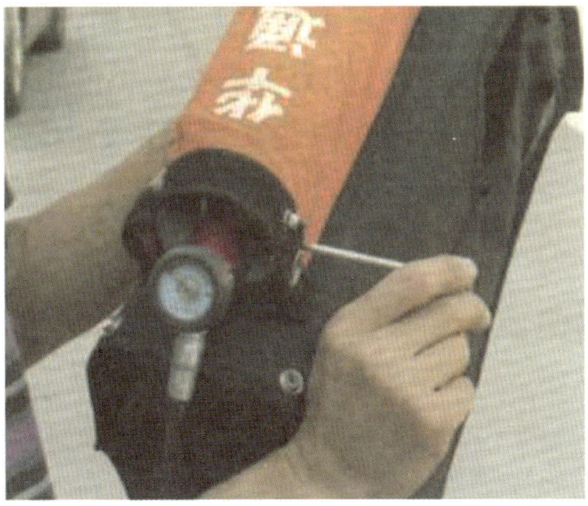

图 3-3-21　拔出发射器安全销

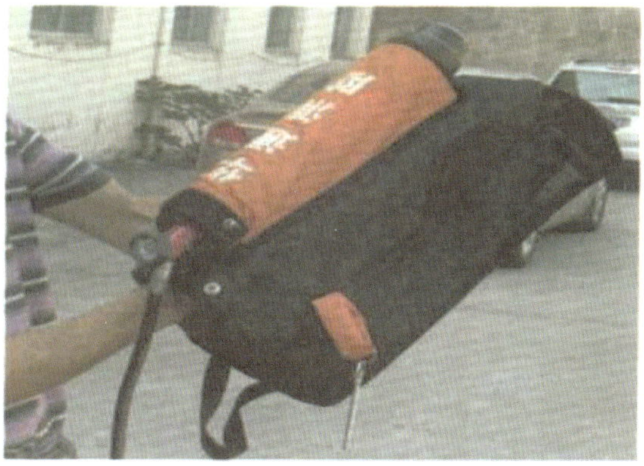

图 3-3-22　救生绳索抛射器发射

(二) 注意事项

1. 向发射气瓶充气时,应将气瓶朝向无人处,并严禁超过 22 MPa 的安全工作压力。

2. 未做好发射准备时,严禁将安全销拔出。

3. 禁止将救生绳索抛射器发射口直接对准人体。

4. 对于已经充满气体待发射的救生绳索抛射器,如果停止使用,要通过装在抛射装置上的排气阀将发射气瓶中的气体排放掉。

5. 发射气瓶每发射 10 次须对其进行检查,注意对发射气瓶的保护,气瓶伤痕深度超过 0.3 mm 须进行合格打压试验。

6. 空气压缩机在充气过程中每 15 min 左右打开排污阀排污一次。

7. 每充两个 6.8 L 充气气瓶(约 26 min)后,须待压缩机缸体冷却后再次使用。

四、维护保养

救生绳索抛射器使用后,应对以下组成部分进行保养:

1. 牵引绳:使用后要及时用中性洗涤剂洗涤,然后再用清水清洗、风干。

2. 抛射装置:使用后擦拭干净,对各部零件进行检查,确认完好,并用防锈润滑油对各金属部件进行喷涂润滑。

3. 发射气瓶:使用后进行清洗,待干燥后用少许硅油涂抹在气瓶嘴上,以备再用。

4. 空气压缩机:压缩机在磨合期间,工作 25 h 后必须第一次更换润滑油,以后每工作 50 h 更换一次;如果机器长期不使用,应每 3 个月运转一次。

(以上技术参数资料由泰州市华通消防装备厂有限公司提供)

第十节 防汛救生衣

一、简介

指在防汛抢险救灾中用于抢险人员穿着和救助落水人员使用的闭孔泡沫救生衣,穿在身上具有足够浮力,使落水者头部能露出水面,见图 3-3-23、图 3-3-24。

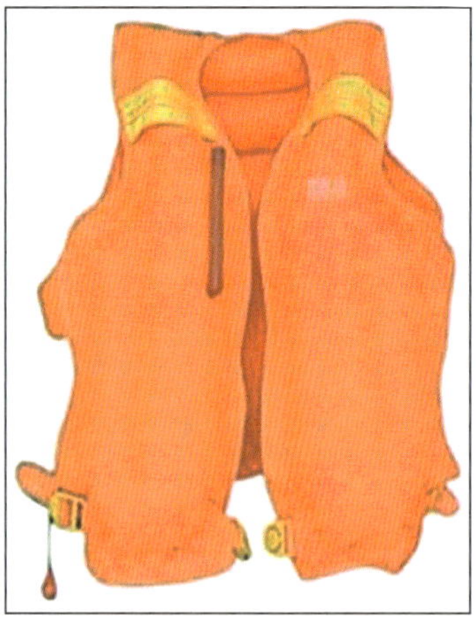

图 3-3-23 充气(气胀)式救生衣

图 3-3-24 填充式救生衣

三、性能技术参数

(一) 填充式救生衣的性能(表 3-3-18、表 3-3-19)

表 3-3-18 救生衣面料物理性能指标

序号	材料名称	项目名称	要求
1	包布	抗拉破断强度(径向和纬向)	≥784 N/50 mm

续 表

序号	材料名称	项目名称	要求
2	缚带	抗拉破裂强度	≥882 N/根
3	缝线		≥19.6 N/根

表 3-3-19 救生衣质量标准

序号	项目	单位	指标
1	颜色		橙色
2	浮力	N	≥74
3	哨笛	只	1
4	逆光反光片	cm^2	≥200
5	重量	kg	≤0.8

注 1:每件救生衣附使用说明书或穿着示意图。
注 2:救生衣浸入淡水中 24 h 后的浮力应不小于 74 N。
注 3:受试人员穿着救生衣在水中应竖直或后仰,且口部露出水面,没有将受试者面部浸入水中倾向。
注 4:受试人员从高度不低于 4.5 m 处跳入水中应不受伤害,且救生衣无移位和损坏。

(二) 充气(气胀)式救生衣的性能

1. 气胀式防汛救生衣的物理性能:

(1) 囊内压缩气体重量:33%2B33g,入水 5 s 内自动充气,产生 150 N 浮力(可承载体重 300 kg 重量)。主要配件和材料性能满足国家标准。

(2) 气囊充气容积:16.5 L,囊内气体保存时间:大于 5 d。

(3) 救生衣重量:不于 1.3 kg。

(4) 尺寸:510 mm×300 mm×60 mm。

(5) 二氧化碳气体重量:33 g。

(6) 配有双音求救哨。

(7) 反光标识:"SOLAS"高强级反光膜。

2. 气胀式防汛救生衣耐温度性使用环境温度:−30～+65℃。

3. 气胀式防汛救生衣水中性能:口部与水面距离于 120 mm,头肩部浮出水面后倾角为 30～45°。

4. 气胀式防汛救生衣气室和充气系统的性能:

(1) 救生衣应具有两个以上独立的气室,在任何一个气室失去浮力时,救生衣仍能符合水中性能要求。

(2) 气室应能在室温环境下承受内部超压后,救生衣无损坏迹象,无破裂、胀大或力学性能的改变,充气部件应无明显损坏,同时应确保释放阀工作的有效性。

(3) 在 15～25℃环境稳定下,救生衣应在手动充气装置触发后 5 s 内充气完毕,救生衣入水计时自动充气时间不大于 8 s。

(4) 正常包装好的救生衣,承受 75 kg 的动载荷和静载荷后无胀大或机械性质的改变,且无漏气现象。

(5) 充气头子应能承受来个各个方向的大小为(220±1.0)N 的作用力后,救生衣应能保持完好。

(6) 自动充气装置应可靠,且具有防止误充气的能力;手动充气装置的手动拉力应不大于 68 N。

(7) 充气后的救生衣在空气中 12 h 后,压力降低应不大于 10%。在淡水中浸泡 24 h 后,其浮力损失小于 5%。。

(8) 放弃装置应简单,且能快速放气。

(9) 嘴吹气管应无毛口,并带有一个单向阀。单向阀初始打开压力应为 1.0 kPa～3.0 kPa。当嘴吹气管在压力为 7 kPa 时的最低流量为 85 L/min。

(10) 嘴吹气胀救生衣时，应允许一个成人在 1 min 内充气完毕，且肺功能不受损坏。

三、使用方法及注意事项

1. 填充式救生衣使用方法：将救生衣口哨袋朝外穿在身上；拉好拉链，双手拉紧前领缚带，缚好颈带；将下缚带在前身左右交叉缚牢；穿妥后检查每一处是否缚牢。

2. 填充式救生衣注意事项：穿着前必须检查救生衣是否破损，哨笛、反光片等是否齐全。

四、维护保养

(一) 填充式救生衣的维护保养

1. 救生衣保管中要注意防火。需要储藏在干净、凉爽、干燥的地方，底层要有防潮、防鼠措施。堆放仓库必须做好防腐措施，避免腐烂。

2. 堆放应避免阳光直接照射，窗子要用黑色避光塑膜隔光。如果救生衣潮湿或雨淋，不能直接在太阳底下晒干，要在阴凉处晾干。

3. 定期检查救生衣的包布、缚带有无霉烂，必要时翻新更换。

4. 清洗救生衣一般使用清水和温和洗涤剂，不能使用洗衣机，不能干洗，不能漂白，只能手洗。

5. 穿着救生衣的时候避免尖锐物体的接触。

6. 救生衣应避免接触腐蚀性溶液，否则容易损坏救生衣的内外部材料。

(二) 充气(气胀)式救生衣日常保养和注意事项

1. 气胀式救生衣严禁敲击及高空抛投。

2. 气胀式救生衣应存放在温度为 0～35℃，相对湿度不大于 85%的室内，严禁在日光下暴晒，且勿受挤压。

3. 二氧化碳气瓶和自动充气装置内的起爆盒均为一次性使用，使用后应及时进行更换。

4. 气胀式救生衣避免接触有损胶衣的油、酸、锐器、火种等物。

5. 气胀式救生衣有效期为三年，且每年应对气瓶中的二氧化碳气体含量进行检测。

6. 建议用温和洗涤剂湿擦，不能浸在水中或用腐蚀性强的洗涤剂清洗。

第十一节 防汛救生圈

一、简介

救生圈是水上救生设备的一种，通常由软木、泡沫塑料或其他比重较小的轻型材料制成。外面包上帆布、塑料等。主要用于水中救生，见图 3-3-25。

二、性能技术参数

1. 救生圈是由闭孔型发泡材料制成的环状浮体，并缝包上帆布，涂上油漆，附有直径不小于 9.5 mm、长度小于救生圈外径 4 倍的可浮把手索，此索应紧固在圈体周边 4 个等距位置上，并形成 4 个等长的索环，让落水者易于抓住。救生圈的外径不大于 800 mm，内径不小于 400 mm，质量不小于 2.5 kg，配有自发烟雾信号和自亮浮灯所附速抛装置的救生圈，重量应大于 4 kg。被火完全包围 2 s 后，不致燃烧和继续熔化。

图 3-3-25 救生圈

2. 救生圈可配有属具，包括可浮救生索、自亮浮灯或自发烟雾信号。

3. 能在淡水中支撑不少于 14.5 kg 的铁块达 24 h 之久。

4. 救生圈应耐高温和耐油，无皱缩、破裂、膨胀、分解。

5. 救生圈从规定高度投落后，应无开裂或破碎。对于配有自发烟雾信号和自亮浮灯所附速抛装置的救生圈，释放时应能触发该装置，见表 3-3-20。

表 3-3-20 防汛救生圈的一般要求

项目	指标
颜色	橙红色
重量	≥2.5 kg±0.1 kg
外观	平滑，无毛刺、无开裂、无变形
逆向反光片	≥200 cm^2，宽度 50 mm
把手索	Φ≥9.5mm，长度不小于外径的 4 倍。
浮力	负重 14.5 kg，漂浮 24 小时以上。
抗拉强度	悬挂 90 kg 重物，30 min 圈体无破裂和永久性变形。

三、使用方法及注意事项

1. 抛投者一手握住救生圈的救生索，另一手将救生圈抛在落水人员的下流方向，无流而有风时应抛于上风，以便落水者攀拿，注意不要打在落水者身上，也可以将救生索系在栏杆边，两手抛投救生圈。

2. 航行时如果有人不慎落入水中，落水者应大声呼叫以引起其他人员的注意。发现者应就近拿取救生圈并迅速抛向落水者附近的海面。具体的方法是：向落水者上风抛下救生圈。落水者先抓住把手索，然后双手同时向下压住救生圈的一侧，使救生圈竖起，手和头顺势钻入圈内，再将救生圈夹在两腋下面，保持头部高于水面，身体浮于水中，等待救助。

3. 如果在船舶停泊过程中有人落水，此时最好抛下带浮索的救生圈。落水者攀拿后，船上人员回收浮索，将落水者拉至船边。

四、维护保养

1. 堆放时要用塑料布包装，搬运时防止摩擦破损，防止太阳暴晒。

2. 避免油污，防止减低性能。

3. 每三个月检查一次。

第四章
供排水设备

第一节　大功率水泵

一、简介

大功率水泵一般由主机、附件、进出水管、电缆、变频柜组成，配套动力有电动机和柴油机两种，广泛应用于平原地区农田抗旱灌溉、防汛排涝、工业和城市给排水等，输送水温度不高于 50℃。具有流量大、效率高、结构简单、使用方便、维护容易等特点，见图 3-4-1。

图 3-4-1　300HW-13 型水泵及附件

二、性能技术参数

(一) 水泵性能参数(表 3-4-1)

表 3-4-1　大功率水泵技术参数表

型号	流量(m^3/h)	扬程(m)	功率(kW)	转速(r/min)	电机型号	汽蚀余量(m)
250HW-12A	540	12.5	30	1 450	Y200L-4	4.0
300HW-8	792	8	30	970	Y225M-6	4.0
300HW-13	850	13	45	1 480	Y225M-4	4.0

续 表

型号	流量(m^3/h)	扬程(m)	功率(kW)	转速(r/min)	电机型号	汽蚀余量(m)
350HW-6	1 100	6.7	30	970	Y225M-6	4.0
400HW-5	1 440	5	30	730	Y225M-8	4.0
400HW-8	1 440	8	45	730	Y280M-8	4.0
400HW-12	1 440	12.5	75	730	Y315M-8	4.0
500HW-6	2 200	6	55	580	Y315M-10	5.5
500HW-8	2 200	8	75	580	Y315L2-10	5.5
700HW-7	3 650	7	110	580	Y355M2-10	5.5
700HW-9	3 650	9	132	580	Y355L1-10	5.5
700HW-11	3 650	11	160	580	Y355L2-10	5.5

(二) 大功率水泵型号说明(图 3-4-2)

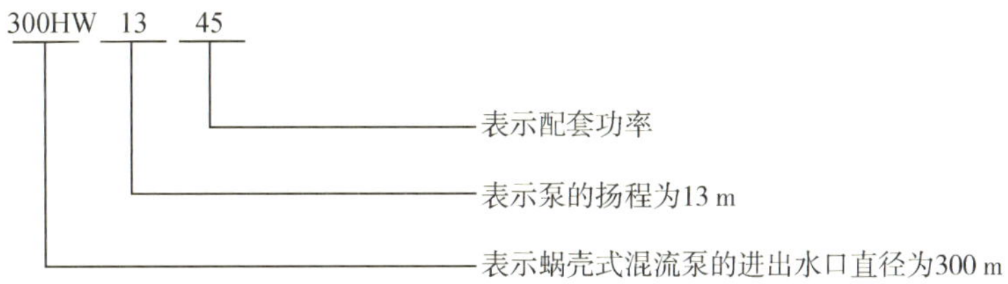

图 3-4-2 大功率水泵型号说明

三、使用方法及注意事项

(一) 水泵安装

1. 安装的高度:要求吸上高度不超过泵的吸程。

2. 安装位置应选择土质坚实牢固、靠近水源地方,做到既保证安全,又缩短进水管路,减少扬程损失。

3. 水泵安装时,必须保证泵轴处于水平位置。

4. 吸水管进水端应浸入水平面 1 m 以下且离水底 0.5 m 以上。

5. 水泵安装完成后,计算允许吸上高度和扬程,在水位稳定的条件下,要求为规定数值的 0.8~1.2 倍范围,否则水泵不会正常运行。

(二) 试机

1. 水泵在安装完毕后,必须进行试机,其目的:

(1) 使各配合部位运转协调。

(2) 检查和消除安装中出现的问题。

(3) 检查水栗转向是否符合要求。

2. 开机前的准备:

(1) 检查地脚螺丝的紧固情况。

(2) 如配柴油机动力,检查皮带松紧程度及安装设备是否安装妥当。

(3) 检查进、出水管路是否进气、漏水。

(4) 检查填料松紧是否适宜。

(5) 检查电动机轴心和水泵轴心线是否在同一水平线上;直联时,电动机旋转是否符合泵的转动方向。

(6) 检查泵内有无障碍物,轴是否卡住。

3. 开机顺序:

(1) 关闭出水闸阀。

(2) 将水注入水泵,以排除进水管路及水泵内空气,可从泵体顶端丝堵注入清水,也可使用真空泵注水,在水充满水栗的同时,启动水泵,打开闸阀,关闭真空泵。

(3) 开启电动机。

(4) 当电机正常运转后,逐步开大闸阀,达到所要求的工况后,调节填料松紧,若水泵运转、轴承温度等都正常,则可继续运行。

(三) 注意事项

1. 用皮带传动时,两条皮带必须对正且平行,否则容易掉带或出现故障;传动皮带及皮带轮,应有防护装置,以保证安全。

2. 进出水管同各连接法兰盘之间,应有胶垫,以防进气、漏水。

3. 出水管末端最好浸没水池内或尽量靠近水面,以避免扬程损失。

4. 如不用底阀,进水管入水时,应配有铁丝网或竹制网,以防水草等杂物进入叶轮,影响水泵正常运转。

5. 泵盖进水口不能直接接弯管,应先接一短直管后再接弯管,以保证进口处流速分布均匀。

四、维护保养

1. 经常检查轴承温度,轴承体内应装有70%的钙基黄油,不得过多或过少,泵在运转中轴承温升不应超过环境温度35℃,轴承的极限温度不得超过75℃,若超过应停机检查,予以消除。

2. 发生功率突然增大或降低、流量突然减少、扬程突然降低情况,应立即停机检查。

3. 使用前应检查各部分螺丝是否松动,如松动应拧紧。

4. 填料的调整应适度,以液体一滴一滴漏出为准,填料太紧易发热、消耗功率,填料太松使水泵中液体漏损过多、降低效率。

5. 水泵运转时,应注意泵内有无杂音或剧烈的摩擦撞击声,如有应停机检查。

6. 水泵在冬季使用,停机后应将水栗内和管路内的存水放尽,以防冻裂。

7. 水泵每使用一个灌溉季节后,应更换润滑黄油后存放。

8. 水泵工作满500 h,应拆卸水泵检查零件的磨损情况,如长期停用,应将运转部分拆下擦干、上油,妥善保管。

(以上技术参数资料由山东博兴铁龙泵业有限责任公司提供)

第二节 离合式柴动直联泵

一、简介

离合式柴动直联泵由柴油机、离合器、水泵、主机底座、机泵传动装置、进出水管路等组成,主要用于丘陵、平原地带农田抗旱灌溉、防汛排涝、农村人畜饮用水抽水、无电偏远郊区给排水等。其主要特点是水栗与柴油机连接简单,离合器技术成熟、使用广泛、维修方便,见图3-4-3。

图 3-4-3　离合式柴动直联泵机组

二、性能技术参数

(一) 技术参数(表 3-4-2)

表 3-4-2　柴动直联泵技术参数表

项目 \ 型号	ISC150-125-315	ISC200-150-315
流量(m^3/h)	200	400
扬程(m)	30	30
转速(r/min)	1 450	1 450
配套功率(PS)	41	76
轴功率(PS)	30.06	57.80
效率(%)	>79	>81
汽蚀余量(m)	2.5	3.5
动力型号	K4100D	K4105ZD
缸径(mm)	100	105
行程(mm)	115	125
额定转速(r/min)	1 500	1 500
总排量(L)	3.26	4.33
燃油消耗(g/kW·h)	≤258.4	≤239

(二) 离合式柴动直联泵型号说明(图 3-4-4)

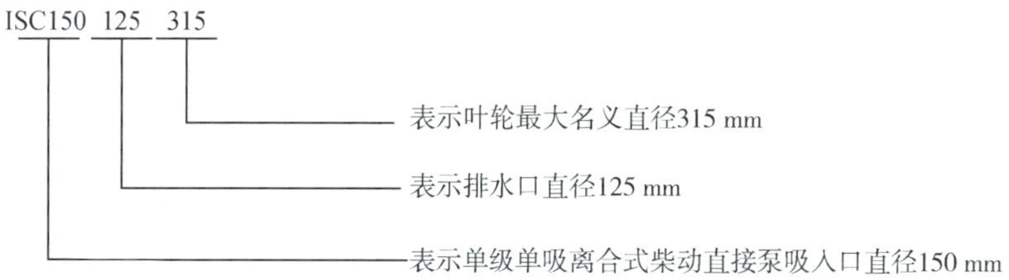

图 3-4-4 离合式柴动直联泵型号说明

三、使用方法及注意事项

(一) 安装

1. 离合式柴动直联泵开箱后按照装箱单核实主机与附件规格数量,检查主机与附件有无损伤变形,无异常时可进行组装。

2. 将主机垫高,用螺栓将万向轮连接到柴油机底座上,定向轮连接到水泵底座上,然后紧固。

3. 将进水口直管和胶垫安装在水泵进口法兰上,用螺栓、平垫、弹簧垫紧固,紧固时对称拧紧螺栓,避免漏气。

4. 连接进水单法兰直管与手压井底部,拧紧以防漏气。

5. 检查水泵出口法兰与出口渐变管法兰的胶垫是否偏斜,连接螺栓有无松动。无异常时将蝶阀与 90°双法兰弯管连接到出口渐变管上,最后将出口单法兰直管及胶垫连接到双法兰弯管上。

6. 离合式柴动直联泵的应用安装高度,应为大气压力减去水泵的最大必需汽蚀余量再减去 0.5 m。

7. 做好泵组安装基础,使泵组运转平稳可靠,并且出水胶管要连接牢固,密封可靠,不得漏水影响机组运转。

8. 进水胶管一端连接到水泵进口单法兰直管上,并用胶管卡紧固好以免漏气;进水胶管局部高度不得高于进水口,否则容易在高点存气导致泵吸不上水。

9. 柴油机为 K4100G 型号时,取下进气管上的防尘盖,将 K2007 型空气滤清器安装上并紧固好,取下排气管上防尘盖紧固好消声器;柴油机为 4405ZG 时,将长筒型空气滤清器安装于增压器进口的锥管上,用胶管连接并用紧固圈扎紧。空气滤清器用胶带、胶垫、紧固圈紧固在机身支架上,消音器安装在增压器的排气口上。

10. K4100G 柴油机配用 12 V 电瓶一块,用带绝缘胶套的正极电瓶线将电瓶正极与启动电机正极连接好,电瓶负极用负极线连接到底座上;4105ZG 柴油机配用 12 V 电瓶 2 块,电瓶串联后正极接于启动电机正极上,负极连接于底座上。以上电瓶导线若不够长时,要用不小于 35 mm^2 的铜导线连接,以免启动时电压下降过大。

11. 将油箱(油桶)的进油管接到柴油机高压油泵进油口上,用手压住泵往复按动,使供油系统充满油,排除空气。

12. 将柴油机喷油嘴回油口用油管接回到油箱(油桶)内。

(二) 操作

泵组启动前准备工作:

1. 柴油机在启动前,应进行一次全面检查,特别要注意底脚螺栓与从动机械的连接是否牢固,各传动件及操作系统是否灵活,只有在检查无误后,才能启动柴油机。

2. 检查并补充机油，使油面保持正常位置；加足冷却水和燃油，检查各系统有无渗漏。

3. 可用逐段放气法排除油路中空气。首先松开滤清器上放气螺钉，利用手压泵打油，将油箱至滤清器一段油路中空气放净，然后松开喷油泵上放气螺钉，直到流出的燃油没有气泡为止。

4. 检查蓄电池充电是否充足，将蓄电池连接到电路上并检查电路通电情况。

5. 向水泵悬架内注入机油，油位至悬架上的油窗中心为止，不宜过高或过低。

6. 关闭泵出口蝶阀，适当压紧水泵盘根，用手压井引水，直至出水为止。

7. 将离合器与柴油机分离后手动盘车，确认转动灵活无卡阻现象，同时用平尺检查两联轴器是否同心，使联轴器的外圆偏差不超过 0.1 mm，两联轴器端面留 3 mm 左右间隙。

（三）泵组的启动、运行、停止

1. 启动

启动准备工作完成并确认符合要求后，才可以启动柴油机，启动时离合器应脱开，按以下步骤进行：

（1）将油门操纵手柄置于较大供油位置。

（2）顺时针转动电路钥匙开关，接通电路。

（3）将启动开关扳至“启动”位置，待启动机带动曲轴转动较快后，即可启动柴油机。

（4）每次启动时间不应超过 10 s，以保护启动机和蓄电池；如需连续启动，应停歇 2 min 后再启动；如果连续三次不能启动，则应查明原因，排除故障后再启动。

（5）柴油机启动后，应立即将启动开关扳至原位，将油门操纵手柄置于怠速位置，将电路钥匙开关逆时针转动到充电位置。

（6）柴油机启动 5 min 后，应停机检查机油压力和油面是否正常。

（7）水泵启动前，出口的蝶阀应处于关闭状态，而且泵内引水已由手压井注满，悬架内存有机油且油位符合要求。

（8）水泵启动后徐徐开启出口蝶阀，观察是否出水，若不出水应立即停止，重新检查启动前的准备工作是否有遗漏；若出水正常，应根据出水量要求调节蝶阀开度，或将蝶阀全开而通过调整柴油机供油量来调节出水量大小。

2. 运行

（1）柴油机泵组启动后，不应立即进行全负荷运转，应当依次使柴油机在低速时空载运转加热，待冷却水出水温度达到 60℃后，才允许提高到最高转速和投入满负荷运行。

（2）柴油机泵组运行时，应当缓慢增减转速和负荷，一般情况下，不允许骤增和突降。

（3）柴油机泵组在运转中，应随时注意油压、油温、冷却水温度、充电电流仪表指示，并应注意观察排气颜色，倾听运行声音，如发现有异常情况，应立即停机检查予以排除。

（4）柴油机泵组运转中，应经常注意油路、水路连接处的运转情况，如发现泄漏，应及时排除。

（5）喷油泵出厂前已经调整好，用户不得随意变动，如需调整，必须在喷油泵试验台上进行。

（6）水泵在运行中应注意观察填料的滴漏状况，以成滴状漏出为宜，若成线状漏出则应调紧填料压盖以减少泄漏。

（7）水泵经长期使用后填料会有磨损，如果发现填料压盖已经压到底仍不起作用时应停机更换新的填料。

（8）直联泵悬架内机油应经初次运行 100 h 后更换一次，以后每隔 500 h 更换一次，油位以到油标中心线为宜。

（9）运行中水泵轴承温升不应超过 35℃（外部温度），轴承的极限温度不宜超过 80℃。

（10）不要使柴油机泵组长时间在怠速下运行。

3. 停机

（1）水泵停机前应关闭出口蝶阀，使负荷降低，为机组停止做准备。

(2) 柴油机泵组停车前，应先卸去负荷，逐渐降至怠速，待水箱水温降至 70℃以下时，扳动停车手柄，即可停机；停机后应取下开关钥匙，关闭燃油阀门。

(3) 严禁在水温过高时骤然停机。

(4) 不允许用关闭燃油箱阀门的方法停机，以免使油路中混入空气。

(5) 气温低于 5℃时，若不使用防冻液，应放净冷却水，以防冻裂机体和水泵。

(6) 每次停机后应及时排除运行期间发现的故障，并进行必要的检修。

(四) 注意事项

1. 不懂操作技术的人员，不允许开动柴油机。

2. 未做好启动前的准备工作，不允许启动柴油机。

3. 注意防火，明火不得靠近正在工作的柴油机泵组；柴油机泵组在易燃品场合工作时，应在排气管上加装灭火装置。

4. 柴油机泵组在运行中，不允许进行拆卸和调整，操作人员不得离开现场。

5. 严禁柴油机在无油压、油压过低、内部有异常响声时运转，遇到上述情况应紧急停机。

6. 柴油机一旦发生飞车，应立即扳动停机手柄停机检修；如停机手柄失灵，可采用堵住进气口的方法使柴油机停机。

7. 严禁水泵无水运转。

8. 水泵启动前需盘车确认转子转动灵活无卡阻。

9. 发现有异常声音或异常振动应立即停机检查原因。

10. 寒冷季节停泵后应将泵壳内残存的水放净，以免冻裂泵体。

四、维护保养

1. 柴油机系统

柴油机保养分类如下：

(1) 班次保养(8～10 h)

a. 检查油位，若油面升高应找出原因并排除，若机油不足应补加到规定值。

b. 检查水箱冷却水，若不足应加满；在无防冻液情况下，当气温可能低于 5℃时，停机后应将冷却水放净。

c. 检查并紧固柴油机外露螺栓、螺母，排除漏油、漏水、漏气现象。

d. 在尘土较多场合工作时，应及时清除空气滤芯上的积尘。

e. 柴油机运转时要注意倾听声音，观察排气烟色，排除所发现的故障和不正常现象。

(2) 一级技术保养(累计工作 50 h)

a. 执行班次保养的全部项目。

b. 用清洁的柴油清洗机油滤芯，每两个保养周期清洗离心式机油滤清器。

c. 清除空气滤芯上和积尘盘内的积尘，更换油浴式空气滤清器内的机油。

d. 检查调整风扇皮带的张紧度。

e. 对柴油机各部分进行检查，根据情况进行必要的调整。

f. 保养完成后，开动柴油机检查其运转情况，排除所发现的故障和不正常现象。

(3) 二级技术保养(累计工作 250 h)

a. 执行一级技术保养的全部项目。

b. 更换机油，清洗油底壳和机油集滤器。

c. 清洗机油滤清器，更换滤芯。

d. 清洗燃油箱、输油栗滤网、柴油滤芯及管路。

e. 检查调整气门间隙。

f. 检查喷油器喷油开启压力和喷雾质量，必要时加以调整。

g. 向离合器各注油点加注润滑脂，检查分离杠杆和分离轴承之间的间隙。

h. 每两个保养周期，检查调节电压调节器的触头工作间隙和铁芯间隙。

(4) 三级技术保养(累计工作 1 000 h)

a. 执行二级技术保养的全部项目。

b. 清洗冷却系统，去除水垢。

c. 清洗机油冷却器。

d. 更换空气滤芯和柴油滤芯。

e. 拆检气缸盖，检查气门封闭性，清除积炭，视情况研磨气门。

f. 检查气缸盖螺栓、主轴承螺栓、连杆螺栓的紧固情况，对扭紧力矩不足者，重新扭紧到规定值。

g. 检查冷却水泵，更换润滑脂，必要时更换水封。

h. 检查发电机、启动电机，清洗维修并加注新润滑脂。

i. 检查喷油泵，调整供油提前角，视情况调整喷油泵。

j. 检查离合器，清除内部积尘、油污，更换润滑脂。

k. 检查增压器，清洗零件，去除积碳，检查转子游动量。

(5) 冬季使用技术保养气温低于 5℃时，柴油机进行特别维护

a. 必须使用冬季用机油和燃油，并特别注意燃油中含水量，以免堵塞油路。

b. 冷却系统最好加注防冻液，否则停机后待水温降至 40～50℃时必须将冷却水放掉。

c. 在严寒季节和寒冷地区，柴油机最好不要露天存放，否则启动时须将冷却水加热以预热机体。

2. 水泵系统

(1) 水泵悬架上方记载有泵的相关技术信息的铭牌和转向牌，使用时应注意。

(2) 水泵应关阀启动，关阀停机。

(3) 水泵的轴套、轴承压盖中的骨架油封、弹性块都是易损件，应定期检查，如发现磨损过大，应及时更换。

(4) 定期检查水泵的轴承磨损情况，若轴承磨损过大或有噪音时应更换。

(5) 水泵在寒冷季节停止使用后，应将泵壳内残水放净，以免冻裂泵体。

(6) 水泵长期停用，须将泵全部拆开擦干水分，清理干净污物，将转动部位及结合处涂上防锈油脂后重新装配完整封存备用。

(以上技术参数资料由山东鲁源泵业有限公司提供)

第三节 拖车式抽水泵站

一、简介

拖车式抽水泵站主要由柴油机、离心水泵、离合直联传动装置、进出水管路及四轮拖车等组成，采用机泵离合直联方式配套使用，适用于城市应急抢排暴雨积水、防汛排涝及抗旱灌溉，具有操作简便、移动灵活、出水量大、可在无电区使用等特点，见图 3-4-5、图 3-4-6。

图 3-4-5　拖车式抽水泵站外观

图 3-4-6　拖车式抽水泵站内置

二、技术参数、型号说明及主要配件

(一) 技术参数(表 3-4-3)

表 3-4-3　SHTC350SC-16A 型拖车式抽水泵站主要技术参数

名称	项目	技术参数
整车	车厢尺寸(mm)	2 880×1 720×2 310
	总质量(kg)	2 350±50
水泵	流量(m^3/h)	1 260
	扬程(m)	16
	必需汽蚀余量(m)	6.5
	转速(r/min)	1 450
柴油机	功率(PS)	87
	缸径(mm)	108
	行程(mm)	125
	额定转速(r/min)	1 500
	总排量(L)	4.578
	燃油消耗(g/kW·h)	≤248

（二）型号说明（图 3-4-7）

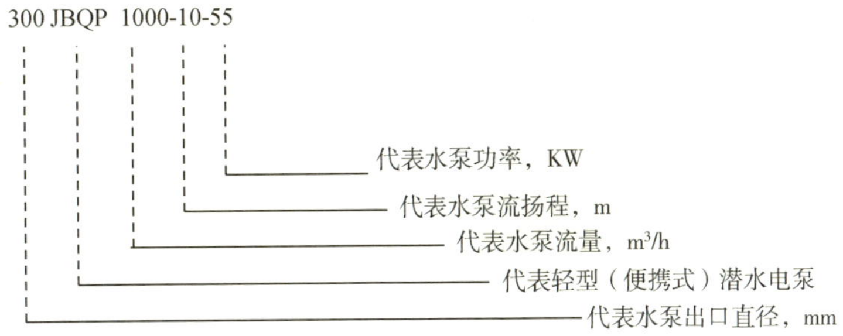

图 3-4-7 型号说明

（三）主要配件（图 3-4-4）

表 3-4-4 拖车式抽水泵站主要配件

名称	项目	数量
吸水管	14 英寸钢丝橡胶管（两头带法兰）	5 m 长带支架
法兰底阀	14 英寸单向抽水底阀	1 个
渐变管	水泵出水口与蝶阀连接管	1 根
蝶阀	出水口流量控制装置	1 个
单法兰直管	蝶阀与出水软管连接管	1 根
出水管	14 英寸高强度耐磨软管	20 m×2 根
灌水泵	功率 180 W、扬程 8 m 的直流潜水泵	1 台
	1 英寸输水软管、直流潜水泵配套电缆	各 10 m
手压井	抽真空手压井及附件	1 套

三、使用方法及注意事项

（一）安装

1. 打开拖车式抽水泵站帆布罩，核实附件及配件规格数量，检查主机与附件有无损伤变形，无异常方可进行安装。

2. 拖车式抽水泵站的应用安装高度，应为大气压力减去水泵的最大必需汽蚀余量再减去 0.5 m。

3. 将拖车牵引至平坦、通风、无明显倾斜的位置，刹紧车轮。将拖车支撑固定到底盘四角的固定板上，手摇下放，使四角撑着地起主要支撑作用，轮胎起辅助支撑作用；整机稳固后，打开四面厢门及厢顶门安装附件。

4. 将底阀与钢丝橡胶管下端连接，橡胶管另一端安装在水泵进水口法兰上，用 Φ20×100 mm 螺栓、平垫紧固。安装橡胶管时应保持其高度不高于水泵进水口，否则容易在高点存气导致水泵吸不上水。

5. 直流潜水泵的输水管安装在水泵吸水管顶端，关闭蝶阀，用柴油机电瓶带动直流潜水泵灌水，并用安装在水泵顶端排气孔上的手压井抽真空，直至吸水管灌满水，抽尽空气为止。

6. 水泵出水口与蝶阀之间用渐变管连接，蝶阀与单法兰直管连接，将出水软管连接在单法兰直管上，连接法兰之间用 Φ20×100 mm 螺栓、平垫紧固，防止漏气。

7. 柴油机为 R4108 增压型，安装时将空气滤清器装于增压器进口的锥管上，消音器安装在增压器的排气口上；柴油机电瓶串联时，正极接于启动电机正极上，负极接于底座上；机喷油嘴回油口油管接回油箱内，油箱的进油管接到柴油机高压油泵进油口上。

(二)泵站启动前准备工作

1. 柴油机在启动前,应进行一次全面检查,检查并补充机油,使油面保持正常位置;加足冷却水和燃油,检查各系统有无渗漏;检查蓄电池充电是否充足,将蓄电池连接并检查电路通电情况;检查各螺栓是否紧固、传动件及操作系统是否灵活,确认无问题才能启动柴油机。

2. 用平尺检查机泵联轴器是否同心,使联轴器的外圆偏差不超过 0.1 mm,两联轴器端面留 3 mm 左右间隙。

3. 可用逐段放气法排除油路中空气。首先松开滤清器上放气螺钉,利用手压泵打油,将油箱至滤清器油路中空气放净,然后松开喷油泵上放气螺钉,直到流出的燃油没有气泡为止。

(三)泵站的启动、运行、停机

1. 启动

启动前准备工作完成并确认符合要求后,才可以启动柴油机,启动时离合器应脱开,按以下步骤进行:

(1) 将油门操纵手柄置于较大供油位置。

(2) 顺时针转动电路钥匙开关,接通电路。

(3) 将启动开关扳至"启动"位置,待启动机带动曲轴转动较快后,即可启动柴油机。

(4) 每次启动时间不应超过 10 s,以保护启动机和蓄电池;如需连续启动,应停歇 2 min 后再启动;如果连续三次不能启动,则应查明原因,排除故障后再启动。

(5) 柴油机启动后,应立即将启动开关扳至原位,将油门操纵手柄置于怠速位置,将电路钥匙开关逆时针转动到充电位置。

(6) 柴油机启动 5 min 后,应停机检查机油压力和机油油面是否正常。

(7) 水泵启动前,蝶阀应处于关闭状态,水泵和吸水管内应已注满水。

(8) 水泵启动后徐徐开启蝶阀,观察是否出水,若不出水应立即停机,重新检查启动前的准备工作是否有遗漏;若出水正常应根据出水量要求调节蝶阀开度,或将蝶阀全开而通过调整柴油机供油量来调节出水量大小。

2. 运行

(1) 柴油机启动后,不应立即进行全负荷运转,在机泵分离情况下,使柴油机低速空载运转加热,待冷却水出水温度达到 60℃后,才允许提高到最高转速和投入满负荷运行。

(2) 柴油机运行时,应当缓慢增减转速和负荷,一般情况下,不允许骤增和突降,不要使柴油机长时间在怠速下运行。

(3) 柴油机在运转中,应随时注意油压、油温、冷却水温度、充电电流仪表指示,并应注意观察排气烟色,倾听运行声音,如发现有异常情况,应立即停机检查予以排除。

(4) 柴油机运转中,应经常注意油路、水路连接处的工作情况,如发现泄漏,应及时排除。

(5) 喷油泵出厂前已经调整好,用户不得随意变动,如需调整,必须在喷油泵试验台上进行。

(6) 在运行中应注意观察水泵密封填料的滴漏状况,以成滴状漏出为宜,若成线状漏出,则应调紧填料压盖以减少泄漏。水泵经长期使用后填料会有磨损,如果发现填料压盖已经压到底仍不起作用时应停机更换新的填料。

(7) 运行中水泵轴承总温度不得超过 80℃。

3. 停机

(1) 停机前应关闭水泵出水口蝶阀,使负荷降低,为泵站停机作准备。

(2) 柴油机停机前,应先将离合器分离开,卸去负荷,逐渐降至怠速,待水温降至 70℃以下时,扳动停机手柄,即可停机;停机后应取下开关钥匙,关闭燃油阀门,严禁在水温过高时骤然停机。

(3) 不允许用关闭燃油箱阀门的方法停机,以免使油路中混入空气。

(4) 每次停机后应及时排除运行期间发现的故障,并进行必要的检修。

(5) 泵站停机长期不用时，应放净柴油机冷却水和水泵内残存的水，以防冻裂机体和泵体。

(6) 当发生下述异常状况时，可以迅速按下“停车关”按钮，采取紧急停车：油压降至 2 kg/cm^2 以下(约 200 kPa)；冷却水温在 5 min 内急剧升至 100℃以上(正常温度约为 85～95℃左右)；油管断裂、喷油等；现场明显出现火险、爆炸等危险；机组运行不稳定，排烟异常。

(四) 注意事项

1. 不懂操作技术或未做好启动前准备工作，不允许启动柴油机。

2. 注意防火，明火不得靠近正在工作的柴油机；柴油机在易燃品场合工作时，应在排气管上加装防火罩。

3. 柴油机在运行中，不允许进行拆卸和调整，严禁柴油机在无油压、油压过低、内部有异常响声时运转，遇到上述情况应紧急停机。

4. 柴油机一旦发生飞车，应立即扳动停机手柄停机检修，如停机手柄失灵，可采用堵住进气口的方法使柴油机停机。

5. 水泵启动前需盘车确认转子转动灵活无卡阻。

6. 严禁水泵无水运转，发现有异常声音或异常振动应立即停机检查原因。

7. 设备长期不用时，应拆除相关附件，进行必要的清理和防护处理，关闭箱壁和箱顶，使设备恢复原始状态，封存备用。

四、维护保养

(一) 柴油机系统

1. 班次保养(8～10 h)：

(1) 检查机油，油面升高应找出原因并排除，不足时应补加到规定值。

(2) 检查水箱冷却水，不足时须补充加满。

(3) 检查并紧固柴油机外露螺栓、螺母，排除漏油、漏水、漏气现象。

(4) 在尘土较多场合工作时，用压缩空气清除空气滤芯上的积尘。

2. 一级技术保养(累计工作 50 h)：

(1) 执行班次保养的全部项目。

(2) 用清洁的柴油清洗机油滤芯，每两个保养周期清洗离心式机油滤清器。

(3) 清除空气滤芯上和积尘盘内的积尘，更换空气滤清器内的机油。

(4) 检查调整风扇带的张紧度。

(5) 对柴油机各部分进行检查，根据情况进行必要的调整。

(6) 保养完成后，开动柴油机检查其运转情况，排除所发现的故障和异常现象。

3. 二级、三级技术保养累计工作 250 h 以上，或长期不用时，须参照一级技术保养进行维护保养。

(二) 水泵系统

1. 使用时应注意泵体上铭牌和转向牌的技术要求。

2. 水泵应关阀启动，关阀停止。

3. 定期检查水泵轴承磨损情况，水泵轴承应定期加注润滑脂；水泵的轴套、轴承压盖中的骨架油封填料、弹性圈都是易损件，应定期检查，如发现磨损过大或有噪音时应及时更换。

4. 水泵长期停用，须将泵体全部拆开擦干水分，清理污物；口环及其他转动部位涂上防锈油脂后重新装配，封存备用。

(三)拖车系统

1. 拖车式抽水泵站长期贮存时,拖车支撑着地,起主要支撑作用,轮胎起辅助支撑作用,刹紧车轮;应三个月检查一次拖车轮胎气压并及时补气,拖车轮毂轴承、转盘、机械支撑丝母应六个月加注一次润滑脂。

2. 拖车式抽水泵站使用前,检查轮胎气压大小并查看是否有老化龟裂,机械支撑升降及车轮转盘转动是否灵活,牵引拉杆与底盘连接是否牢固,制动闸是否灵活有效。如有异常,应排除故障后方可使用。

3. 牵引拖车在运行时应注意:转弯速度不能过快、过急,以防侧翻;上下坡坡度不宜大于1:8,以防止机组重心位移和力矩变动,造成转盘故障。

(以上技术参数资料由山东鲁源泵业有限公司提供)

第四节 电动潜水泵

一、简介

电动潜水泵由水泵、潜水电机(包括电缆)、输水管和控制开关四大部分组成,适用于防汛排涝、防旱灌溉,设备小巧、操作简单、移动灵活,见图3-4-8。

图3-4-8 电动潜水泵

二、性能技术参数(表3-4-5、图3-4-9)

表3-4-5 QJ型井用潜水泵技术选型参数

性能数据	流量范围	2~500 m³/h
	扬程范围	11~598 m
	介质温度	T<+35℃
	环境温度	不超过40℃
	最高工作压力	泵吸入口压力+泵扬程≤1.6 MPa

续　表

电机数据	配套功率	0.55～140 kW
	电压	220 V、380 V
	频率	50 HZ.60 HZ
	转数	2 900 r/min
	防护等级	IP68
	绝缘等级	F
材料	泵体、泵盖、叶轮	铸铁
	泵轴	45＃/不锈钢
	机械密封	石墨、碳化钨、碳化硅、硬质合金等

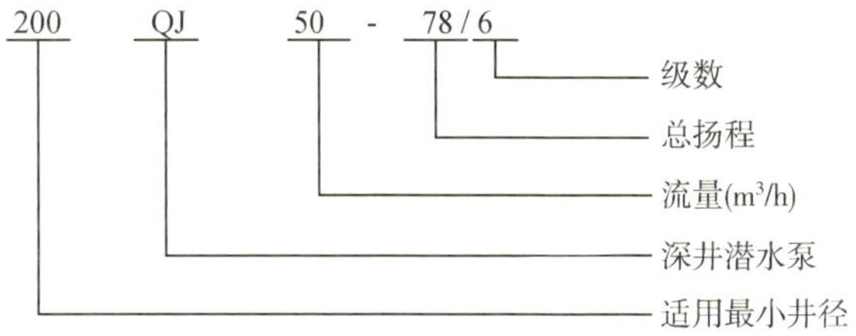

图 3-4-9　QJ 型井用潜水泵型号说明

三、使用方法及注意事项

1. 安装前的检查与准备

(1) 检查水井是否符合本泵使用条件，即井径、垂直和井壁质量，以及静水位、动水位、涌水量和水质条件等，若不符合使用条件必须采取相应措施，否则不能将泵下井。

(2) 检查供电设备及供电线路能否保证电泵正常运行。

(3) 电源电压和频率是否符合使用条件。

(4) 按装箱单位检查零部件是否安全，并熟悉安装使用说明书。

(5) 检查电气线路，控制和保护装置是否合理，并安全可靠。

(6) 装备好各种安装使用工具，竖立三角架和吊链(或其他吊装工具)，要安全、可靠、使用方便。

2. 安装

(1) 机泵一体卸下滤水网，然后打开注水和放气孔螺栓往机内注满洁净的清水，须确保注满，防止假满。并检查电机各部是否滞漏水。发现漏水根据部件应调正胶垫上紧螺栓。

(2) 仔细检查电缆和接头有无碰伤或损坏，发现问题及时包扎。

(3) 用 500 V 兆欧表测定绕阻的绝缘电阻不低于 150 MΩ。

(4) 安装保护开关和起动设备，并检查电机内水是否灌满，然后上紧注水、放气孔螺栓，从阀体顶端灌水直至从进水节处流出瞬时启动电机(不超过 1 s)，看电泵转动方向是否和转向标相同。若相反，调换电源接头即可，然后上好护线板、滤水网准备安装下井。

(5) 在泵的出水口安装短输水管一节，并用夹板夹住吊起落入井中，使夹板坐落在井台上。

(6) 再用一副夹板夹住另一节输水管，然后吊起降下与短输水管法兰相联接。升起吊链拆下第一副夹板，使泵管下降井中又坐落在井台上，依次反复进行安装、下井，直到全部装完，并由最后一节夹板将泵固定在井口上。

(7) 最后放上井盖，弯好闸阀出水管等。

(8) 每次连接法兰时要加胶垫，对正后紧固螺钉，要对角线方向同时上紧，防止歪斜漏水。

(9) 电缆线要固定在输水管法兰上凹槽内，每节都用绑绳固定好，下井过程要小心，电缆不能当吊绳使用，更不要碰伤电缆。

(10) 下泵过程有卡住现象，要想法克服卡点，不能强行下泵，以免卡死。

(11) 大口井等安装泵时严禁人员下井。

(12) 保护开关和起动设备应配有电压、电流表、指示灯，并安装在配电盘上，放在井台周围适当的位置。

3. 启动

(1) 用 500 V 兆欧表测量电机绕阻对地绝缘阻不低于 5 MΩ。

(2) 检查三相电源线路，电压是否符合规定各种仪表，保护设备及接线正确无误后方可合闸起动。

(3) 启动后观察电流、电压是否符合规定范围，运转声音有无异常及震动现象发生，若不正常应及时找出原因并解决。

4. 停机

(1) 关闭开关停机，再起动时须等 5 min 或更长的时间，以防电机温升过高，停机后最好切断电源。

(2) 保护开关不得停用，或用铅丝铜丝加大保险丝的做法是错误的。

5. 注意事项

(1) 电缆接头应严格规范进行：潜水泵下井前应检查，各部位螺丝有无松动，电缆有无破口，电机是否漏水，电机轴、水泵轴转动是否灵活无阻；禁止频繁“开”“关”；安装电泵时谨防异物掉入井内。

(2) 如遇到下列情况应停止运行：电流电压超过额定值；电源电压过高或过低时(高于 400 V 或低于 360 V)；流量明显减少；水泵间歇出水或响声震动较大；保护开关频繁跳闸；电机绝缘，电阻低于 0.5 MΩ；动水位降至泵吸水口时；电器设备及电路不合规定时。

四、维护保养

1. 潜水泵的日常维护。每天检查电源线有无破损，绝对禁止漏电的潜水泵下水作业。每天检查水泵体有无受损，保证电机在工作时不漏电。作业结束后，应及时清理附在水泵上的杂物，将水泵冲洗干净。为保证潜水电泵正常运行，必须按照要求进行。潜水电泵在使用前，须用兆欧表检查电机绝缘电阻，其值最低不能少于 50 MΩ。

2. 水浸电机应打开灌水螺塞，灌满洁净的清水后再拧紧螺塞，不可将灌水螺塞拧掉后直接入井。使用前检查电缆有无破裂、折断，如有损坏应及时调换，以防漏电。潜水电泵在下水前应向泵内注入清水，然后空转 1～2 min，并起动两次，检查起动和空转是否正常，转向是否符合要求。如果转向相反，将任意两根相接线调换即可。检查扬水管是否有裂纹，连接是否牢固。潜水电泵下井及起吊时，绝不允许硬拉电缆，以免电缆损坏或接头处断开，造成事故。须用铁线或卡板下井及起吊。

3. 电源电压应控制在额定电压的±5%范围内，这样电机才能正常工作。如果电压过低或过高，电机不可继续使用，以免电机长期在过电压或欠电压下工作时损坏。潜水电泵潜入水中时应垂直吊放，不得斜放。入水深度以在动水位下 5 m 为宜。潜水电泵不得输送含砂量较高的水或泥浆(水中含砂量不大于 0.01%)。潜水电泵实际扬程应在 0.8～1.1 倍额定扬程内使用，以提高机组效率，节约能源，同时避免电机超载。

4. 潜水泵电机接线必须接实，以免电机缺相运转烧毁电机。电缆必须经常检查有无龟裂、擦伤等情况，有则及时更换或修补。油浸电机如果发生漏油现象，应及时到厂家或维修点修理，更换密封元件。水浸电机应经常清理电机腔内的砂粒，更换电机腔内清水。潜水电泵运行半年后，应维修检查，更换损坏零件。潜水电泵用后，水浸电机应放净电机内清水，将电泵清洗擦拭干净，涂油防锈，并竖直放在清洁、干燥、无化学腐蚀的场所保管。电机内腔充满清水后，严禁放在温度为0℃及以下的环境条件下，否则必须放净腔内清水，以免冻裂电机。

（以上技术参数资料由山东鲁源泵业有限公司提供）

第五节　防汛浮筒泵

一、简介

防汛浮筒泵主要由泵体、潜水电机、浮筒、支架等组成，适用于临时排水，安装方便，见图3-4-10。

图3-4-10　防汛浮筒泵

二、性能技术参数(表3-4-6)

表3-4-6　防汛浮筒泵性能参数

材质	铸铁
驱动方式	电动
流量	350～15 000 m^3/h
性能	不阻塞
泵轴位置	卧式
叶轮数目	单级
扬程	1～10 m
转速	1 450 r/m

三、使用方法及注意事项

1. 严格按照使用说明书来安装和拆卸防汛浮筒泵。
2. 使用前应检查各部分螺丝是否松动，如松动应拧紧。
3. 把浮筒泵用铁链或绳索固定在河岸，连接输水软管等，使用、安装方便，可连续运转，可作临时排水。

4. 水泵运转时,应注意泵内有无杂音或剧烈的摩擦撞击声,如有应停机检查。

5. 浮筒泵的拆卸方法:拆卸前要在前后端盖与机座的合缝处用錾子打上记号。因为电机在出厂时的装配是相当合理的,修理后如潜水泵不按原样装配,可能会造成稍有误差而引起转轴不太灵活。拆卸时要仔细观察绕组的烧坏程度,初步分析烧坏的原因,要注意轻微的扫膛、滚珠破裂等容易看出的故障。

6. 另外,在拆修潜水电泵电机环绕组时,要注意保护好铁芯及塑料护圈。如果方法不合适,可能会使铁芯外胀及伤残,电机在通电时可潜水轴流泵能产生电磁效应而使铁芯振动和绕组自身振动,很容易造成绝缘纸、电磁线的绝缘损坏。

四、维护保养

1. 要注意日常的维护保养,保证其正常运行。

2. 水泵在冬季使用,停机后应将水泵内和管路内的存水放尽,以防冻裂。

3. 水泵每使用一个灌溉季节后,应更换润滑黄油后存放,保证存放库房干燥通风。

4. 浮筒泵的日常维护。每天检查电源线有无破损,绝对禁止漏电的潜水泵下水作业。每天检查水泵体有无受损,保证电机在工作时不漏电。作业结束后,应及时清理附在水泵上的杂物,将水泵冲洗干净。为保证潜水电泵正常运行,必须按照下列要求进行。潜水电泵在使用前,须用兆欧表检查电机绝缘电阻,其值最低不能少于 50 MΩ。

5. 一般故障及排除方法如表 3-4-7 所示。

表 3-4-7 一般故障的排除法

故障	原因	排除方法
启动有嗡嗡声	1. 电机单项运行 2. 电压偏低 3. 轴承损坏 4. 泵体内有异物卡死丝	1. 修复线路接好保险 2. 调整电压 3. 修复或更换 4. 消除异物
不出水或间断出水或出水过少	1. 电泵反转 2. 泵淹没深度太多,泵进水口露出水面 3. 输水管严重泄露 4. 实际使用扬程过高	1. 调换接头 2. 增加泵淹 3. 修换水管 4. 选用合适扬程的水泵
保护装置频繁跳闸	1. 电泵超载 2. 电泵内有异物卡死 3. 轴承损坏 4. 保护开关镇定电流值太小 5. 三相电压不平衡 6. 电压过高 7. 输电线长,电压低 8. 缺相运转 9. 绕组烧坏	1. 接电流过大,检修 2. 消除异物 3. 更换轴承 4. 调整镇定电流值 5. 调整电源电压 6. 调整电源电压 7. 修复擦破处 8. 检修线路及有关设备 9. 更换绕组
绝缘电阻降到 0.5 欧以下	1. 电缆擦破 2. 接头密封受损 3. 电机绝缘被破坏	1. 修复擦破处 2. 重新包扎密封 3. 修复电机绕组
电流不稳或过载	1. 水位下降泵淹没深度不 2. 水泵扬程偏高 3. 轴承磨损,定转子摩擦 4. 叶轮与导流壳相摩擦	1. 增加泵淹没深度 2. 选用适当扬程的泵 3. 更换轴承 4. 修正叶轮与导流壳间的间隙

续 表

故障	原因	排除方法
机组激烈振动	1. 泵轴弯曲 2. 轴承磨损 3. 紧固螺栓松动	1. 调整 2. 更换轴承 3. 拧紧螺丝
电机绕组烧坏	1. 保护装置失灵 2. 缺相运行 3. 长期超载运行	1. 修复保护装置 2. 检修路线及有关设备 3. 降负荷

第五章
照明灯具

第一节　便携式查险灯

一、简介

便携式查险灯采用铅酸电池或锂电池供电，可以瞬间产生强光光柱，穿透烟、雨、雾，快速寻找到目标，满足防汛巡堤查险需要，拥有强弱可调式光源，具备重量轻、防水、抗跌损性能，见图 3-5-1。

图 3-5-1　便携式查险灯

二、性能技术参数(表 3-5-1)

表 3-5-1　便携式查险灯主要技术参数表

序号	项目	技术性能参数
1	照射距离	强光夜间>300 m，弱光夜间>50 m
2	照明时间	超强光(36 W)>5 h，强光(20 W)>10 h，弱光(9 W)>36 h
3	色温	3 100 K 暖光源
4	电池	6V5.2AH 铅酸/铁锂电池
5	充电电压	AC220V50 Hz/12V500 mA-

续 表

序号	项目	技术性能参数
6	充电时间	4 h
7	年放电量	≤10%
8	灯头可调节范围	0～90°可调
9	防护等级	IP66/IP68(1.5 m,1.5 h)(充电箱 IP54)

三、使用方法及注意事项

(一) 使用方法

1. 开关

手握灯柄,对准目标,控制开关,“一”挡为强光;“二”挡为弱光;“0”为关闭。

2. 充电

把灯具后盖拧下,取出电池,将充电器插头插入电池充电孔中,充电器接上交流 220 V 电源,充电指示红灯亮,当充满电时,充电指示灯由红转绿,则停止充电。

无交流电源时,可用直流 12 V 点烟器进行充电。将与直流 12 V 点烟器连接线的插头插入汽车点烟器插座和灯具充电插座,充电指示红灯亮,当充满电时,充电指示灯由红转绿,则停止充电。

(二) 注意事项

1. 新灯具首次充电时间为 8～10 h。
2. 须用原装充电器充电,严禁使用其他充电器充电。
3. 充电时禁止灯头朝下,且须将灯关闭。
4. 不可对眼睛近距离直接照射。
5. 使用时勿一次性将电能耗尽,灯光变暗应立即充电。

四、维护保养

1. 灯具应保持清洁,妥善存放于干燥库房。
2. 每年汛前应对灯具进行抽检,保证电池处于良好状态。
3. 首次使用灯具时请充满电,每次使用后请及时充电,长时间不用时每隔 3 个月应补充电一次。
4. 保存、携带或运输时,应确保按钮开关免受外物触压,以免灯具开启耗电。
5. 充电时请注意充电器的型号及充电口的规格,切不可混淆使用。
6. 灯具严禁撞击、抛甩,若不慎将灯具掉入水性溶液里应及时取出并擦拭干净。
7. 严禁撞击、抛甩、针刺电池或将电池投入火中,以免发生危险!
8. 故障分析与排除(表 3-5-2)。

表 3-5-2 故障分析及排除

故障现象	故障分析	处理方法
灯具不亮	电池电量不足	给电池补充电
	开关接触不良	更换已坏开关
	光源损坏	更换已坏光源

续 表

故障现象	故障分析	处理方法
使用时间短	电池电量不足或充电时间短	及时充电
	电池老化	更换电池
充不进电	充电器或电池已损坏	更换充电器或电池
	充电器型号不正确	更换专用配套的充电器

(以上技术参数资料由华荣科技股份有限公司提供)

第二节 照明投光灯

一、简介

照明投光灯主要由灯头和升降三脚架两大部分构成,设有强弱光转换功能,可根据不同地理环境需要,升降、俯仰、旋转灯头,具有良好的防水、防尘性能。适用于夜间防汛抗旱抢险、堤防加固等大范围野外作业照明,见图 3-5-2、图 3-5-3。

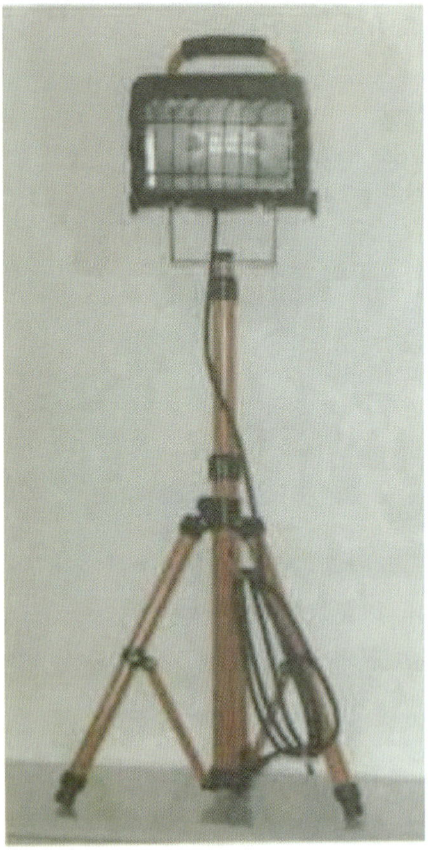

图 3-5-2 星辉 QG-301 照明投光灯

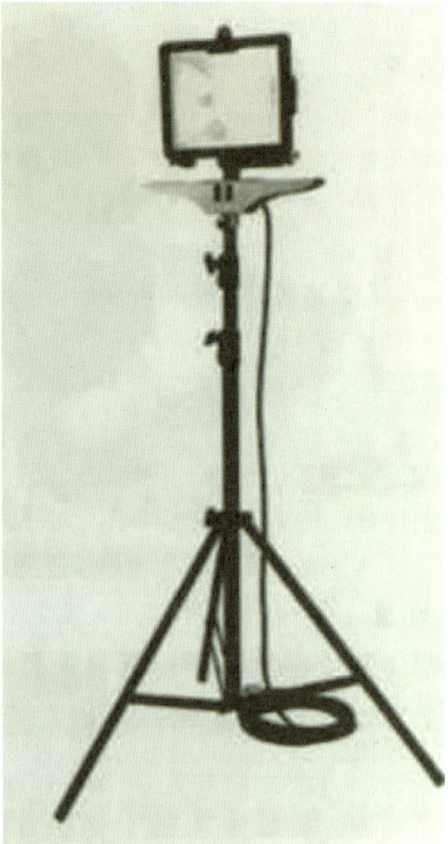

图 3-5-3 GAD513 照明投光灯

二、性能技术参数

（一）主要性能特点

1. 照明性能：灯盘由大功率高效节能灯头组成，可将灯头做上下、左右角度调节、旋转，实现360°全方位照明，整体照明远近兼顾，照明亮度高，范围大。

2. 升降性能：灯具采用三节可升降三脚架作为升降方式，照明高度可任意调节。

3. 适用性能：整体采用优质金属材料制作，结构紧凑，性能稳定，可确保在各种恶劣环境和气候条件下正常工作，防雨水。

4. 操作方便：通过灯盘上开关控制灯的开启和关闭，手动调节控制三脚架的高度。

（二）技术参数（表3-5-3，表3-5-4）

表3-5-3　星辉QG—301照明投光灯技术参数表

项目名称	单位	参数值
额定电压	V	220
灯具功率	W	500
绝缘性	MΩ	≥2
照射范围	m^2	300
防水防尘等级		IP55
最大高度	m	1.58
重量（净重）	kg	2.5

表3-5-4　GAD513-XL照明投光灯技术参数表

项目名称		单位	参数值
额定电压		V	220
灯盘	灯具功率	W	60(LED)
	光源寿命	H	50 000
三脚架	最小高度	M	1
	最大高度		3
电缆	长度		3
	规格	mm^2	3×1.5 1.5
外形尺寸（长×宽×高）	灯盘带三脚架	mm	410×380×1 095
重量		kg	5.4

三、使用方法及注意事项

(一) 使用方法

1. 安装

第一步:安装灯头。将组装用的配件从盒内取出,将手提支架置于安全的平面上,将灯泡的灯脚插入手提支架上的灯座内,依次将保护玻璃、护罩装在支架上并用螺丝固定。

第二步:安装三脚架。松开三脚架三个腿上的旋钮,支架的三条腿会从支架中伸出,将支架的各腿伸展直至连接各腿中心点的支架与平面平行,拧紧旋钮;调节支架的高度,松开支架上的旋钮,调节到需要的高度后拧紧。

第三步:灯头装上支架。将手提式灯头装在支架顶端,拧紧灯头和支架的连接旋钮。安装完成后调节灯头方向和三脚架角度,确保每个旋钮都拧紧,以保证灯头的工作姿态。

2. 使用

(1) 电源开关。灯头上有一个三挡开关,即:弱光—强光—关。第一次按下开关为弱光,第二次按下开关为强光,第三次按下开关为关,依次循环。

(2) 三脚架调节。通过调节中央拉杆的长短调节支架高度。

(3) 灯头位置调节。松开支架与灯头的连接部分的旋钮,旋转灯头调节到需要位置后拧紧旋钮;松开支架侧面旋钮,灯头可俯仰调节。

(4) 更换灯泡。先行断电,待灯体充分冷却后方可更换灯泡。

(二) 注意事项

1. 安装时确保部件固定可靠,灯杆升起和下降时小心操作。
2. 使用后拆卸时,确保灯体充分冷却,防止烫伤。
3. 使用后,应及时将灯具装入相应的包装内,进行储运。

四、维护保养

1. 灯具应保持清洁,按照码放高度要求存放于干燥库房。
2. 使用后,应清洁隔热玻璃、灯体及支架。
3. 定期对泛光灯的玻璃进行清洁,以保持灯具良好的透光性。
4. 定期对泛光灯外壳及散热器的灰尘进行清洁,以保持良好的散热性能。
5. 注意不要用水或者腐蚀性强的溶液进行清洁,最好用干抹布。

(星辉 QG-301 照明投光灯技术参数资料由南京北方光电装备技术有限公司提供,GAD513 照明投光灯技术参数资料由华荣科技股份有限公司提供)

第三节 防汛投光灯

一、简介

防汛抢险现场或防汛指挥场所照明的灯具,其照射区域的亮度应明显高于周围地区,有效照射距离远。光源采用高亮度 LED,光源耗能少,使用寿命长,灯具照射距离远。高能无记忆电池,容量大,寿命长,外壳坚固防水,见图 3-5-4。

图 3-5-4　江苏合力四通光电 HL-FA 投光灯

二、性能技术参数(表 3-5-5、表 3-5-6)

表 3-5-5　灯具技术参数

光通量输出		1620LM		光束角		15 度	
A1	8 990	A	30 566	DE1	26	ME1	10
B1	2 156	B	7 330	DE2	53	ME2	21
C1	972	C	3 306	DE3	79	ME3	31
D1	551	D	1 873	DE4	105	ME4	41
E1	348	E	1 182	DE5	132	ME5	52

表 3-5-6　光源技术参数

管芯品牌	GREEEPISTAR
功率(W)	18 W
电压(V)	AC220V/DC24V
色温(K)	2 700～6 000 K(可选)
灯珠颗量	18 颗 单色 RGB(可选)
单管芯功率(W)	1 W
单管芯光效	90～110LM
管芯特性	1WLED 颗粒;衬底材质;碳化硅
驱动形式	恒流驱动
平均寿命(H)	>30 000

三、使用方法及注意事项

1. 在首次使用前,应先充电 5～8 h,以保证灯具能发挥最佳性能。
2. 在使用投光灯时,第一次按下开关为弱光,第二次按下开关为强光,第三次按下开关为关灯。
3. 在照明过程中,如果灯光熄灭,需要及时充电。充电时,先将充电插座的电源线插入插座,再把投光灯尾部插入充电座中充电，充电时，充电座上的“充电指示”灯亮，当充满电时，“充电指示”和“充满指示”同时亮起。

4. 如果不是经常使用灯具，每隔三个月将本灯充电一次，时间约为 8 h 以上。

四、维护保养

1. 投光灯具属抢险照明设备，存放场所应该干燥洁净、通风，存放均要有防潮垫层。
2. 应设有灯具存放的货架或箱柜，要有相应的防火措施。
3. 要保管好灯具、灯具配件、光源的原始说明书、包装箱等，以备查询。
4. 投光灯具应定期进行擦拭、保养。建议每一至两个星期保养一次。擦拭灯具时，要用干净柔软的布。擦拭完灯具后，用干净的透明塑料袋装好，放到相应的地方。

第四节 液压升降式照明车

一、简介

液压升降式照明车将照明设备及其发电设备安装在装备了轮子的底板上，采用液压方式升降灯具，照明功率大，便于携带移动，广泛用于防汛抢险救灾，见图 3-5-5。

图 3-5-5 液压升降式照明车

二、性能技术参数(表 3-5-7)

表 3-5-7 RWZM62C 液压升降拖车式照明车技术参数

长	3 410 mm	工作时间	60 h
宽	1 470 mm	噪声	68 dB
高	2 560 mm	灯泡类型	LED 灯具
升高高度	9 050 mm	灯泡数量×功率	6×400 W

续 表

发电机	无相		其他可选配置	其他著名品牌
重量	1 580 kg		灯杆升降	液压操作
包装尺寸	2 180×1 440×2 240 mm		灯杆旋转	手动操作
发动机型号	403D-11 G(Perkins)		支腿形式	液压操作
频率	50 Hz	60 Hz	拖车悬挂系统	板簧悬挂与牵引高度不可调
转速	1 500 rpm	1 800 rpm	刹车系统	鼓式制动器
持续功率	7.2 Kw	9 Kw	拖车器	球式或环形
缸数	3		轮胎尺寸	15″
吸气方式	自然吸气		外接插座	客户订制
排放等级	Stage2	Tier4	40 英寸标准柜装箱数量	8 台
额定电压	48 V	灯具	金卤灯	
发电机绝缘等级	H class	支腿形式	手动操作	
燃油箱容积	120 L			

三、使用方法及注意事项

(一) 使用方法

1. 安装 U 型支架

(1) 打开车体侧门,拆除车体尾部安装位置上的内六角螺钉。

(2) 将 U 型支架竖立在车体尾部的安装位置,U 型支架的定位销位于左侧。

(3) 用内六角螺钉将 U 型支架固定在车体尾部。

2. 安装拖杆

(1) 用支撑物将车体前部顶起,然后打开车体侧门。

(2) 用扳手将车体内部固定 L 型支架的螺栓拧下,然后抽出 L 型支架。

(3) 将拖杆插入车体,用螺栓固定在车体内部,随后放下前支撑脚,调节支撑脚到合适高度,然后插上固定销。

(4) 将车厢内部的锁链取出,挂在车厢底部两端的铁环上,随后用锁链钩住拖杆的挂钩,最后移出支撑物。

3. 安装后支撑脚

(1) 拔掉车厢尾部两侧固定后支撑脚的插销,拔出支撑脚到合适位置,然后插上固定销。

(2) 摇动摇杆调整后支撑脚高度,使车轮离地,车体重量落在支撑脚上。

4. 安装灯塔升降杆

(1) 将灯塔升降杆抬到车体顶部,放置到 U 型支架内,保证 U 型支架内的插销插入升降杆上的定位孔。

(2) 将升降杆上的六芯电缆、四芯电缆分别通过车体上的大、小葛兰接头引入车体,并按照图示将电缆线接好,注意电缆线的一一对应关系;安装时注意上好填料,拧紧葛兰接头,保证密封效果。

(3) 安装两根电缆线时,应注意在车体外面留有 15~20 cm 的余量,以免升降杆升降时电缆线受力。

5. 安装钢丝绳

(1) 取下车体前端滑轮上面的两个定位销和升降杆前端的滑轮和定位销。

(2) 将车体内绞盘上的钢丝绳穿过车体底部滑轮位置的方孔,从滑轮下槽部位拉出,然后从升降杆前部取下的滑轮绕过,并将滑轮安装在升降杆的前端位置,再将钢丝绳拉回到车体底部滑轮的上部孔位并用销轴将钢丝绳固定。注意保证钢丝绳前端的夹头方向朝向,并保证处于夹紧状态,不可松动。

(3) 安装升降杆前部滑轮的上方孔位的销轴,防止滑轮上钢丝绳脱落。

6. 安装灯头

(1) 拧下升降杆顶部横梁固定灯头的螺栓;然后调节四个灯头的安装支架至水平位置。

(2) 将四个灯头依次固定在横梁上。

(3) 将四个灯头的输入电缆线接入升降杆顶部的接线盒中,按图示要求接好线,注意四个灯头的接线顺序。

(4) 安装好接线盒盖。

(二) 注意事项

1. 调节水平仪

调节三个支撑脚高度,使水平仪水滴至中间位置。

2. 给发电机组加注燃油、机油

按照发电机组说明书要求加注燃油、机油。

3. 启动发电机组

(1) 按照发电机组说明书启动发电机组。

(2) 发电机组启动后必须将车体两个侧门打开,以利于空气对流。

4. 升起伸缩杆的检查工作

(1) 根据照明要求,调整灯头照射角度;四个灯头均可在水平 360°、上下 180°范围内调节照射角度。

(2) 取下车体前部的固定销。

(3) 检查灯塔顶部 13 m 的高度内没有任何障碍物。

(4) 检查钢丝绳完好情况,检查所有的固定销、螺栓安全锁定。

5. 立起伸缩杆

(1) 打开车厢的操作面板,将操作控制面板上的转换开关旋至立/倒位。

(2) 按动红色点动开关,升降杆点动立起;当按住 3 s 后,升降杆启动长动状态,升降杆连续立起。

(3) 当升降杆完全直立后,再次按动红色按钮,关闭电机;然后将车厢前部的固定销插入升降杆,固定。

6. 升起伸缩杆

(1) 将操作控制面板上的转换开关旋至“升降”位。

(2) 按动红色点动开关,升降杆点动升起;当按住 3 s 后,升降杆启动长动状态,升降杆连续立起;

(3) 根据照明需要确定伸缩杆的升起高度,再次按动红色按钮,关闭电机;升降杆停止升起;升降杆最大升起高度为 10 m。

(4) 升降杆升到位后,将操作面板上的转换开关旋至中间位置,以防误操作。

7. 打开灯具,进行照明

(1) 扳动控制面板上的四个照明开关,点燃灯具进行照明;灯泡启动时间约为 10 min;10 min 后灯泡完全启动。

(2) 可根据需要点亮或关闭任何一套灯具。关闭灯具再次启动时,应等待 20 min 左右,等灯泡完全冷却后,才能再次启动。

(3) 控制面板顶部设置有面板照明开关，当按动开关时，照明启动，可方便人员在夜间操作。

8. 遥控控制灯塔升降、立倒

(1) 灯塔升降杆的升降、立倒也可用遥控器进行控制，遥控器的控制范围为 30 m。

(2) 遥控器上有 A、B 两个键；其中“A”键控制升/立，“B”键控制降/倒。

(3) 用遥控器控制升降杆的升降。

(4) 将控制面板上的旋转开关扳至“升降”位，然后按动 A 键；升降杆升起；按动 B 键，升降杆降下。

(5) 用遥控器控制升降杆的立倒。

(6) 将控制面板上的旋转开关扳至“立倒”位，然后按动 A 键；升降杆立起；按动 B 键，升降杆倒下。

9. 关闭灯具

使用完后，应首先关闭灯具。打开车体操作面板，关闭四盏灯具。

10. 降下伸缩杆

(1) 将操作控制面板上的转换开关旋至“升降”位。

(2) 按住绿色按钮 3 s 后，升降杆正常降下。

(3) 当升降杆降到位时，再次按动绿色按钮，关闭电机。

11. 放倒伸缩杆

(1) 检查升降杆放倒方向无人员活动。

(2) 将固定升降杆的固定销取下。

(3) 将操作控制面板上的转换开关旋至“立倒”位。

(4) 按住绿色按钮 3 s 后，升降杆缓慢放倒。

(5) 当升降杆放到位时，再次按动绿色按钮，关闭电机。

(6) 将车体尾端的固定销上好，防止移动时升降杆滑动。

12. 关闭发电机组

(1) 关闭发电机组。

(2) 关闭车体两个侧门。

13. 将车体连接到拖车

(1) 将车体前端与拖车连接。

(2) 收起三个支撑脚，并用锁销固定好。

(3) 取出车厢内部的车灯连接线与拖车接好即可将灯塔拖到指定地点。

四、维护保养

1. 使用木块支承底盘以解脱车轮的负荷，但车轮不要离地，将手刹放置在刹车位置，然后用帆布罩将整车罩好，整齐停放在无尘、清洁、通风良好的库房内的固定位置，并按库存条例予以例行检查。

2. 投光灯具应定期进行擦拭、保养。建议每一至两个星期保养一次。擦拭灯具时，要用干净柔软的布。

3. 要定期对照明车整车进行维修排查，定期检查底盘情况。

4. 每年汛前汛后应发动机械运行一次，运行时间 30～60 min，检查有无漏油、卡阻现象。

5. 活塞杆裸露部分应涂油存放。

6. 应定期检查液压油箱，油位应高于油箱高度的 2/3，不足时应及时补充。

7. 每次使用前需检查发动机空气滤清器，每隔 6 个月或运行 500 h 清理一次。

8. 为了防止油箱凝结，最好当机器关闭或每天结束的时候注满。每 6 个月需排放一次油箱内聚积的沉积物或凝结物。

9. 建议每 6 个月或冰点前检查发动机冷却剂的防冻功效,每 12 个月补充一次新鲜的混合物。

10. 每月检查发动机散热器外部是否有障碍物、灰尘或碎片,如有则在散热片之间朝着正常气流的反方向,充入水或含有易燃溶剂的压缩气体。如果散热器内部堵塞,则反向冲洗。

11. 拖拽照明车时,不得超过 60 km/h;照明车行驶里程达 850 km 时,应检查并调整制动连杆;每行驶 5 000 km时,检查制动磨损情况并调节。

12. 如设备长期关闭,每 6 个月或 500 h 检查一次电气元件是否有松动、灰尘、灭弧及损坏。

抢险灯类保养记录表见表 3-5-8。

(RWZM62C 液压升降拖车式照明车技术参数资料由华荣科技股份有限公司提供)

表 3-5-8 抢险灯类保养记录表

(汛前、汛后)

物资编号:_________ 物资名称:_________ ___年__月__日

检查项目	开关灵敏度检查	正　常□ 不正常□	主电指示灯检查	正　常□ 不正常□
	充电指示灯检查	正　常□ 不正常□	故障指示灯检查	正　常□ 不正常□
	运行状态灯泡亮度检查	正　常□ 不正常□	外观检查	正　常□ 不正常□
	充电时长(h)		放电时长(h)	
其他保养项目及配件更换记录				
开机运行记录				

检查人(签字):_________

第六章
发电设备

第一节　小型汽油发电机

一、简介

小型汽油发电机是一种以汽油为燃料，由壳体、汽油机、发电机及附件组成，广泛应用于防汛抗旱的小型用电，具有操作方便、体积小、重量轻、移动灵活等特点，见图 3-6-1。

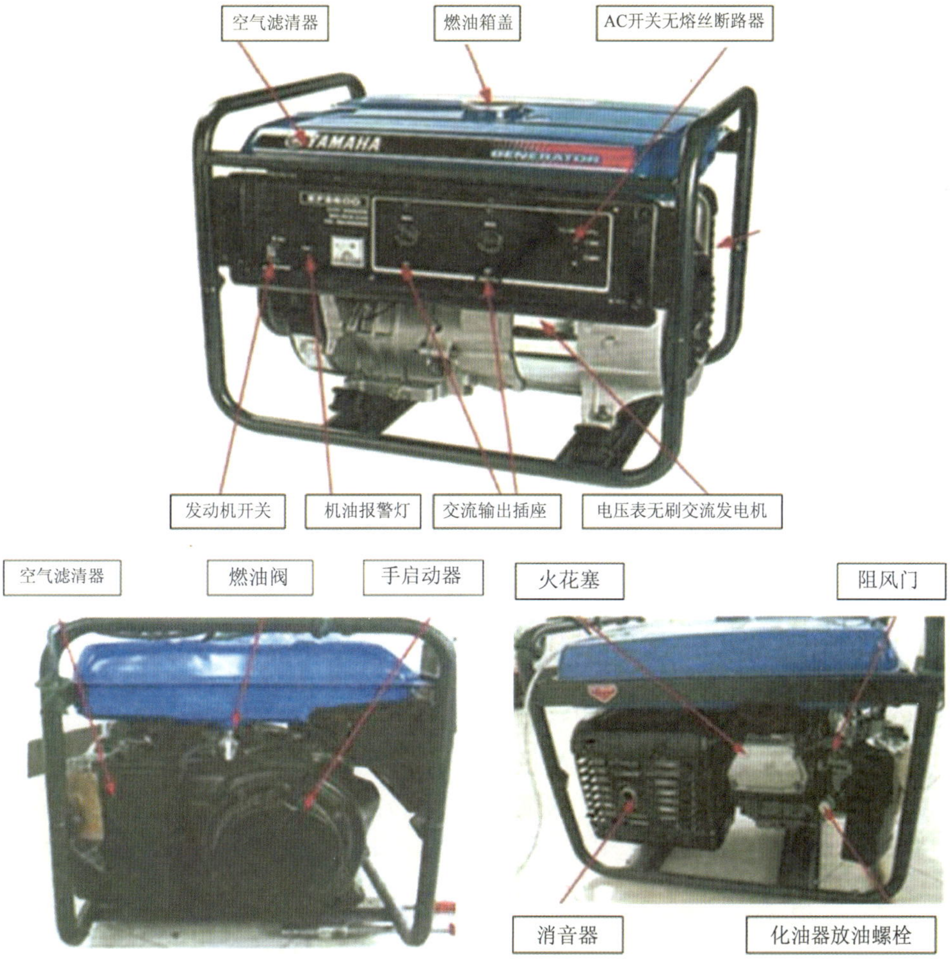

图 3-6-1　小型汽油发电机

二、性能技术参数(表 3-6-1)

表 3-6-1 小型汽油发电机技术参数表

型号名称	EF6600
规格	220 V/50 Hz
尺寸($L\times W\times H$)	670 mm×510 mm×527 mm
重量	82 kg
燃油箱容积	25 L
连续运行时间	9.3 h
噪音水平(在 7 m 距离)	72.0 dB(A)
类型	风冷 4 冲程,OHV 汽油发动机
燃油	无铅汽油
润滑油	API 分类“SE”/SAE10W-3
机油容积	11 L
空气滤清器类型	半干式
启动系统	电、手启动器
调速系统	离心重锤
冷却方式	强制风冷

三、使用方法及注意事项

(一) 操作步骤

1. 启动步骤

(1) 加入四冲程汽机油(15W-40)。

(2) 加汽油(加入 90# 以上汽油)。

(3) 将油箱左侧的汽油开关向下旋转至 ON 的打开位置。

(4) 将位于机器正面(控制面板)左侧的发动机开关拨至 ON 的打开位置。

(5) 将发动机风门手柄扳向左边处于 OFF 关闭位置(对于启动了三十秒已经预热了的发动机则需要将风门手柄扳向右边打开位置保持进气顺畅)。

(6) 先轻轻地拉动手启动器手柄(从 45 度角倾斜方向)直到感觉有阻力,然后用力将手柄拉出(避免用力过大损坏启动器),此时发动机点运转,仍需要握住手柄慢慢放回原来的位置。

(7) 发动机启动超过 30 s 之后,逐渐将风门手柄转向右边 ON 的打开位置。

(8) 发动机预热运转两分钟后,将空气开关(俗称保险盒)往上扳至 ON 打开位置,此时发电机面板插座才会有电流输出,请接上质量合格、电压和功率相匹配的用电设备,否则空气开关会保护性跳闭。

2. 关机步骤

如在紧急情况下停机,转动发动机开关至“关”位置。正常情况下停机:

(1)关闭节气门,把节气门控制手柄推到右边。

(2)转动发动机开关至“关”位置。

(3)把燃油开关转至“关”位置。对不同型号的发动机的正确启动或停止,均需详细阅读该型号机的操作说明书,以帮助正确掌握使用的方法,避免不应发生的事故发生。

警告:汽油长时间停留在化油器内将可能导致化油器堵塞。

(二) 使用前应注意事项

1. 使用温度:－15～＋45℃,在高温或低温下使用发电机时,应该注意机油的等级。

2. 允许发电机在 20°之内倾斜使用,见图 3-6-2。

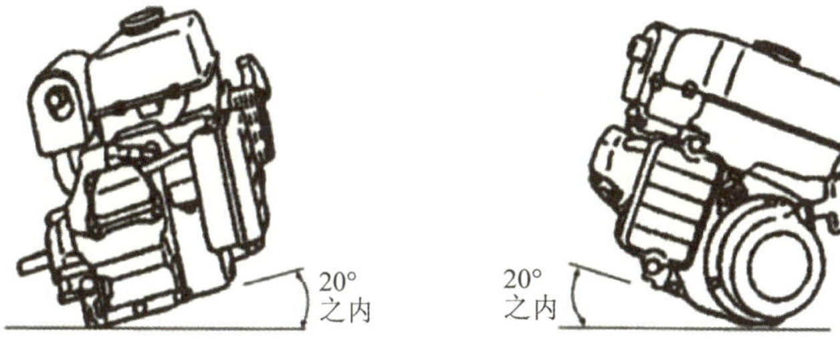

图 3-6-2 倾斜角示意图

3. 在 1 000 m 或者更高的海拔高度下使用发电机时,发电机功率会有所下降。

4. 加汽油,建议辛烷值为 93# 以上的汽油,天气热时不宜加太满,防止洒出。加机油时,推荐用四冲程机油(A、SAE10W-30,B/API 分类 SE 或 SF);机油油位加到与油口边缘持平位置即可。

(三) 使用时应注意事项

1. 通风:排气具有毒性。

2. 加油安全:严禁不停机加油。

3. 防过热:与四周物体保持 1 m 距离。

4. 防触电:严禁在雨中及下雪天使用;不要湿手摸发电机。

5. 接地:地线直径 1.2 mm/10 A。

6. 接线:不要与市电相连;不要与其他发电机并联使用。

四、维护保养

(一) 日常维护

在每次使用发电机前应做下列检查,以确保发电机安全正常使用。

1. 检查油箱中的汽油是否充足。

2. 检查燃油阀和输油管路是否有漏油渗油现象。

3. 检查机油油污是否处于上限与下限之间。

4. 检查机油油质,确定是否需要更换。

5. 检查启动电池电压是否在 12 V 以上,并观察电池外观是否有破损漏液现象。

6. 如发电机长时间不用(一个月以上),启动电池会因自放电而亏电,应用外接充电器给电池充电。

(二) 定期保养

1. 更换机油和机滤

若天气寒冷,应启动发电机,运转 1 min。停机后先将机油放出,再用机滤专用扳手,逆时针旋转将机滤卸下。清洁机滤接口,在新机滤密封圈上涂抹适量新机油。用手将新机滤轻轻拧入至无法转动后,再用机滤专用板手拧紧。检查放油阀和机滤接口处有无渗漏油现象。

(1) 发电机在初次使用 20 h 后,应立即更换机油和机滤。

(2) 每使用 100 h 后,必须更换机油和机滤。恶劣环境下需增加次数,采用黏度为 SAE10W30,API 等级为 SG、SH、SJ 或更高的清洁机油。

2. 空气滤芯的更换和保养

发电机每使用 100 h 需清理空气滤芯,每 200 h 必须更换。恶劣环境下需增加清洁次数,必要时更换。

(1) 将空气滤芯盖取下,轻轻地卸下外侧海棉,用温水浸泡洗净,不得拧洗。

(2) 取出主滤芯,用毛刷清扫或轻轻磕掉附着的尘土杂质。

(3) 当发电机使用满 200 h 后,清洗海绵并更换滤芯。

3. 火花塞的清洗和更换

发电机每使用 100 h 应检查火花塞间隙和清理积炭,每 300 h 更换。

(1) 用手拔出高压橡皮帽,用火花塞套筒扳手将火花塞卸下。

(2) 检查火花塞是否褪色并清除积炭,其标准颜色为褐色。

(3) 检查火花塞间隙,正常为 0.7~0.8 mm。

4. 油箱和滤网的清洁、汽油滤芯的更换

发电机每使用 300 h 或一年后,应清洁油箱、燃油阀及其滤网,并更换汽油滤芯。

燃油阀的清洗:

(1) 将燃油阀门杆转至 OFF 位置。

(2) 使用溶剂进行清洁。

(3) 擦干净。

(4) 检查密封圈垫圈,如有损坏,应更换。

燃油箱滤网的清洗:

(1) 取下燃油箱盖和过滤器。

(2) 用溶剂清洁过滤器,如有损坏应更换。

(3) 擦干过滤器,将其插入燃油箱。

燃油滤芯的清洗:

发电机每使用 300 h 或一年后,应更换汽油滤芯(若所使用汽油杂质过多,则应酌情提前更换)。更换时同时检查油管是否有断裂现象,酌情更换。

5. 启动电池的维护

采用的启动电池为全密封免维护电池,不需要加注蒸馏水。发电机正常运转时,会自动给启动电池充电。若长时间不用,则应采用外接充电器充电。

(以上技术参数资料由福州佳新创辉机电有限公司提供)

第二节 柴油发电机组

一、简介

柴油发电机组主要由柴油机、发电机、底盘、附件等组成,功率范围 10~1 000 kW。主要用于无电区防汛排涝、抗旱减灾、农村人畜饮水设备的供电,具有单机容量等级多、配套设备结构紧凑、安装灵活、启动迅速、维护操作简单等特点,见图 3-6-3。

图 3-6-3 柴油发电机组及附件

二、性能技术参数(表 3-6-2)

表 3-6-2 柴油发电机组技术参数表

机组型号	发电机型号	柴油机型号	缸径(mm)	行程(mm)	总排量(L)	机油容量(L)	外形尺寸(mm)	重量(kg)
HX30GF	STC30	K4100D	100	115	3.61	13	1 800×800×1 300	700
HX50GF	STC50	R4105ZD	105	125	4.33	13	2 000×900×1 500	860

三、使用方法及注意事项

(一) 启动前的准备

1. 清洗机组附着的灰尘、水迹和铁锈等异物，排除空气滤清器中油污灰垢。

2. 全面检查机组的整个装置，连接应紧固，操纵机构应灵活，曲轴旋转应无卡滞现象。

3. 检查冷却系统是否已加满冷却液，管道有无泄漏或阻塞(包括气阻)现象。

4. 检查燃油箱燃油存量，打开燃油开关，旋松高压油泵放气螺栓，排除燃油管路中的空气，拧紧放气螺栓。

5. 检查机油面是否在油标尺两刻度线之间，燃油泵和调速器有无足够的机油。

6. 检查调速器杠杆和油泵齿条连接的可靠和灵活性，同时还要检查有无足够的机油。

7. 检查所有的电气线路(包括充电、启动电路)是否连接正确，接触良好。

8. 检查柴油机供给、润滑、冷却等系统的各管接头是否有漏水和漏油现象。

9. 控制屏内所有元器件应完整、清洁、无损伤、无松动。

10. 将硅整流器、电容器等断接，拆除地线，用 500 V 兆欧表测定一次线路及转子绕组，对地绝缘电阻应不低于 3 MΩ，否则应采取烘干措施。

11. 检查发电机至开关屏的接线应正确无误，负载通过双投开关接入控制屏，应与电网隔离(空气断路，应处于短路位置发电机 U、V、W 端与控制屏母排相对应。

12. 检查控制屏上各开关的位置是否正常,主开关应在分闸位置,对带自动调压的控制屏应放在手动位置。

13. 仪表(频率表除外)指针应指零位。

(二) 机组的启动

1. 将开关屏上调压选择开关置于手动位置。

2. 打开燃油开关,同时将燃油控制手柄固定在 700 转/min 左右的油门位置。

3. 用高压油泵开关手柄连续手动泵油,直到有泵油阻力,喷油器发出清脆的吱声为止。

4. 将油泵开关手柄放在工作位置上,减压阀推向减压位置。

5. 用手摇手柄或按下电启动按钮启动柴油机,当柴油机达到一定转速时,把减载轴拉回工作位置,使柴油机点火启动。

6. 柴油机启动后,将电钥匙拨回中间位置,转速应控制在 600～700 转/min,并密切注意机油压力、油表指示(工作油压值详见各类柴油机使用说明书),若油压无指示,应立即停机检查。

7. 若机组低速运转正常,可将转速逐渐增加到 1 000～1 200 转/min 预热运转,当水温度在 50～60℃,机油温度达到 45℃左右时,再将转速增加到 1 500 转/min,观察配电屏频率表应在 50 Hz 左右,电压表为 380～410 V,电压偏高或偏低时可调节磁场变阻器。

8. 若机组工作正常,可合上发电机与负载间的空气开关,然后逐渐增加负载,向外送电。

(三) 注意事项

1. 空载运行稳定后,逐渐增加负荷,切忌突加负载。

2. 应经常注意机油压力、温度、出水温度及开关屏上各仪表指示值在各类柴油机、发电机使用说明书规定范围内。

3. 定期检查燃油、机油、冷却水量是否充足。

4. 新机组必须在 90%额定功率以下的负载运行 4 h 后,方可按额定功率、额定转速工作。

5. 机组使用环境如超出标定的许可条件时,输出功率应按规定修正。

6. 随时注意水温、油温、油压的变化,若出现异常,应停机检查,定期检查燃油、机油、冷却水的储存量和冷却水的清洁程度,同时检查柴油机有无漏油、漏水、漏气及其他异常现象,观察柴油机的排气烟色有无异常(正常烟色略带青灰色,若为深蓝色、浓黑色应停机检查)。严禁水、油、异物进入电机,电机三相电压均应保持平衡。

7. 运行中须有详细记录,包括环境状态参数、柴油机运行参数、开机时间、停机时间、停机原因、故障原因、排除方法、更换零件的名称及数量等。

四、维护保养

(一) 机组的保养

机组在经常工作或短期停放期间每周应作一次保养。

1. 将机组各部件清理干净,擦去积尘、油垢。

2. 检查电气元件和导线的连接情况,排除接触不良或可能发生短路的弊端。

3. 检查机组各机械连接部件是否牢固可靠,是否润滑良好。

(二) 发电机的维护保养

1. 电机切忌受潮,存放时必须放在干燥地方。发电机如停放太久或受潮,应测量绕组间和对地的绝缘电阻,绝缘值应不低于 1.5 MΩ。注意,在测量之前,拆掉启动用蓄电池负极接线,切断电源。

2. 无论在存放或是运转时，都须避免水滴，金属等杂物进入。

3. 发电机运转时，应注意冷却情况，电压及电流均不应超过额定值；发电机运行时，要保证通风良好，发电机外表面不应有任何覆盖物，以免影响通风和散热。

4. 运转时集电环上不应看到大于 1.5 mm 火花，集电环温度不超过 80℃。

5. 如有不正常响声，应立即停机检查并排除。

6. 勿使电机置于水蒸气、多灰尘的场合下使用。

7. 轴承工作 3 000 h 后，需要补充 3 号复合钙基脂，油脂量应占储油室的一半，油脂应清洁，轴承温度不应超过 95℃。

8. 检查励磁装置各元件是否断头及松动。

9. 发电机蓄电池应远离热源，充电及使用时应保持通风。

（三）柴油机的维护保养

1. 润滑系统的保养

夏季采用 CD 级 SAE15W/40 柴油机用机油，北方冬季用 CD 级 SAE10W/40 柴油机用机油，亦可根据环境温度选用 CD 级 SAE 系列其他牌号机油，有条件的可采用 CF-4 机油。

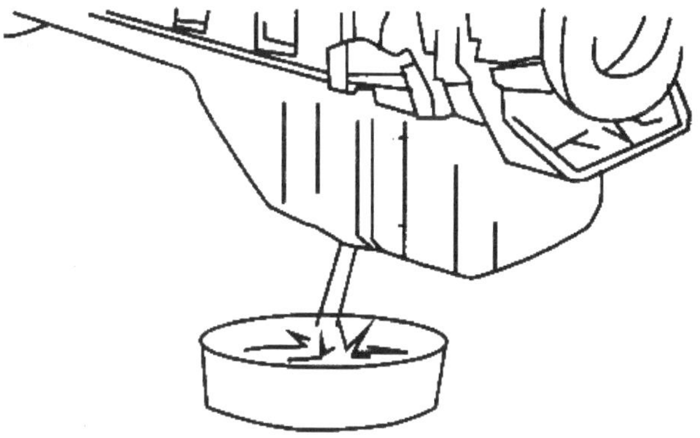

图 3-6-4 释放机油图示

机油经长期使用后，不仅会有杂质、尘垢，而且由于一些未燃烧的燃油混入机油，机油变稀，部分废气窜入的同时带进酸酐等，使机油变质腐蚀机件。因此机油经一段时间的使用后，应当全部放出，更换机油。方法：在热机状态下旋下油底壳上的放油螺塞和注油口螺盖，放尽旧机油并收集起来；旋上放油螺旋塞，从注油口加注新机油，油位达到油标尺的上标志处，旋上注油口螺盖；启动柴油机，短期试运行后，停机检查油位，若达不到标尺上标志处，补充加足，但不应超过上标志，见图 3-6-4。

换机油时更换机油滤清器，抽出油尺用清洁棉丝拭去油尺上的油，然后再插入油底壳中，要将油尺插到底，再抽出油尺检查油面高度，使油面不低于下刻线，不高于上刻线。做短暂试运行，停机后再次检查油位，直到机油已达到油标尺上标志为止。

2. 冷却系统的保养

发电机运转时，冷却系统内必须保证足够的冷却水，以保证发电机的正常工作。启动发电机前认真检查及时补充清洁软水，禁止使用含碱较大或矿物质较多的硬水。寒冷地区、冬季应加注防冻液，以免使水箱或机体冻裂；长期使用的柴油机也可四季使用防冻液，但每年必须更换一次，使柴油机冷却系统维护更加简单。放出冷却系统中冷却液时，必须先打开水箱散热器盖，然后再打开散热器底部及气缸体放水螺塞。检查风扇皮带张紧轮是否正常，风扇皮带松紧度可由张紧轮自动调整。

3. 燃油系统的保养

燃油需经过 72 h 以上沉淀，并经仔细过滤后使用，经常检查油路的密封性，注意观察是否局部过热及不正常声音出现，若不具备一定试验条件，不能随便拆卸喷油泵总成。

4. 检查蓄电池电解液液位

拧开蓄电池盖，逐格检查电解液液位，用液面检查器检查，若液面能高到浸湿该检查器的底部，即为足够。若无液面检查器也可用木棒插进格内，直到铅板的上缘，若电解液能浸湿木棒 10～15 mm（即电解液应高出蓄电池极板 10～15 mm）即为足够，若不满足上述条件，应加注蒸馏水。为避免短路，请不要把工具放在蓄电池上。

5. 定期保养内容

柴油机每工作 50 h,应检查整机有无螺钉、线路松动;清洗柴油滤清器、更换机油,同时清洗机油滤清器、机油滤芯,清除空气滤清器积尘。

柴油机每工作 250 h,应检查各部位螺钉、线路接头是否松动,清除空气滤清器积尘,清洗机油滤清器,更换机油和机油滤芯,清洗燃油箱、输油泵滤网及管路,向离合器各注油点加注润滑油;检查电压调节器的触头工作间隙和铁心间隙,必要时进行调整。

柴油机每工作 1 200 h,除完成 250 h 保养项目外,还需检查喷油嘴的喷油量和喷油压力,清洗柴油箱及其管道;检查蓄电池有无裂纹及漏电现象;检查硅整流发电机调节器的工作是否正常。

柴油机每工作 2 400 h,除完成 1 200 h 保养项目外,还需检查并调整气门间隙,清除发动机进、排气系统及曲轴箱通风系统内的积垢,拆洗充电发电机及启动机;检查喷油泵的供油提前角供油量及各缸供油的均匀性,必要时进行调整。

(以上技术参数资料由潍坊华信柴油机有限公司提供)

第三节　拖车式柴油发电机组

一、简介

拖车式柴油发电机组(电站)是通用制式电源设备,由柴油机、发电机、控制系统、拖车厢体、附件等组成,可用于无电区防汛抗旱供电。拖车具有 180 度旋转灵活方便的牵引杆,手动刹车装置保证牵引安全、驻车稳定,钢制罩壳确保电站内机组不受雨雪风尘侵蚀、侧面站立操作方便等特点,见图 3-6-5。

图 3-6-5　拖车式柴油发电机组

二、性能技术参数(表 3-6-3)

表 3-6-3　100 kW 拖车式柴油发电机组参数表

整车尺寸(mm)	车厢尺寸(mm)	额定功率(kW)	额定电压(V)	额定电流(A)	额定频率(Hz)	相数	燃油消耗率(g/kW·h)	机油消耗率(g/kW·h)
4 250×1 700×2 250	2 800×1 100×1 500	100	400/230	180	50	三相	≤300	≤4.5

接线方式:三相四线、Y 型、相序 A-B-C 顺时针。

三、使用方法及注意事项

(一) 开机前的准备和检查

1. 将拖车式柴油发电机组放置平坦、通风的地方,无明显倾斜。

2. 检查机组各连接部位是否牢固,供油、回油管道各接口处是否有松动漏气现象,电气元件、线路连接有无松动或异常情况。

3. 确认各开关和按钮处于初始状态。

4. 检查柴油机的机油油质和燃油油质、牌号和油量,若不符合使用要求务必更换和补充。

5. 检查冷却液液面高度,若不足则需及时补充。

6. 空气滤清器芯若有污粘、损伤应予清洗或更换,清洗时用压缩空气对滤清器由里向外吹洗,严禁用柴油或水清洗。

7. 打入接地棒使其露出地面的长度为整个棒长的 1/4,用专用电缆连接接地棒和拖车电站上的接地端子,并在接地棒周围倒入约 10 L 2%浓度的盐水。接地连接一定要牢固可靠,同时切不可将拖车电站的中性点用作接地点,否则会导致人身伤亡事故。

8. 根据季节、气温情况配置相应的燃油、润滑机油、冷却液。

(二) 常温启动

手动启动程序:接通电池电源→钥匙开关(拨到开位置)→发电机油泵手柄(拨置于中速位置)→手按启动按钮→启动后中速运行几分钟加油门至额定转速→主开关(合闸/绿指示灯亮)(渐带载运行)渐减载至0→主开关(分闸/红指示灯亮)→空载运行 3~5 min→发电机停机油泵手柄拨置于关闭油门位置。

注意:在机组运行过程中,操作人员应密切注意运行情况并进行记录。

四、维护保养

(一) 柴油发电机组的维护保养

拖车式柴油发电机组经长途运输后应进行外表面清洗,检查各机械、电器线路的连接和导线质量,如有松动或损失即紧固、更换。柴油发电机组投入正常运行后,每天开机前,除注意清除、擦净各部位积尘、油污外,还应做好以下检查维护工作:

(1) 检查机油油位,若低于油位下限值时,应补充加足。

(2) 检查燃油箱油量,若油量不足时,应补充加足。

(3) 检查冷却液液面高度,若不足时应补充冷却液。

(4) 检查接地是否可靠,接地棒有无松动,如有松动,应踩实并加 2%盐水润湿围土,保证良好接地。

(5) 检查空气滤清器,若积尘量达到或接近集尘罐容量一半时,应及时排空;出现空气滤清器堵塞或滤清器芯的清理次数达到五次,就应清理或更换空气滤清器芯。

(6) 检查各种监控仪表是否完好,若有损坏或显示有误,应及时维修或更换。

(二) 拖车底盘的维护保养

行驶 1 000 km 后必须对拖车的各加油部位加入锂基润滑脂,并检查拖车的牵引杆、牵引座、厢体的连接是否松动、断裂等,并进行紧固及更换,对机组各处连接进行检查、紧固;行驶 5 000 km 后全面检查拖车及柴油发电机组。

(三) 拖车式柴油发电机组的储存

拖车式柴油发电机组停用时间较长,应做好长期储存工作,取下蓄电池,对柴油机、发电机、厢体、拖车底盘进行清洗。

1. 使用过的柴油发电机组长期储存,须注意以下要点:

(1) 启动机组,运转至热机状态停机。趁热放掉油底壳中的机油,注入含8%的6号防锈复合剂或含0.1%~0.5%的3号防锈复合剂机油。

(2) 放出燃油箱中的燃油,在柴油中混入0.1%~0.5%的3号或6号防锈复合剂,充分混合后再倒回燃油箱。

(3) 启动机组,运转约10 min后停机,使燃油箱、燃油滤清器、喷油泵和喷油器充满防锈混合油,并使防锈混合油分布到各个部位,放掉防冻液。

(4) 拆下气门室盖及喷油泵侧盖,将含10%防锈油的燃油混合油注入气门室及喷油泵弹簧室,然后重新盖好。

(5) 用木塞密封空气滤清器和排气的孔口。

(6) 每月至少转动一次曲轴。

(7) 启封时,应放掉油底壳中的防锈油,换入机油。

(8) 清除发电机表面的脏物,并用压缩空气将发电机内部脏物吹净,用厚纸将所有孔口封盖。

(9) 长期储存使用的防锈油必须是脱水凡士林。

2. 整车封存:使用木块支承底盘以解脱车轮的负荷,但车轮不要离地,将手刹放置在刹车位置,然后用帆布罩将整车罩好,停放在无尘、清洁、通风良好的库房内,并按库存条例予以例行检查。

发电机组保养记录见表3-6-4。

(以上技术参数资料由江苏道康发电机组有限公司提供)

表3-6-4 发电机组保养记录表

(汛前、汛后)

物资编号:＿＿＿＿＿ 物资名称:＿＿＿＿＿ ＿＿年＿＿月＿日

保养检查项目	机组清洁检查	正 常□ 不正常□	水箱水位检查	正 常□ 不正常□
	机油油位检查	正 常□ 不正常□	过滤器检查	正 常□ 不正常□
	电池电解液检查	正 常□ 不正常□	皮带检查	正 常□ 不正常□
	电池连接状态	正 常□ 不正常□	检查机身是否漏油	是 □ 否 □
	柴油油箱油位	正 常□ 不正常□	发电机开关状态	正 常□ 不正常□
	冷却液检查	正 常□ 不正常□	检查所有电器线路连接情况	正 常□ 不正常□
	风叶、各位置螺丝有无松动检查	有 □ 无 □	蓄电池检查	正 常□ 不正常□
其他保养项目及配件更换记录				
开机运行记录	开机时间		停机时间	
	运行速度		运行方式	
	运行排烟是否正常		运行噪音(是否有异响)	

检查人(签字):＿＿＿＿＿

第七章
新型防汛物资和设备

第一节　超长防汛管袋

一、简介

超长防汛管袋是由南京水利科学研究院研发的国家发明专利产品，通过向管袋内直接充水而实现“以水挡水”。主要用于快速抢护汛期普降暴雨或特大暴雨导致的洪水满溢险情以及城市内涝险情，还可以用于快速构筑车辆与行人的临时应急安全通道。具有抢险效率高，地形适应性强，抗浪性、稳定性高和可重复使用等特点，见图 3-7-1。

图 3-7-1　超长防汛管袋的运用

二、性能技术参数

管袋内充水体分为两层，外层为抗老化高强度的编(机)织土工布，内层为不透水布，内置 1～3 个平行水体。单袋最大挡水高度 2.0 m，可逐级叠置，最大挡水高度可达 4.0 m，单袋长度可任意按需求设置，常规 30～100 m。超长防汛管袋外袋为绿色，材质为全新聚丙烯等防老化性能良好的塑性材料特制，内袋为黑色，材质为全新聚乙烯等结晶热塑性材料特制。超长防汛管袋首节长度 5.0 m，其余单节 20.0 m，可以根据需求任意定制，节与节之间可通过连接支架、连接套筒及连接袖口搭接，从而在长度方向实现无限延伸。具体外袋物理性能指标见表 3-7-1。

表 3-7-1 外袋物理性能指标

序号	项目	单位	指标
1	纵向断裂强度	KN/m	≥80
2	纵向延伸率	%	≤25
3	CBR 顶破强度	KN	≥6
4	梯形撕裂强度	KN	≥0.6
5	缝制强度	KN/m	≥50
6	96 小时紫外线照射,强度保持率	%	≥80

三、使用方法及注意事项

制作好超长防汛管袋和附件;发现堤坝出现漫溢浪坎险情后,将选择好的超长防汛管袋和附件运至现场;清理堤坝顶部的杂物;将超长防汛管袋置于堤坝顶部;打开注水孔和排气孔,向置于堤坝顶部的超长防汛管袋内注水至设计高度;注水至设计高度后,停止注水,采用加筋带与堤顶接触面固定连接。

四、维护保养

1. 定期进行外观检查,并进行防潮倒垛或翻晒,重新投放防虫药、鼠药,但不得长期暴晒。
2. 存放的库房应该保持干燥、通风、阴凉,周围不得接触酸、碱等腐蚀性物质。
3. 堆放处要放置垫层。

(以上技术参数资料由南京水利科学研究院提供)

第二节 装配式可移动防洪墙

一、简介

装配式防洪墙是一种专门用于城市防洪的新型防洪产品,该产品特别适用于城市街道、门口、地下通道口、建筑物等处防洪。还可适用于硬质堤坝的加高,防止漫堤。采用单元模块设计,密闭性好,可形成多元化的隔断区域,实现快速排涝。且操作简单,安装迅速,拆装方便,能重复使用,便于运输、储存,见图 3-7-2。

图 3-7-2 装配式可移动防洪墙

二、性能技术参数

性能技术参数应满足《快速装配式防洪挡水墙通用技术条件》(DB13/T2387-2016)和《防洪墙》(Q/XGK. J5)的相关性能技术要求，见表 3-7-2。

表 3-7-2 装配式可移动挡水板技术参数

部件名称	材质及尺寸要求
移动防洪挡板	铝合金 6063-T6 厚度≥4 mm，整体挡水板厚度 60 mm，中间须有定量的加强筋，挡水板间有榫头相结合，每块挡板有效高度为 200 mm。
边柱、立柱	铝合金 6005-T5 表面经阳极氧化。立柱外围尺寸须长 150 mm，宽 150 mm，高度 3.1 m。
底档	铝合金 6063-T6 宽 60 mm，高 70 mm，挡水板榫头卡和顺畅。
防水密封条	EPDM(三元乙丙橡胶)加硅油润滑，安装配合严密，使用方便。底档密封厚度大于 30 mm。
下压锁扣、预埋件	304 不锈钢材质，厚度 3 mm。

三、使用方法及注意事项

工作原理：防洪挡板组合后形成防洪墙，通过立柱下压杠杆迫紧装置作用而产生下压力对防洪挡板予以压迫，并通过洪水自身对防洪挡板横向侧压冲击力，使防洪挡板上防水胶条之间及底部防洪挡板胶条与地面压紧，防洪挡板表面与固定边柱/中立柱上带翼防水胶条压紧，从而达成密封防水效果。

使用时点：整体装拆比较方便快捷，根据国家气象局天气预报情况，于汛期来临前将移动防洪墙组装好，人员配置可由工作量来设定，一般 2～4 人即可快速完成。

四、维护保养

1. 应存放在清洁、干燥、通风的室内架子上。临时露天存放时要上盖篷布、下垫枕木。
2. 运输时应避免雨淋或较长时间日晒。
3. 搬运过程要稳拿轻放，不得野蛮装卸，防止跌落或磕碰。

第三节 快速固化石

一、简介

快速固化石可替代传统抛石，用于抢护汛期堤防临水坡发生的崩岸险情。就近将土石料固化成石，可形成大小和形状各异的块体，在水中长时间不会散体，进而替代传统抛石，用于抢护汛期堤防临水坡发生崩岸险情。具有取料方便、抢险快速、绿色环保的特点，可制成不同大小和形状的块体，在水中长时间不会散体，以减少天然块石的使用，保护自然环境，见图 3-7-3。

图 3-7-3 快速固化石

二、性能技术参数

性能技术参数应满足土壤固化剂技术规程的相关性能技术要求。

三、使用方法及注意事项

工作原理:就近将土石料固化成石,可形成大小和形状各异的块体,在水中长时间不会散体,进而替代传统抛石,用于抢护汛期堤防临水坡发生崩岸险情。其使用按照松土和摊铺、混合料的拌和、整型、碾压进行作业。

注意事项:

1. 不同型号快速固化石禁止混用。
2. 避免雨天使用,现场应配备防雨遮挡物。
3. 固化土混合料应拌和均匀,在拌和均匀后,应立即摊铺整型。
4. 使用时应满足最低的干燥固化时间要求,固化达到强度要求后方可使用。

四、维护保养

1. 在储存及运输时应按照不同型号快速固化石分别储存、运输,不得混杂,储存及运输应符合《土壤固化剂》(CJ/T3073—1998)相关规定。
2. 防止受潮。
3. 袋装粉状有效期半年,堆放高度不得大于 12 包;桶装液体有效期一年,并不得倒置。

(以上技术参数资料由南京水利科学研究院提供)

第四节 泄洪防护垫

一、简介

泄洪防护垫用于防止临时泄洪时堤坝泄洪段背水坡的冲刷破坏,堪称“大坝雨衣”。其结构分为三层,外层为高强不透水防护层,中间层为特殊结构网状弹性体,底层为高摩擦抗滑体。具有抢险速度快、铺设连接方便、抗滑稳定性好及可重复使用等优点，见图 3-7-4。

应急泄洪防护垫可以实现应急溢洪道的快速构筑、加固与泄流，能同时起到输水和护坡的作用，具有实用性强、实施简便、推广应用前景广泛等诸多特点，对于我国面广、量大的中小型水库防洪应急抢险具有重要的实用价值，对于提高我国处置溃坝突发性洪水灾害、编制应急预案、发布洪水预警、组织撤离与逃生和实施紧急救援等均具有重要的意义。

另外，应急泄洪防护垫非常适合批量化生产，抢险需要时可直接将其铺设在坝体表面，十分方便和快捷，可以有效提高抢险效率，保护坝体不受冲刷和侵蚀。同时，新型的应急泄洪防护垫具有良好的耐久性，在一次使用结束后，可以回收进行再次利用，这样可以进一步大幅降低抢险成本，而且不会对环境造成损害。

图 3-7-4 泄洪防护垫

二、性能技术参数

应急泄洪防护垫结构分为三层，外层为高强不透水防护层，中间层为特殊结构网状弹性体，底层为高摩擦抗滑体。宽幅最大 6.0 m，单体长度 30 m。其物理性能指标见表 3-7-3，应满足安徽瑞迪工程科技有限公司企业标准《泄洪防护垫》(Q/AHRD005-2017)的相关性能指标要求。

表 3-7-3 泄洪防护垫物理性能指标

项目名称			单位	技术指标
防护层	单位面积质量		g/m²	≥750
	厚度		mm	≥0.75
	断裂强度	纵向	kN/m	≥20.0
		横向		
	断裂伸长率	纵向	%	≥700
		横向		
	撕破强力	纵向	kN	≥0.93
		横向		
中间体	厚度		mm	≥5.0
	密度		g/m³	≥0.939
	垂直抗压强度		kPa	≥100
	抗拉强度	纵向	kN/m	8.0
		横向		4.0

续 表

项目名称			单位	技术指标
抗滑体	抗拉强度	纵向	kN/m	≥10.0
		横向		
	延伸率	纵向	%	40～80
		横向		
	CBR 顶破强度		kN	≥1.9
	摩擦系数		—	≥0.40

三、使用方法及注意事项

应急泄洪防护垫本体由自上到下依次设置的过流层、减压保护层和隔离层三层材料复合而成，过流层采用不透水材料制成，减压保护层为具有弹性的三维网格结构，隔离层为土工布；过流层采用不透水土工膜；减压保护层采用 PP 或 PE 塑料制成。

应急泄洪防护垫用于铺设应急溢洪道，在使用时，将应急泄洪防护垫直接铺设在坝体上，下层采用柔软的土工布，不但可以与土石坝体贴合紧密，而且能够有效隔离坝体表面的土体，保持坝体的整体结构和功能。上层为不透水的过流层，仅允许下泄水流从其表面通过而不渗入其内部，可以防止土石坝漫顶的溃决进一步漫延，进行有效的应急泄洪。所述减压保护层为具有弹性的三维网格结构，不但可以有效减少表面下泄水流的冲击力，保护坝体，而且可以将从坝体中渗出的水快速排出，防止从坝体中渗出的水在防护垫下积聚而浸泡坝体。

应急泄洪防护垫本体的一侧固接有向上开口的燕尾槽，所述燕尾槽内远离防护垫本体的侧板制有自开口至槽底逐渐向外扩张的凹陷；应急泄洪防护垫本体的另一侧设有与所述燕尾槽适配的连接榫。这样，相邻应急泄洪防护垫进行连接时，直接使用连接榫、燕尾槽形成的带自锁的榫槽结构进行连接，不但方便快捷，可迅速延展、搭接，而且具有一定的防渗水性。

为了进一步防止水从相邻应急泄洪防护垫的连接处渗入，连接榫通过连接件与应急泄洪防护垫本体连接，连接件与连接榫共同形成与燕尾槽远离应急泄洪防护垫本体一侧的侧板适配为榫槽结构的连接槽。这样通过两个带自锁的榫槽结构，基本上可以完全杜绝水从连接处进入应急泄洪防护垫，而且不影响相邻应急泄洪防护垫的快速连接。连接榫与连接件为一体结构，燕尾槽及连接槽均为高密度聚乙烯制成。

四、维护保养

1. 产品应放置于干燥处，周围不得接触酸、碱等腐蚀性物质，要注意防潮、防火。
2. 产品在贮存和运输中应保证不破损、不沾污、防雨淋，不得长期暴晒。

(以上技术参数资料由南京水利科学研究院提供)

第五节　无人机

一、简介

无人机可一定程度上突破自然条件和人类能力限制，具有替代工作人员进行远距离和高危地区作业等技术优势，可快速响应防汛抗旱救灾应急状况，根据防汛工作需要，无人机通过搭载多项专业设备，可应用到巡查预警、应急救援、灾情评估、三维建模等防汛工作中，有效提高防汛工作的信息化水平，丰富完善了汛情侦察手段，变汛情平面侦察为立体侦测、数据点状搜集为面状获取，实时传回灾区现场总体态势，为一线指挥长和指挥部判断处置灾情提供重要依据，为科学有效地指挥决策提供重要支撑，见图 3-7-5。

图 3-7-5 无人机

无人机一般分为固定翼无人机、直升无人机、多旋翼无人机 3 大类。

1. 固定翼无人机

固定翼无人机靠发动机、电机驱动螺旋桨，或者涡轮发动机产生的推力作为飞机向前的动力，主要的升力来自一定角度的机翼穿过气流产生的浮力。所以，固定翼飞行器必须要有一定的空气相对速度才会有升力来飞行。优点是飞行速度高、续航长、载重大，缺点是起降需要跑道或弹射器、操作难度高、不能悬停。所以，固定翼无人机的应用具有一定的局限性。

2. 直升无人机

直升无人机与载人直升机工作原理基本相似。依靠发动机或电机提供旋转动力，主旋翼提供升力，尾旋翼通过陀螺仪侦测的回转角调整螺距抵消主桨产生的反作用力，从而平衡机身和左右转弯。另外通过倾斜盘调整主旋翼桨叶角使主桨周期变距，达到调整主桨旋转平面不同区域升力的目的，从而实现向前、后、左、右方向飞行。优点是载重较大、能悬停，缺点是操作难度高、机械结构架复杂，不适用于复杂地形，成本高。所以，直升无人机仅适用于具有一定载荷及悬停要求的作业环境。

3. 多旋翼无人机

多旋翼无人机同直升机一样是垂直起飞的，需依靠多个旋翼产生的升力来平衡飞机的重力，实现起飞。无需改变桨叶角、螺距等参数，也不需要陀螺仪、侧倾盘等设备，只需通过飞行控制系统改变驱动各个旋翼的电机转速便可轻松控制前、后、左、右、左转、右转、上升、下降等多种飞行姿态。由于具有多个旋翼，多旋翼无人机可以比较平稳地悬停，也比较灵活，在一定速度范围内以任意的速度飞行，基本上就是一个空中的飞行平台。可在平台上加装摄像机、高音喇叭、抛投器、正摄像机、倾斜相机、多光谱相机、红外相机等，实现各种作业需要。优点是操作简单、运维便捷、起飞环境要求低、能平稳悬停；缺点是载重小、续航时间较短。所以，作为空中飞行平台的旋转翼无人机优点大于缺点，应用较为广泛。

根据防汛工作特点，对防汛无人机起降场地、飞行性能、功能、易用性等方面均有一定要求。由于跑道或弹射器不易搭建，不能满足随时随地起飞、快速响应的需要，且固定翼无人机不能悬停，故不适合防汛工作。直升无人机、多旋翼无人机均满足快速响应和悬停的需求，但相比直升无人机较高的操作难度和维护成本（目前仅用在军事领域），多旋翼无人机是一个比较纯粹的空中平台，具有操作简单、维护便捷等特点，多旋翼无人机结构简单、造价低、操控能力好，其垂直起降、可悬停的特点使得飞机可以突破飞行跑道的限制，能适应各种复杂的起降环境，还可以从事各种空中作业项目。这些优势使得多旋翼无人机不仅可以用于一些军事领域，还可以广泛应用于民用领域，故多旋翼无人机适用于防汛工作。多旋翼无人机平台凭借高灵活性、易用性、低成本等特点，使其在防汛工作中的重要作用逐渐显现。

防汛多旋翼无人机通过搭载多项专业设备,可实现空中应急照明、远程扩音指挥、救援物资抛投、红外搜救失踪人员、夜间红外监测、高空拍照、高空照明电源以及灾区地理模型构建等功能。防汛无人机主要由机身框架、动力系统、飞行控制系统、无线传输系统、地面站系统 5 部分组成。

二、性能技术参数(表 3-7-4)

表 3-7-4　S1000+大疆多旋翼无人机筋斗云产品参数表

<table>
<tr><td colspan="8">兼容的 DJI 设备</td></tr>
<tr><td>飞控系统</td><td colspan="2">A2&WKM</td><td>图传系统</td><td colspan="2">DJI Lightbridge</td><td>视频叠加系统</td><td>IOS DMARK II</td></tr>
<tr><td>云台系统</td><td colspan="7">ZenmuseZ15、Z15-GH4(HD)、Z15-G3、Z15BMPCC、Z15-5D、Z15-5DIIIHD</td></tr>
<tr><td colspan="8">机架</td></tr>
<tr><td>机型</td><td colspan="2">V 型八旋翼</td><td>对称机组轴距</td><td colspan="2">1 045 mm</td><td>单臂长度</td><td>386 mm</td></tr>
<tr><td>中心架直径</td><td colspan="2">337 mm</td><td colspan="2">中心架重量</td><td colspan="3">1 520 g(含起落架安装基座和舵机)</td></tr>
<tr><td>起落架尺寸</td><td colspan="7">460 mm(长)×510 mm(下底宽)×305 mm(高)</td></tr>
<tr><td colspan="8">飞行参数</td></tr>
<tr><td>起飞重量</td><td>6.2~11.0 g</td><td>整机重量</td><td>4.4 kg</td><td>悬停时间</td><td>15 min</td><td>最大功率</td><td>4 000 W</td></tr>
<tr><td>工作温度环境</td><td>−10~40℃</td><td>动力电池</td><td colspan="5">LiPo(推荐 6 S、10 000 mAh~20 000 mAh,最小 15C)</td></tr>
<tr><td colspan="8">电机</td></tr>
<tr><td>钉子尺寸</td><td>41 mm×14 mm</td><td>KV 值</td><td>400 rpm/v</td><td>最大功率</td><td>500 W</td><td>重量(含散热风扇)</td><td>158 g</td></tr>
<tr><td colspan="8">电调</td></tr>
<tr><td>工作电流</td><td>40 A</td><td>工作电压</td><td>6SliPo</td><td colspan="2">重量(含散热风扇)</td><td colspan="2">35 g</td></tr>
<tr><td colspan="2">兼容信号频率</td><td colspan="2">30~450 Hz</td><td colspan="2">驱动 PWM 频率</td><td colspan="2">8 kHz</td></tr>
<tr><td colspan="8">可折叠螺旋桨</td></tr>
<tr><td>材质</td><td>高强度工程塑料</td><td>尺寸</td><td colspan="2">15×5.2inch</td><td>重量</td><td colspan="2">13 g</td></tr>
</table>

三、使用方法及注意事项

1. 若配备防汛多旋翼无人机,必然需要对操作人员进行素质培训,因此必须形成一套训练考核机制,形成无人机日常管理使用制度和售后维护保养机制,飞行员必须定岗定位,确保无人机保持良好的使用常态,使无人机的使用更符合民航管理规范。

2. 考虑到多旋翼无人机的续航能力,在深入抢险救灾现场时,为了更好地发挥其作用,还需要增配多块大容量锂聚合物电池。

3. 多旋翼无人机防汛抢险使用时,需考虑风速、防水、防雾等多种复杂环境因素。普通多旋翼无人机可以在 6 级风以下飞行,并可以在 5 000 m 高海拔下正常飞行,但大部分多旋翼无人机只具备一定的雨中作业能力,降雨量较大时均无法飞行。

4. 为了提升防汛多旋翼无人机的夜视能力,由于灾害发生的时间、环境不可预知,因此应当配备具有红外夜视功能的摄像头,并配备辅助光源。

5. 防汛多旋翼无人机操作步骤：

(1) 开箱检查所有物品，确保没有缺失。可以先将云台保护罩移去，确保开机后云台可以自由活动，进行自检。

(2) 起飞前确保无人机和遥控器的电池都已充满。

(3) 将无人机与遥控器相连。由于遥控器比较小，为了更好地与手机契合，可以选择将手机的保护壳先取下。

(4) 启动 DJI GO APP，并注册一个账号。

(5) 启动 DJI GO APP 后，通过按一次电源，再长按电源的方式，启动遥控器和 Mavic Pro，启动成功的话，你将会听到启动提示音。此时 APP 会联网检查是否有新的固件更新，如果有的话，按照提示点击下载，固件将会自动下载并更新，过程中 Mavic 和遥控器可能会进行数次的重启，直到屏幕上提示“升级成功”。

(6) Mavic Pro 的桨叶分为两种，一种有白色环，另一种没有。电机上也相应的一种有白色环，另一种没有。有白色环的电机和桨叶，代表着它们将顺时针旋转，安装时将它们相互对应即可。Mavic Pro 使用的是快拆式桨叶，安装时，将卡口对准并且按下桨叶，然后稍作旋转即可锁定安装。

(7) 飞行前必须要校准指南针。指南针是无人机飞行的重要安全保障，它能帮助无人机确定目前的方位。校准 Mavic 时，先将四个桨翼展开，然后开启电源和遥控器，链接手机，启动 DJI GO APP，在设置中选择指南针校准。

(8) 飞行 Mavic Pro 是最简单的一个步骤。首次飞行，建议在空旷的室外环境下进行，同时等待 Mavic 刷新返航点（丢失信号、电量过低、一键只能返航后 Mavic 将会自动降落的地点）后再起飞。检查 APP 左下角的地图，如果出现一个绿色的“H”，同时与你当前所在的位置（蓝点）、Mavic 所在位置（红色十字）重叠的话，那么你就可以起飞了。

(9) APP 界面左侧的按钮是拍摄按钮，红色代表录像，白色代表拍照。

6. 无人机使用注意事项：

(1) 特别对于初学者来说，在空旷的地方飞行，尽管飞行时不必抬头一直盯着飞行器，但是要保证飞行器一直处于视野范围内，高楼和植被的阻挡有时会影响遥控和实时信号。

(2) 有时候因为 GPS 或者遥控信号丢失，飞行器会尝试自动返航，但是飞行器并不能预见周围的障碍物，此时应该使用遥控器的 S1 开关紧急取回遥控权。

(3) 不要忽略启动相机后 APP 的任何提示。云台故障、SD 卡未插入、矫正指南针等提示都非常重要，忽略提示强行起飞，非常容易造成事故。

(4) 时常检查。首先是检查电池寿命，按住电源五秒可以显示电池总寿命，一般来说 4 盏灯有 3 盏以上常亮代表电池寿命正常。电池寿命下降有时会造成供电不稳定，飞行器会无预警下降。第二就是检查螺旋桨状态，这是飞行器最容易损坏的部件，要经常检查是否有缺损或者是裂痕。

(5) 注意相关飞行的法律法规。

四、维护保养

1. 考虑到防汛多旋翼无人机属于高精尖设备，采购成本高，应形成无人机日常管理使用制度和售后维护保养机制，确保无人机保持良好的使用常态。

2. 防水、防潮、防沙尘。由于目前大多数无人机采用碳纤维材料作为机身，在保护无人机内部电路不被外界环境腐蚀的同时，一般也设有散热孔。正是这些小的孔隙恰恰让机身受到腐蚀难以清理。不建议在雨雪天或者雾气较大的天气使用无人机。若飞行遇到雨天或者非常潮湿的梅雨天气，之后最好风干一段时间或放到防潮箱吸潮，确定湿气除干净后再使用。还包括在一些潮湿环境中不要裸露机身保存，建议使用防潮柜、防潮箱。

机身检查保养应注意：

(1) 检查飞机机身螺丝是否出现松动，机身结构上，飞机机臂是否出现裂痕。

(2) 检查减震球是否老化(减震球外层变硬或者开裂)。

(3) 检查 GPS 上方以及每个起落架的天线位置是否贴有影响信号的物体(如带导电介质的贴纸等)。

3. 尽量避免在沙土或者碎石等有小颗粒存在的环境下起飞。沙尘天气对无人机的影响很大，尤其是对电机。其实遇到这种天气最好就是不飞！若必须飞行，使用完尽快清理沙子等异物，减少对飞机的影响。无人机电机是具有磁性的，尘土和细沙中包含的细微的金属颗粒可能会被吸附进入电机内部，影响电机正常运转。更严重的话，更有可能导致电机停转。因此，储备仓库应做好防水、防潮、防沙尘。

电机检查保养应注意：

(1) 清擦电机。及时清除电机机座外部的灰尘、淤泥。如使用环境灰尘较多，最好每次飞行之后清扫一次。

(2) 检查和清擦电机接线处。检查接线盒接线螺丝是否松动、烧伤。

(3) 检查各固定部分螺丝，将松动的螺母拧紧。

(4) 检查电机转动是否合格。用手转动转轴，检查是否灵活，有无不正常的摩擦、卡阻、窜轴和异常响声。同时检查电机上各部件是否完备。

(5) 如通电之后，某个电机不转或者转速很低，或有异常响声，应立即断电，若通电时间较长，极有可能烧毁电机，甚至损坏控制电路。

4. 螺旋桨的消耗程度虽不及电池，却也是保养的重点之一。日常养护时需要特别留意桨叶是否出现裂痕、缺口等直接影响飞行稳定性的问题。如果损伤严重，最好直接更换新的螺旋桨。另外，还要特别留意起飞前螺旋桨是否按顺序固定好。

5. 无人机遥控器，作为飞手操控无人机的工具，地位非常重要。无人机遥控器一般包括开关键、遥控天线、摇杆等基础装置。但是会随着无人机具体的应用和功能而开发不同的按键，不过基本结构都大致一样。想要无人机在空中展现各种姿态，除了飞手需要拥有丰富经验之外，还需要对遥控器进行保养，使其随时保持着最佳工作状态。

遥控器检查保养应注意：

(1) 不要在潮湿、高温的环境下使用或放置遥控器。

(2) 避免让遥控器受到强烈的震动或从高处跌落，以免影响内部构件的精度。

(3) 注意检查遥控器天线是否有损伤，遥控器的挂带是否牢固以及与航拍器连接是否正常。

(4) 在使用或者存放过程中，尽量不要"弹杆"。

6. 云台是无人机安装、固定相机的支撑设备。一般无人机云台都能满足相机的三个活动自由度：绕 X、Y、Z 轴旋转。每个轴心内都安装有电机，当无人机倾斜时，同样会配合陀螺仪给相应的云台电机加强反方向的动力，防止相机跟着无人机"倾斜"，从而避免相机抖动。如果无人机的云台与相机出现故障，就会导致航拍出现失误。所以，平时的保养就显得十分的必要。

云台和相机检查保养应注意：

(1) 使用一段时间后，建议检查排线是否正常连接。

(2) 金属接触点是否氧化或者无损(可用橡皮擦清洁)、云台快拆部分是否松动、风扇噪音是否正常。

(3) 相机镜片要注意不要用手直接触摸，被污损后可用镜头清洁剂清洗。

(4) 系统通电之后，检查云台电机运转是否正常。

7. 无人机所有设备中，消耗量最大的是电池。使用电池时，应尽量避免过充或过放。飞行时尽量不要将电池电量耗尽，返航时至少要保持 15%以上的电量，且应匀速飞行。还应注意温度对电池的影响，电池理想的保存温度为 22～28℃，切勿将电池存放于低于零下 10℃或高于 45℃的场所。在低温地区和冬季使用时，电池应做好“保暖”和“热身”工作，以减少电压急速升高的情况。设备不使用时，应将电池取出，并且单独存放。不可将电池放置于靠近热源、易燃易爆品的区域。长时间不用时应把电池放在阴凉且干燥的地方保存。电池每隔大约 3 个月或经过约 30 次充放电后，需进行一次完整的充电和放电过程再保存。要注意电池的日常检查，检查电池是否可以使用，留意电池电压、电量下降速度是否过快，观察外观是否有鼓包，观察电池安装后是否松动等。定期检查智能飞行电池寿命，当电池指示灯发出低寿命报警时，请更换新电池。

第八章
其他

除了上述的防汛物资以外，还有防汛帐篷等其他防汛物资，另外，随着科技的发展，越来越多的新型防汛物资投入市场。新型防汛物资创新发展的方向包括：(1) 抢险效率高；(2) 劳动强度低；(3) 高分子材料；(4) 产品信息化；(5) 可重复使用；(6) 易保养储存；(7) 环保无污染。

第一节　防汛帐篷

一、简介

防汛帐篷主要是由篷体、中柱、围墙柱、拉绳、地桩支撑等围拉搭建而成，主要用于防汛抢险时作为临时指挥场所及抢险人员休息地。具有抗风防雨、遮阳防晒等用途，见图 3-8-1。

图 3-8-1　防汛帐篷

二、性能技术参数

1. 防汛帐篷技术参数要求(表 3-8-1)

表 3-8-1 防汛帐篷技术参数表

项目	参数	项目	参数
帐篷身长(m)	4.8	使用面积(m^2)	23.04
帐篷身宽(m)	4.8	包装运输重量(kg)	80
围墙檐高(m)	1.6	包装运输体积(m^3)	0.35
中心顶高(m)	3.2	地桩桩长(mm)	450
篷体布厚(mm)	≥0.8	拉绳(mm)	c6

2. 防汛帐篷物理力学性能指标(表 3-8-2)

表 3-8-2 帐篷篷布物理力学性能指标

材料名称	厚度(mm)	断裂强力(N)/50 mm		静水压 kPa	单位面积质量(g/m^2)	阻燃性能			
		径向	纬向			损伤长度(mm)	续燃时间(s)	阻燃时间(s)	熔融脱落物
维纶有机氟防水帆布	≥1.1	≥2 200	≥2 000	≥60	500±50	150	15	15	不得引起脱脂棉燃烧或阴燃

3. 骨架及金属配件理化性能要求(表 3-8-3)

表 3-8-3 骨架及金属配件理化性能

部件名称	项目	指标
喷塑钢管	膜层附着力 (级)	不低于 3
	膜层耐腐蚀	96 h 膜层不起泡、不脱落、无锈斑
金属配件	镀锌层 (μm)	不低于 15
	镀锌层耐腐蚀	48 h 主要表面无锈斑
	喷塑膜总厚度 (μm)	不低于 35
	喷塑膜耐腐蚀	72 h 主要表面无锈斑

三、使用方法及注意事项

(一) 架设

1. 选择地势较为平坦的地方,清理帐篷预定架设地面的杂物。

2. 打开所有包装件,清点核对零部件数量。

3. 将分为两节的中柱连接在一起,将柱顶管插入顶洞眼内,然后由一至二人将篷体用中柱支起,其余人员在四周把篷体拉住,并把围墙柱插入围柱洞内,把拉绳套在围墙柱顶管上,再用地桩把绳固定于地面上。地桩位置应使拉绳与地面成 45～60°为宜,四角拉绳对准篷顶脊线。帐篷支起后,如地桩位置不合适,应进行调整,拉绳松紧以帐篷平展为宜,风大地区可适当拉紧些。

4. 在培土布上压土,并修出简易排水沟。

(二)撤收

1. 撤收方法、步骤与架设呈反程序进行。

2. 按照包装袋底部尺寸将篷体叠好,按顺序将篷体及附件放进包装袋内,适当整形后,包好包装袋。

(三)注意事项

1. 架设和撤收时,严禁在地面上拖拉篷体。

2. 不要使帐篷接触腐蚀性及油污物品。

3. 使用过程中要注意保护篷体的洁净和部件的齐全。

4. 重新包装时要注意不要折断、弄弯天窗框。

5. 启用、包装时均应清点零部件数。

四、维护保养

1. 帐篷应存放于通风、干燥、阴凉库房,底部铺设垫板,防止受潮腐烂。

2. 用后重新包装时要清扫干净、晒干篷体(自然阴干最好,尽量减少暴晒),不宜用洗涤用品或用刷子等硬物进行清洗,以免影响防水效果。

(以上技术参数资料由烟台裕兴包装有限公司提供)

第二节 防汛油锯

一、简介

防汛抢险油锯应为以汽油为动力的手提锯,主要用于防汛抢险过程中清理抢险区域杂草、灌木以及为抢险提供适合尺寸桩木的工具,见图 3-8-2。

图 3-8-2 防风抢险油锯

二、性能技术参数(表 3-8-4)

表 3-8-4 油锯型式与基本参数表

排量(cm³)	手把型式及代号	主机净质量(kg)	主机比质量(kg/kW)	发动机最大功率(kW)	锯切效率(cm³/s)	最低燃油消耗率[g/(kW/h)]	缸径行程(cm)	燃油箱容积(L)	机油箱容积(L)
41～80	短把(D)	<6	≤3.4	>1.8	≥45	544	45.2×15	0.55	0.26

三、使用方法及注意事项

1. 防汛油锯使用前须认真阅读油锯使用说明书，了解油锯使用特点、技术性能和注意事项。

2. 使用前将燃油箱、机油箱的油料加足，调整好锯链的松紧度，不可过松也不可过紧。

3. 发动机启动后，操作者右手握住后锯把，左手握住前锯把，机器与地面构成的角度不能超过 60°，但角度也不宜太小，否则不易操作。

4. 切割时应先锯断下面树枝，重的或大的树枝要分段切割，为避免损坏树枝或锯链被夹住，在锯粗树枝时先在枝下侧锯一个卸负荷切口，即用锯链端部在树枝下面锯出一个弧形切口，以便树枝锯断时因自重往下掉落；若出现夹锯，应向锯的锯口中间加尖楔，然后慢慢抽出锯链。

5. 使用高枝油锯时，注意脚下防滑，保持稳定姿态，操作时严禁烟火，以免引发火灾。

6. 建议燃油的混合比为 50∶1 到 25∶1(必须用优质的风冷型二冲程机油进行混合)，锯链的润滑油内应加入 10%～30%的柴油(火油或轻油)进行混合后再使用，以保证合适的浓度。

7. 汽油只能使用 90 号以上无铅汽油，油锯链条必须使用优质润滑油，并保持润滑油不低于油位，以免减少链条和锯齿的磨损。

8. 油锯不能在密封或通风不好的室内使用，避免中毒。

四、防汛油锯的维护保养

1. 作业前添加燃油时，油箱口和盖必须在加油前清洁，以免泥沙等杂物进入油箱。混合油最好现配现用。

2. 作业前应检查锯链的润滑程度，锯链无润滑不工作，干燥的锯链投入使用会导致机件损坏。

3. 作业中发现锯链作业效率低，甚至锯不断树枝时，说明锯链磨钝，应停机检修，对切割齿进行锉磨。锉磨时可用三角锉，锉磨锯齿时只能用力向前推，不可回锉。

4. 作业后要把机器外部擦拭干净，对锯链加注润滑油，同时要注意防晒、防潮工作。

5. 闲置不用时，应对发动机进行全面保养，放尽发动机的燃油，拆卸锯链和导板并清洁后存放在通风干燥处妥善保管。

第四部分

设备安全操作规程
防汛储备仓储作业

第一章
叉车安全技术操作规程

1.1 平衡重式叉车司机应经过训练考试合格，并持有特种设备作业人员证。操作过程中要确保不害己不害人不被别人伤害，要遵守《车辆运输安全技术规程》有关规定。

1.2 上班前穿好防护服，工作时戴上安全帽，系好安全带，为了安全，避免穿宽松的衣服，以免被挂住而导致不可预料的危险。

1.3 开车前要认真检查各部件是否安全、完好。液压管路有无漏油、断裂、门架升降是否灵敏，刹车、灯光、转向是否可靠，车辆装置是否灵敏可靠，轮胎气压、轮胎螺丝有无断裂等，禁止侥幸作业。

1.4 启动后运转 3～5 min，确认正常方可载荷。起步前观察四周，先鸣笛后起步。

1.5 作业前须根据货物包装规格调整叉臂长度、宽度，确认叉臂平衡固定。

1.6 作业前须确认车辆停靠稳定、车轮有三角垫、货物包装正常稳定，方可进行装卸作业。

1.7 叉车作业时禁止其他人员站在货叉周围以免货物倒塌伤人，货叉升高后，货叉下严禁站人和进行维修作业，车上不准站人升降、行驶。杜绝用叉车门架载运货物，不得用单一叉臂橇载货物。

1.8 叉取、堆放危险品和易碎品时，应有专门的安全措施，现场有安全员进行监护。

1.9 载物重量不能超出载荷和载荷中心距特性的规定，不允许装载重量和重心不清楚的物件。

1.10 货叉升起时，不要驾驶叉车，否则有可能造成不稳定的状况并可能造成叉车的倾翻。

1.11 超长物无安全措施不予铲运。

1.12 严禁超额定负荷工作，不得出厂行驶。

1.13 严禁叉车牵引其他车辆。

1.14 严禁用货叉去推货物或其他车辆或者开、关其他货车的门等。

1.15 严禁叉载超高货物，装载货物影响视线时，应倒车运行或专人指挥引导。

1.16 严禁无托盘搬运货物，应使用尺寸和强度均合适的托盘来承载货物，确保货物固定在托盘上，并且有合适的形状。

1.17 不准用制动惯性溜放圆形或易滚物品。

1.18 不准用货叉挑翻货盘的方法卸货。不准用单货叉作业，或用叉尖挑物。

1.19 叉车不得接近火源，不能进入易燃、易爆区，不准装运危险品。

1.20 在风力很大的情况下，尽量避免门架作高起升动作，以免货物坠落，对驾驶员造成意外伤害。

1.21 开车行驶时要注意观察道路，有障碍物不可胡乱越过，防止戳胎坏件，行驶速度按厂内规定时速行驶，空车行驶不准超 10 km/h；叉载货物行驶速度不超 5 km/h。电动叉车低速行驶不宜超过 10 s，全速满载连续行驶时间不应超过 1 h，否则，应有一定的间歇时间。

1.22 叉车行驶时应选择在坚实、平整、水平和铺设好的路面上（包括运行和起升），行驶时载荷质心应大约位于车辆的纵向中心平面内，运行时在可能的情况下，应将门架或货叉后倾，并应使载荷处在较低的运行位置。空载时货叉距离地面50～150 mm，载货行驶时货件离地高度不得大于500 mm，起升门架须后倾到限。

1.23 司机作业时不得接听手机、饮食、吸烟、与他人闲谈或做其他有碍行车安全的活动。作业时间不得擅自离开岗位。

1.24 在出入库门、通道及交叉口时，需遵守“一停、二看、三通过”原则，在作业区门口放置安全提示牌，并减速慢行，鸣笛警示。

1.25 在进出仓库门和集装箱箱门及其他狭窄地带作业时，应注意车轮不要碾压物品垫木（货盘），避免叉头碰挂周边设施及人员。叉载货物进入电梯要注意观察，不得撞击电梯，不得在地面和电梯内调整货物位置。

1.26 在坡道上行驶，上坡坡度不得超过3%，下坡坡度不得超过8%。在小坡上叉取、堆放货物时，不应使叉车顺坡投入或侧向倾斜作业。载货时，上坡时正向行驶，下坡时逆向行驶。杜绝在坡道临时停放叉车。任何情况下都不允许在斜坡上转向。

1.27 在有噪声的环境使用叉车时，驾驶员必须加倍注意周围安全。

1.28 在平台或码头跳板上操作时，叉车有倾翻的危险，应采用垫块或其他防护措施以防止倾翻。

1.29 叉取、堆放货物时，门架应处于垂直状态，并使重量均衡地落在左右货叉上。对于堆码不整齐、头重脚轻货物不得使用叉车。

1.30 在门架处于最大倾斜位置叉取货物时，后退要缓慢。升降机向前倾斜时，禁止提升货物，升降机尚未完全向后倾斜的不准开车，提升货物时必须刹车后进行。向高处叉取或堆放货物要注意不要与天花板相碰，严禁急转弯、急刹车或快速起步。

1.31 叉车作业时应符合以下正常气候条件：连续运行条件下的平均环境温度不超过25℃，短期内（不大于1 h）的最高环境温度不超过40℃，正常室内条件下使用车辆时的最低环境温度为5℃，室外为－20℃。

1.32 车辆应配备钥匙，以防止非操作者启动。除非由操作者主动操纵控制装置，车辆应避免从其锁定位置移动。对于座驾式车辆，停车制动器应能在操作者处于正常操作位置时用手或脚操作，或操作者离开正常操作位置时自动地实现制动。

1.33 只装有非自动停车制动器的车辆，应警示操作者在离开车辆前启用停车制动器。自动停车制动器的控制系统出现故障时，应能向操作者发出警示。

1.34 禁止徒手卸货，货物有掉落的危险。

1.35 叉物悬空时，禁止驾驶员离车。因特殊情况必须离车时，必须拉下电闸，取下电锁钥匙。

1.36 叉车中途停止发动机怠速运转时，应使门架后倾。当发动机熄火停车时，应将起重滑架落下，使货叉水平置于地。

1.37 叉车应装备有喇叭、倒车蜂鸣器以及燃油箱油量过低、发动机冷却液温度过高等警示装置。

1.38 叉车应具有充分视野，在视野受限或者照明条件差时不得操作。

1.39 叉车应设有防止货叉架和运行的门架升到最高位置时意外地从门架上端脱出的限位装置，以及防止货叉意外侧向滑移或脱落的装置。

1.40 工作结束后，离开叉车前应将门架稍前倾，货叉自然放下，否则有绊倒和伤害身体的危险，方向手柄应放在空挡位置，拉上停车制动手柄，关闭钥匙开关并取下钥匙。不能停放在坡度大于5%的路段上。不能停放在紧急通道、出入口、消防设施旁。

1.41 叉车的运输与贮存应具备以下条件：

1.41.1 所有随机附件和工具应有防锈或其他防护措施。

1.41.2 对叉车所有外露的未喷漆且未经表面处理零部件的表面应涂防锈油。

1.41.3 必须加铅封的液压元件,其铅封须经检查人员批准后方可进行。

1.41.4 对所有润滑部分应注入足够的润滑油脂。

1.41.5 叉车上所有有相对运动的零部件应采取相应的固定措施。

1.41.6 在运输过程中应采用适当的方式使叉车固定。

1.42 叉车日常维护保养和检查:

1.42.1 使用单位每个月至少对叉车进行一次日常维护保养和自行检查,每年对在用叉车进行一次全面检查,以保证叉车能够正常使用;日常维护保养和自行检查、全面检查应当按照有关安全技术规范和产品使用维护保养说明的要求进行,如发现异常情况,应当及时处理,并且记录,记录存入安全技术档案;日常维护保养、自行检查和全面检查记录至少保存5年。

1.42.2 叉车在每日投入使用前,单位应当按照使用维护保养说明的要求进行试运行检查,并且记录;在使用过程中,使用单位应当加强对车的巡检,并且记录。

1.42.3 若叉车出现故障或发生异常情况,使用单位应当立即停止使用,并对其进行全面检查,消除事故隐患,并且记录,存入安全技术档案。

1.42.4 叉车日常维护保养应由叉车作业人员实施,全面检查由使用单位的安全管理人员负责组织实施,或者委托其他专业机构实施,但要签订相应合同,明确责任。

1.43 车辆使用维护注意事项:

1.43.1 检修车辆时,应将变速杆置于空挡,采取制动、掩轮以及支顶起重滑架等防护措施,避免将脚放在货叉下面,不要被货叉绊倒。

1.43.2 维修保养前应先使车辆冷却,以防止意外烫伤。

1.43.3 车辆的电器元件严禁接触金属物件,蓄电池的顶面不得放置金属物品。

1.43.4 电气系统的元件如电线、过流保护装置的规格不得任意更改或代替。

1.43.5 蓄电池组的接头、连接线等,不得与导线的裸露部分接触,也不得将蓄电池组的导线与车体接触。

1.43.6 维护蓄电池时,严格按照保养手册和使用说明要求进行维护保养,维护保养时要戴护目镜、橡胶手套和橡胶靴。

1.43.7 蓄电池的充电处要有良好的通风,且严禁烟火,充电时打开电池舱并检查电解液液位,不足时应及时补充。

1.43.8 修车时,应将电源切断,换向操纵杆置于空挡,使手(脚)制动器处于制动状态。

1.43.9 在给轮胎充气时,应首先检查紧固轮胎的螺栓(帽)。

1.43.10 叉车上的废液应按当地政府的规定回收,不得随意排放。

1.43.11 严格按照设备使用维护保养说明书进行点检、保养、维修,定期更换液压油、刹车油、机油。每周、新车使用前用机油润滑门架滑道、升降链条一次。

1.43.12 如遇到意外翻车,应该做到:紧握方向盘或紧抓护顶架的上梁,脚蹬直;身体靠在叉车倾斜方向的反面;注意防止损伤头部或胸部,叉车翻车时千万不能跳车。

1.44 交接班应遵守以下规定:

1.44.1 交班人员应为接班人员提供方便,白班应为夜班创造条件,交班前应切实做好机械的例保工作,完整填写机械运行记录和维护、保养纪录。

1.44.2 接班人员应提前15 min到达作业岗位,做好接班准备。

1.44.3 交接双方应做好“五交”“三查”,即交生产任务、施工条件及质量要求;交机械运行及保养情况;交随机工具及油料、配件消耗情况;交事故隐患及故障处理情况;交安全措施及注意事项。查机械运行及保养情况;查机械运行记录准确完善;查随机工具齐全;发现问题,应查明原因,协商处理,重大问题应向有关部门报告。

1.44.4 设备发生故障，应由当班人员处理完毕；若处理时间过长，在取得有关上级部门同意后，可向接班人转交，转交时应将事故的全部经过、处理情况和意见交待清楚。

1.44.5 交接班双方应填写接班记录，并共同签字。

叉车月度检查记录表见表 4-1-1。

表 4-1-1 叉车月度检查记录表

设备编号： 叉车吨位： ____年____月____日

直观检查				
序号	检查项目	检查内容	检查结果	备注
1	液压油、燃油、水渗漏检查	检查液压管的接头、发动机、水箱以及驱动系统是否漏油或漏水	正常□不正常□	工作前发现燃油泄漏不要开动车辆，排除泄漏后方可启动发动机
2	轮胎气压检查	前轮气压 830 kPa	正常□不正常□	
		后轮气压 790 kPa	正常□不正常□	
		检查轮胎接地面或侧面有无破损，轮毂是否变形	正常□不正常□	
3	护顶架检查	确保护顶架牢固安装并且所有结构都牢固	正常□不正常□	
4	挡货架检查	检查挡货架安装螺栓是否松动	正常□不正常□	
5	货叉和货叉定位销	检查货叉定位销安装情况，货叉有无变形或开裂	正常□不正常□	
6	组合灯检查	检查前大灯、停车灯、倒车灯等有无损坏或弄脏	正常□不正常□	
7	蓄电池电解液检查	电解液处在蓄电池盒上下液位之间	正常□不正常□	不允许将明火靠近蓄电池加液孔附近
8	冷却液位检查	检查冷却液液位应处于上下刻度线之间	正常□不正常□	打开水箱压力盖时突然的压力释放会产生蒸汽流，造成人员伤害
9	制动液位检查，液压油油位、发动机油位检查	油位应在两格之间	正常□不正常□	检查时发动机应熄火，货叉落地，叉车停在水平地面上
10	管路和油缸	检查液压管路和油缸，倾斜油缸是否漏油	正常□不正常□	停在水平地面上
11	动力换挡变速箱油位	确保油位表在刻度上	正常□不正常□	
12	仪表	计时表、水温表和燃油表情况	正常□不正常□	
13	燃油量检查	能够满足一天的工作	正常□不正常□	
试车检查				
序号	检查项目	检查内容	检查结果	备注
14	换挡手柄、多路阀操作手柄检查	检查操作手柄（起升、倾斜和属具）是否松动以及操作是否轻松	正常□不正常□	
15	停车制动操作检查	确认拉上停车制动操作手柄后，停车制动安全可靠	正常□不正常□	

续　表

试车检查				
序号	检查项目	检查内容	检查结果	备注
16	转向信号检查	操作转向手柄来确认转向信号灯正常工作	正常□不正常□	
17	离合踏板检查	机械传动叉车,检查踏板动作是否平稳;液力离合装置叉车,启动发动机后,按下离合踏板检查	正常□不正常□	
18	制动踏板空行程	踩下制动踏板和微动踏板(仅限于液力传动叉车),确认每个踏板动作是否平稳且同样能不受干扰而复位	正常□不正常□	
19	门架操作	按动喇叭,操作起升和倾斜手柄,确认货叉架起升、下降正常,门架倾斜平稳	正常□不正常□	注意系统运行的声音
20	制动检查	慢速行驶车辆并踩下制动踏板检查制动效果,制动踏板踩下后,刹车灯亮	正常□不正常□	
21	转向检查	车辆慢速行驶时,转动方向盘,观察左右转向力是否一致,是否有其他不正常现象存在	正常□不正常□	
22	停车制动检查	确认拉上停车制动手柄后,慢速行驶的车辆能被制动停住	正常□不正常□	
年检要求:每年年检一次				
结论及处理方式:				

检查人:

第二章
运输车安全技术操作规程

1. 人员

1.1　驾驶员应遵守《中华人民共和国道路交通安全法》、《中华人民共和国道路交通安全法实施条例》。

1.2　驾驶员应持有效驾驶证、行车证；不得驾驶与证件不相符合的车辆。严禁私自将车辆交给他人驾驶。

2. 启动

2.1　各类运输机械应有完整的机械产品合格证以及相关的技术资料。

2.2　各类运输机械应外观整洁，牌号必须清晰完整。

2.3　启动前应重点检查以下项目，并应符合下列要求：

2.3.1　车辆的各总成、零件、附件应按规定装配齐全，不得有脱焊、裂缝等缺陷。螺栓、铆钉连接紧固，不得松动、缺损。

2.3.2　各润滑装置齐全，过滤清洁有效。

2.3.3　离合器结合平稳、工作可靠、操作灵活，踏板行程符合有关规定。

2.3.4　制动系统各部件连接可靠，管路畅通。

2.3.5　灯光、喇叭、指示仪表等应齐全完整。

2.3.6　轮胎气压应符合要求。

2.3.7　燃油、润滑油、冷却水等应添加充足。

2.3.8　燃油箱应加锁。

2.3.9　无漏水、漏油、漏气、漏电现象。

2.4　带有液压助力转向装置的汽车，在液压油泵缺油的情况下，严禁起动发动机。

2.5　严禁在陡坡、冰雪、泥泞的滑道，交通情况复杂的路段，采用拖、推、滑行等方法启动发动机。

2.6　冬季严禁用火烘烤燃油管路、燃油箱，汽油发动机应用热水、蒸汽预热。柴油机除采用上述方法外，还可烘烤机油盘。使用气动刹车装置的车辆应排除储气筒及管路的油水。

2.7　有预热装置的汽车，在启动时应利用预热塞。电源接通时间为 0.5～2 min，当预热指示器呈现桃红色时停止。如温度较低，可连续预热 2～3 次后启动。

2.8　启动时应拉紧手制动器，变速杆应放在空挡位置，有动力输出的车辆应将取力器操作杆（或操作开关）置于空挡或脱离位置，自卸汽车的车箱举升开关应处于停止位置。

2.9 每次启动时间最长不得超过 10 s。连续启动,间隔时间不得小于 20 s,连续启动不得超过三次。

2.10 启动后应保持怠速运转 3～5 s,然后将转速提高到 1 000～1 500 r/min,使水温及机油温度逐渐上升到 50～60℃。发动机温度未上升前不得进入高速运转,也不可在低温时进行长时间的怠速运转。

2.11 发动机启动后,按例行保养规定进行启动后的检视工作。待温度上升后,经低、中、高速运转,检查发动机应无异响,各仪表、警告信号或蜂鸣器的工作情况应正常,应无漏油、漏水、漏气、漏电、特殊气味。保修后第一次启动发动机,还应检查液力转向助力器的液压油油位。

2.12 运输机械启动后,应观察各仪表指示值,检查内燃机运转情况及转向机构及制动器等性能,确认正常并待水温达到 40℃以上、制动气压达到安全压力以上时,方可低挡起步。起步前车旁及车下应无障碍物及人员。

3. 行驶

3.1 水温未达到 70℃时,不得高速行驶。行驶中,变速时应逐级增减档位,正确使用离合器,不得强推硬拉,使齿轮撞击发响。前进和后退交替时,应待车停稳后,方可换挡。

3.2 车辆在行驶中,应随时观察仪表的指示情况,当发现机油压力低于规定值,水温过高或有异响、异味等情况时,应立即停车检查,排除故障后,方可继续运行。

3.3 行驶中不得将脚踩在离合器踏板上,并避免使用紧急制动,行驶中应注意避让尖石、铁钉、棱角物、凹坑、碎玻璃等物并及时剔除嵌入轮胎间的石块。

3.4 行驶时引擎应无杂声,电气部分应无异味散发。

3.5 严禁超速行驶。应根据车速与前车保持适当的安全距离,在公路上行驶时,应不小于 30 m;高速公路上行驶,车速超过 100 km/h 时,应当与同车道前车保持 100 m 以上的距离,车速低于100 km/h 时,与同车道前车距离可以适当缩短,但最小距离不得少于 50 m;遇气候不良、雾、雨、雪或道路不明时,还应适当延长。进入施工现场应沿规定的路线,选择较好路面行进,并应避让石块、铁钉或其他尖锐铁器。遇有凹坑、明沟或穿越铁路时,应提前减速,缓慢通过。

3.6 倒车应观察四周地形及道路,显示倒车信号,注意车辆转向,防止碰撞,时速不得超过 5 km/h,缓行倒退,应有专人指挥。

3.7 在泥泞、冰雪道路上行驶时,应降低车速,宜沿前车辙迹前进,并采取防滑措施,必要时应加装防滑链。

3.8 车辆涉水过河时,应先探明水深、流速和水底情况,水深不得超过排水管或曲轴皮带盘,并应低速直线行驶,不得在中途停车或换挡。涉水后,应缓行一段路程,轻踏制动器使浸水的制动蹄片上的水分蒸发掉。

3.9 过桥时应减低速度,不宜在桥上变速、刹车或停车,对洪水后或不熟悉的桥梁应事先下车观察清楚,方可通过。

3.10 车辆上、下坡应提前换入低速挡,不得中途换挡。下坡时,应以内燃机阻力控制车速,必要时,可间歇轻踏制动器。严禁空挡滑行。严禁熄火滑行。

3.11 雾天行驶应开启小光灯和防雾灯,按能见度掌握车速,能见度在 30 m 内,则时速不应超过 15 km,并多鸣短号,严禁超车,能见度在 5 m 以内,应停止行驶。

3.12 在冰雪路段行车,应安装防滑链条减速行驶。

3.13 通过无信号灯,无交警指挥及视线不清的交叉路口或转弯时,时速不得超过 30 km。

3.14 严禁在坡道、急弯、桥梁、隧洞或公路与铁路交叉处、路口和设有严禁调头标志路段上进行调头。载客车辆严禁在上坡道上向下倒车。

3.15 装载大型设备通过桥梁时应沿桥中心轴线匀速、缓慢行驶，不得在桥上换挡、停车，严禁其他车辆及行人通行。

3.16 装载大型设备通过多孔连拱桥时，为减少连拱受力对拱圈的不利影响，应配备两台载重车与运输车辆保持适当距离同时过桥。

3.17 发生交通事故应立即停车，保护现场，为了急救受伤者而应移动现场时，应设置警示标志，立即报警。

4. 作业

4.1 装载物品应与车厢捆绑稳固牢靠，并注意控制整车重心高度，轮式机具和圆形物件装运应采取防止滚动的措施。

4.2 车辆不得超载运行，不得带病作业。发动机未熄火前，不得加添油料。

4.3 严禁车厢载人。

4.4 运输超限物件时，应事先勘察路线，了解空中、地上、地下障碍，以及道路、桥梁等通过能力，制定运输方案，并必须向交通管理部门办理通行手续。在规定时间内按规定路线行驶。超限部分白天应插警示旗，夜间应挂警示灯。行进时应配备开道车（或护卫车），装卸人员及电工携带工具随行，保证运行安全。

4.5 拖带故障车时，被拖带车的方向、制动应有效。拖带故障车宜采用硬连接牵引装置。

4.6 挖掘机装料时，汽车就位后应停稳刹住，驾驶室内应无搭乘人员停留，必要时司机也应离开；在坑洼地区卸料时，汽车后轮与坑边应保持适当的安全距离。

4.7 自卸汽车卸料时应注意上方空间应无架空线，卸料后车厢应及时复位并用锁定装置锁定，后挡板在卸料完毕后应立即拴牢。

4.8 运输危险化学品时应遵守《危险化学品安全管理条例》第四章的有关规定。

4.9 运载易燃、有毒、强腐蚀等危险品时，应由相应的专用车辆按各自的安全规定运输。在由普通载重车运输时，其包装、容器、装载、遮盖必须符合有关的安全规定，并应备有性能良好、有效期内的消防器材。途中停放应避开火源、火种、人口稠密区、建筑群等，炎热季节应选择阴凉处停放。除具有专业知识的随车人员外，不得搭乘其他人员。严禁混装备用燃油。

4.10 爆破器材的运输，应遵守《中华人民共和国民用爆炸物品管理条例》。并应符合《爆破安全规程》关于爆破器材装卸运输的要求。起爆器材与炸药以及不同炸药严禁同车运输。车箱底部应铺软垫层。有专业押运人员，按指定路线行驶。不准在人口稠密处、交叉路口和桥上（下）停留。并用帆布覆盖和设明显标志。

4.11 装运氧气瓶时，车厢板的油污应清除干净，严禁混装油料、盛油容器或乙炔气瓶。氧气瓶上防震胶圈必须齐全。并采取措施防止滚动及相互撞击。

4.12 拖挂车时，应检查与挂车相连的制动气管、电气线路、牵引装置、灯光信号等，挂车的车轮制动器和制动灯、转向灯应配备齐全，并应与牵引车的制动器和灯光信号同时起作用。确认后方可运行。起步应缓慢并减速行驶，宜避免紧急制动。

5. 停车

5.1 车辆停放时，应将内燃机熄火，拉紧手制动器，关锁车门。驾驶员在离开前应熄火并锁住车门。

5.2 在坡道上停放时，下坡停放应挂上倒挡，上坡停放应挂上一挡，并应使用三角木楔等塞紧轮胎。

5.3 平头型驾驶室需前倾时，应清除驾驶室内物件，关紧车门，方可前倾并锁定。复位后，应确认驾驶室已锁定,方可启动。

5.4 气温在0℃以下时,如过夜停放,应将水箱内的水放尽。

5.5 车辆静止时,严禁强力扭转方向盘。

6. 维护

6.1 在车底进行保养、检修时,应将内燃机熄火,拉紧手制动器并将车轮揳牢。

6.2 车辆经修理后需要试车时,应由专业人员驾驶,当需在道路上试车时,必须事先报经公安、公路有关部门的批准。

6.3 车辆上应按规定配备灭火器,设置在明显、方便摘取的位置。

6.4 油料着火时应用灭火器、砂土、湿麻袋等物扑救。电线着火时,应立即关闭启动开关、拆除一根蓄电池电线以切断电源。

第三章
起重机安全技术操作规程

1. 使用

1.1　安全操作一般要求

1.1.1　司机接班时，应对制动器、吊钩、钢丝绳和安全装置进行检查。发现性能不正常时，应在操作前排除。

1.1.2　开车前，必须鸣铃或报警。操作中接近人时，亦应给以断续铃声或报警。

1.1.3　操作应按指挥信号进行。对紧急停车信号，不论何人发出，都应立即执行。

1.1.4　当起重机上或其周围确认无人时，才可以闭合主电源。如电源断路装置上加锁或有标牌时，应由有关人员除掉后才可闭合主电源。

1.1.5　闭合主电源前，应使所有的控制器手柄至于零位。

1.1.6　工作中突然断电时，应将所有的控制器手柄扳回零位；在重新工作前，应检查起重机动作是否都正常。

1.1.7　在轨道上露天作业的起重机，当工作结束时，应将起重机锚定住，当风力大于 6 级时，一般应停止工作，并将起重机锚定住。对于门座起重机等在沿海工作的起重机，当风力大于 7 级时，应停止工作，并将起重机锚定住。

1.1.8　司机进行维护保养时，应切断主电源并挂上标牌或加锁。如有未消除的故障，应通知接班司机。

1.2　安全技术要求

1.2.1　有下述情况之一时，司机不应进行操作：

1.2.1.1　超载或物体重量不清。如吊拔起重量或拉力不清的埋置物体，及斜拉斜吊等。

1.2.1.2　结构或零部件有影响安全工作的缺陷或损伤。如制动器、安全装置失灵，吊钩螺母防松装置损坏，钢丝绳损伤达到报废标准等。

1.2.1.3　捆绑、吊挂不牢或不平衡而可能滑动、重物棱角处与钢丝绳之间未加衬垫等。

1.2.1.4　被吊物体上有人或浮置物。

1.2.1.5　工作场地昏暗，无法看清场地、被吊物情况和指挥信号等。

1.2.2　司机操作时，应遵守下述要求：

1.2.2.1　不得利用极限位置限制器停车。

1.2.2.2　不得在有载荷的情况下调整起升、变幅机构的制动器。

1.2.2.3　吊运时，不得从人的上空通过，吊臂下不得有人。

1.2.2.4　起重机工作时不得进行检查和维修。

1.2.2.5 所吊重物接近或达到额定起重能力时，吊运前应检查制动器，并用小高度、短行程试吊后，再平稳地吊运。

1.2.2.6 无下降极限位置限制器的起重机，吊钩在最低工作位置时，卷筒上的钢丝绳必须保持有设计规定的安全圈数。

1.2.2.7 起重机工作时，臂架、吊具、辅具、钢丝绳、缆风绳及重物等，与输电线的最小距离不应小于表4-3-1 的规定。

表 4-3-1 与输电线的最小距离

输电线路电压(kV)	<1	1～15	20～40	60～110	220	330
最小距离(m)	1.5	3	4	5	6	7

1.2.2.8 流动式起重机工作前应按说明书的要求平整停机场地，牢固可靠地打好支腿。

1.2.2.9 对无反接制动性能的起重机，除特殊紧急情况外，不得利用打反车进行制动。

1.2.3 用两台或多台起重机吊运同一重物时，钢丝绳应保持垂直；各台起重机的升降、运行应保持同步；各台起重机所承受的载荷均不得超过各自的额定起重能力。

如达不到上述要求，应降低额定起重能力至 80%；也可由技术人员根据实际情况降低额定起重能力使用。吊运时，技术人员应在场指导。

1.2.4 有主、副两套起升机构的起重机，主、副钩不应同时开动。对于设计允许同时使用的专用起重机除外。

1.2.5 起动前应进行以下检查和准备：

1.2.5.1 行走轨道、回转盘及各种传动机械、开式齿轮啮合面上应无障碍物。

1.2.5.2 取掉台车行走轮的防爬器和松开大车固定的夹轨器。

1.2.5.3 各主要结构连接螺栓应无松动。

1.2.5.4 寒冷季节应清扫扶梯和平台上的霜雪。

1.2.5.5 按润滑周期表的规定对各部位进行润滑。

1.2.5.6 检查起重及变幅钢丝绳端头的紧固情况，发现扭曲、挤压变形、磨损和断丝时，应立即停止运行，并报告机电设备和安全管理部门。

1.2.5.7 各接触器应完好，各位置限位开关齐全，动作灵敏可靠。

1.2.5.8 电缆无破裂漏电现象，各导线绝缘表层无明显损坏。

1.2.5.9 电源电压应符合规定。其变动范围不得超出规定。

1.2.5.10 合闸前各操作手柄位置于零位。

1.2.5.11 吊钩防脱装置完好有效。

1.2.6 启动后应进行以下检查(空载)：

1.2.6.1 各传动机构齿轮啮合正常，无异常声响。

1.2.6.2 各仪表指针位置正确，接触器、限位开关及制动器动作灵活可靠。

1.2.6.3 各机构联合运转 5～7 min，确认各部分机构正常灵敏可靠后方可投入作业。

1.3 起重一般安全要求

1.3.1 指挥信号应明确，并符合规定。

1.3.2 吊挂时，吊挂绳之间的夹角宜小于 12°，以免吊挂绳受力过大。

1.3.3 绳、链所经过的棱角处应加衬垫。

1.3.4 指挥物体翻转时，应使其重心平稳变化，不应产生指挥意图之外的动作。

1.3.5 进入悬吊重物下方时，应先与司机联系并设置支承装置。

1.3.6 多人绑挂时,应由一人负责指挥。

1.3.7 门机严禁吊运人员。吊运易燃易爆等危险品时,应有专用装运装置。吊运重要物件时,应有专门的安全措施,现场有安全员进行监护。

1.3.8 起吊物件的重量不得超过额定起重量,严禁歪拉斜吊和起吊被埋在地下的不明物体或与地面冻结(含黏结)以及被其他重物卡压的物件。

1.3.9 操作人员应定期检查幅度指示器系统、力矩指示器系统、起升高度指示器系统等安全保护装置的灵敏度和可靠性,大车行程开关触及限位装置时能够做到及时断电保护。

1.3.10 门机在气温低于—20℃、6级以上大风、雷雨、大雾等恶劣天气时应停止作业。此时,吊钩应升至最高位置,臂杆升至最大幅度并转至顺风方向,锁定回转制动踏板,台车行走轮用防爬器卡紧;夹轨装置锁定。

1.3.11 机上严禁用明火取暖,用易燃油料或清洗剂、香蕉水等清洗设备零件时,严禁吸烟。废油及擦拭材料不得乱放乱泼,应回收入库妥善处理。

1.3.12 机房、配电室、变压器、操作室等主要部位应配置相应规格要求的灭火装置,并定期检查,及时更换过期剂料。电气设备失火时,应首先切断电源。

1.3.13 各电气安全保护装置应处于完好状态。高压开关柜前应铺设橡胶绝缘板。电气部分发生故障,应由专职电工进行检修。维修应使用安全电压照明。各种保险元件的额定容量不得超过规定值。不许任意加大,不得用其他金属丝(片)代替。

1.3.14 夜间作业、机上及作业区域应有足够的照明。臂杆及竖塔顶部应有红色警示信号灯。

1.3.15 起吊物件的重量不得超过设备规定工况的允许值。

1.3.16 起吊重物时,操纵控制器应逐挡提增速度,严禁越挡越级操作。

1.3.17 回转时,应操作平稳,匀速转动。

1.3.18 被吊物件需要进行逆向运行时,应先将控制器扳到零位,待机械完全停止,物件平稳后方可进行反向操作。

1.3.19 行走时应尽可能使臂杆平行于轨道方向。并由专人监视电缆的收放和大车的运行。发现问题应立即通知司机停车,起重机离轨道端头不得少于3 m。

1.3.20 吊钩下降到最低位置或臂杆下落到最大幅度位置时,起升和变幅卷筒上至少应留有3圈钢丝绳。钢丝绳在卷筒上缠绕应排列整齐。

1.3.21 运转中,应经常察听各传动部位声音是否正常,检查各部位轴承温度不得超过85℃,各电动机温度不得超过60℃,超过温度控制或发现其他问题应立即停机。

1.3.22 传动部位的调整和检修作业须在停机并切断相关电源后进行。

1.3.23 作业时遇突然停电或发生其他故障,应将控制器扳回零位,并切断控制电源。

1.3.24 起吊物件越过障碍物时,应先将物件起升超过障碍物最高点1.5 m,然后跨越。

1.3.25 两台同型号门机抬吊,应根据现场条件编制安全措施,并经机电及安全部门批准。其抬吊重量不得超过双机额定起重量的75%,单机所分担的负荷不得超过该机额定起重量的80%。吊运大件时宜用平衡梁吊挂,无平衡梁时,应随时保持钢丝绳的垂直。

1.3.26 两台门机不得在同一跨栈桥上作业。两机在同一轨道上作业时,相距不得小于9 m,并应注意回转方向,避免臂杆相碰。

2. 管理

2.1 对使用单位的要求

使用单位应根据所用起重机械的种类、复杂程度以及使用的具体情况,建立必要的规章制度。如:交接班制度、安全技术要求细则、操作规程细则、绑挂指挥规程、检修制度、培训制度、设备档案制度等。

2.1.1 购置

购置起重机时,应遵守下述要求:

2.1.1.1 必须在指定的,并有劳动部门发给合格证的专业制造厂选购。

2.1.1.2 起重机的安全、防护装置应齐全完善。并有产品合格证。

2.1.2 设备档案

使用单位必须对本单位的起重机械、重要的专用辅具建立设备档案。

设备档案内容应包括:

2.1.2.1 起重机出厂技术文件,如图纸、质量保证书、安装和使用说明书。

2.1.2.2 安装后的位置、起用时间。

2.1.2.3 日常使用、保养、维修、变更、检查和试验等记录。

2.1.2.4 设备、人身事故记录。

2.1.2.5 设备存在的问题和评价。

2.1.3 在起重机的明显位置应有清晰的金属标牌,标牌应有下述内容:

2.1.3.1 起重机名称、型号。

2.1.3.2 额定起重能力。

2.1.3.3 制造厂名、出厂日期。

2.1.3.4 其他所需的参数和内容。

2.1.4 起重机无论在停止或进行转动状态下,与周围建筑物或固定设备等均应保持一定的间隙。凡有可能通行的间隙不得小于 400 mm。

2.2 对司机的要求

2.2.1 司机

起重机的操作,只应由下述人员进行:

2.2.1.1 经考试合格的司机。

2.2.1.2 司机直接监督下的学习满半年以上的学徒工等受训人员。

2.2.1.3 为了执行任务需要进行操作的维修、检测人员。

2.2.1.4 经上级任命的劳动安全监察员。

2.2.2 司机应符合下述条件:

2.2.2.1 年满 18 周岁,身体健康。

2.2.2.2 视力(包括矫正视力)在 0.7 以上,无色盲。

2.2.2.3 身体健康,无心脏病、高血压、精神不正常等疾病,听力应满足具体工作条件要求,并具备高处作业的身体条件。

2.2.3 司机应熟悉下述知识:

2.2.3.1 所操纵的起重机各机构的构造和技术性能。

2.2.3.2 起重机操作规程及有关法令。

2.2.3.3 安全运行要求。

2.2.3.4 安全、防护装置的性能。

2.2.3.5 原动机和电气方面的基本知识。

2.2.3.6 指挥信号。

2.2.3.7 保养和基本的维修知识。

2.2.4 司机饮酒后和非本机司机均不得登机操作。

2.2.5 司机应做到“十不吊”。即在有下列情况之一发生时，操作人员应拒绝吊运：

2.2.5.1 捆绑不牢、不稳的货物。

2.2.5.2 吊运物品上有人。

2.2.5.3 起吊作业需要超过起重机的规定范围时。

2.2.5.4 斜拉重物。

2.2.5.5 物体重量不明或被埋压。

2.2.5.6 吊物下方有人时。

2.2.5.7 指挥信号不明或没有统一指挥时。

2.2.5.8 作业场所不安全，可能触及输电线路、建筑物或其他物体。

2.2.5.9 吊运易燃、易爆品没有安全措施时。

2.2.5.10 起吊重要大件或采用双机抬吊，没有安全措施，未经批准时。

2.2.6 司机在操作中遇下列情况应鸣铃：

2.2.6.1 起升、落下物件，开动大小车时。

2.2.6.2 起吊物件从视界不清处通过时，应连续鸣铃。

2.2.6.3 门机在同一层或另一层接近跨内另一台门机时。

2.2.6.4 吊运货物接近人时。

2.2.6.5 在其他紧急情况时。

2.2.7 门机司机和起重作业指挥人员应按国家颁发的《起重吊运指挥信号》要求作业。

2.2.8 司机应听从起重作业指挥人员的指挥，确认信号后方可操作，操作前应鸣号。发现紧急停车信号(包括非指挥人员发出的信号)应立即停车。司机应关注其他作业人员的位置和动作。有疑问或察觉存在不安全因素时，应及时鸣铃并通知地面作业人员。

2.2.9 司机作业时不得做与操作无关的事情，不得与他人闲谈。作业时间不得擅自离开岗位。

2.2.10 司机接班后首次起吊重物或吊运重要物件时，应先将重物吊离地面 30 cm 左右，确认制动可靠，并由起重作业人员检查被吊物件绑扎的牢固性和平稳性，接到起升信号后，再继续起吊。

2.3 停机应遵守以下安全规定：

2.3.1 将臂杆升至最大幅度位置，并转至顺风方向。空钩升至距臂杆顶端 5～6 m 处。

2.3.2 将起重机开至安全无干扰的地方。

2.3.3 将各控制操作手柄置于零位，并应切断电源。

2.3.4 按规定做好各部位的日常保养工作，清点工具，做好防火检查。

2.3.5 如停机时间长，应将夹轨装置投入或将大车行走轮用防爬器锁定。回轮机构脚踏制动器用重锤制动住。变幅机构开式齿轮中间用木楔塞住。检查无误后，关门上锁、断开外部电源。

3. 检验维修

3.1 检验

3.1.1 下述情况，应对起重机按有关标准的要求试验合格：

3.1.1.1 正常工作的起重机，每两年进行一次。

3.1.1.2 经过大修、新安装及改造过的起重机，在交付使用前。

3.1.1.3 闲置时间超过一年的起重机，在重新使用前。

3.1.1.4 经过暴风、大地震、重大事故后，可能使强度、刚度、构件的稳定性、机构的重要性能受到损害的起重机。

3.1.2　经常性检查应根据工作繁重、环境恶劣的程度确定检查周期,但不得少于每月一次。一般应包括:

3.1.2.1　起重机正常工作的技术性能。

3.1.2.2　所有的安全、防护装置。

3.1.2.3　线路、罐、容器阀、泵、液压或气动的其他部件的泄漏情况及工作性能。

3.1.2.4　吊钩、吊钩螺母及防松装置。

3.1.2.5　制动器性能及零件的磨损情况。

3.1.2.6　钢丝绳磨损和尾端的固定情况。

3.1.2.7　链条的磨损、变形、伸长情况。

3.1.2.8　捆绑、吊挂链和钢丝绳及辅具。

3.1.3　定期检查应根据工作繁重、环境恶劣的程度确定检查周期,但不得少于每年一次,一般应包括:

3.1.3.1　在3.1.2项中经常性检查的内容。

3.1.3.2　金属结构的变形、裂纹、腐蚀及焊缝、铆钉、螺栓等连接情况。

3.1.3.3　主要零部件的磨损、裂纹、变形等情况。

3.1.3.4　指标装置的可靠性和精度。

3.1.3.5　动力系统和控制器等。

3.1.4　门机的日常保养应按以下程序和要求进行:

3.1.4.1　检查各减速箱的油量和油质,按规定对各润滑部位加添润滑油。润滑油脂应保持清洁,型号符合要求。

3.1.4.2　检查各传动机械基础部位和各结构部位的连接螺栓,如发现松动应按照规定力矩及时紧固。

3.1.4.3　检查各制动器的间隙及效能。

3.1.4.4　检查并保持各限位开关等安全保护装置的灵活性与可靠性。

3.1.4.5　检查钢丝绳,其断丝根数、磨损量或其他损坏是否达到或超过报废标准,如达到应立即更换。检查卷筒钢丝绳应无窜槽或叠压现象,固定压板牢固可靠。

3.1.4.6　检查竖塔顶部滑轮、臂杆顶部滑轮和吊钩滑轮的运转情况,如有卡阻、颤动响声或磨损达到报废标准时应立即检修或更换;检查吊钩磨损程度和防脱钩装置的可靠性。

3.1.4.7　电气设备如发现异常情况,应由专业电工及时进行检修。

3.1.4.8　检查行走轨道基础,接地装置应保持良好。

3.1.4.9　做好全机的清洁工作,保持整洁。

3.1.4.10　设备大修后投入使用,应按磨合期的有关规定进行保养。

3.2　维修

3.2.1　维修更换的零部件应与原零部件的性能和材料相同。

3.2.2　结构件需焊修时,所用的材料、焊条等应符合原结构件的要求,焊接质量应符合要求。

3.2.3　起重机处于工作状态时,不应进行保养、维修及人工润滑。

3.2.4　维修时,应符合下述要求:

3.2.4.1　将起重机移至不影响其他起重机的位置,对因条件限制,不能达到以上要求时,应有可靠的保护措施,或设置监护人员。

3.2.4.2　将所有的控制器手柄置于零位。

3.2.4.3　切断主电源,加锁或悬挂标志牌。标志牌应放在有关人员能看清的位置。

4. 交接班

4.1　交接班应在机上进行。

4.2　交班人员应为接班人员提供方便，白班应为夜班创造条件，交班前应切实做好机械的例保工作，完整填写机械运行记录和维护、保养纪录。

4.3　接班人员应提前 15 min 到达作业岗位，做好接班准备。

4.4　交接双方应做好“五交”、“三查”，即交生产任务，施工条件及质量要求；交机械运行及保养情况；交随机工具及油料、配件消耗情况；交事故隐患及故障处理情况；交安全措施及注意事项。查机械运行及保养情况；查机械运行记录准确完善；查随机工具齐全；发现问题，应查明原因，协商处理，重大问题应向有关部门报告。

4.5　设备发生故障，应由当班人员处理完毕；若处理时间过长，在取得有关上级部门同意后，可向接班人转交，转交时应将事故的全部经过、处理情况和意见交待清楚。

4.6　交接班双方应填写接班记录，并共同签字。

行车月度检查记录表见表 4-3-2。

表 4-3-2　行车月度检查记录表

年　　月　　日

设备编号：		使用库房：	桁车吨位：
序号	检查部位及内容	异常现象	处理方式
1	遥控器等控制按钮	正常□　不正常□	
2	断火限位开关	正常□　不正常□	
3	紧急停止开关	正常□　不正常□	
4	全面电器(滑柱线，控制电缆)	正常□　不正常□	
5	吊钩上的保险及螺丝	正常□　不正常□	
6	吊钩旋转是否正常	正常□　不正常□	
7	钢丝绳是否有折断小丝或磨损、腐蚀	有□　无□	
8	钢丝绳在卷筒上是否有乱挠现象	有□　无□	
9	开动后各方向是否有异常现象	有□　无□	
10	润滑天车减速机(是　否)	试运行大车制动是否可靠(是　否)	润滑卷筒组的内齿盘和轴承箱(是　否)
11	润滑吊轮滑轮齿(是　否)	试运行小车制动是否可靠(是　否)	电机等各节点和螺栓是否可靠(是　否)
12	润滑齿轮联轴器(是　否)	试运行卷扬运行是否可靠(是　否)	液压缸等所有动作点是否可靠(是　否)
13	导绳器是否正常(是　否)	各种接销是否可靠、有无位移现象、开口销是否完好(是　否)	
14	检查各种连接螺栓等紧固件是否可靠(含天车道轨连接板螺栓)(是　否)(尤其注意：电动小车的减速器及运行，电机连接螺栓)		
15	钢丝绳压板有无脱落(是　否)	检查吊钩吊具、滑轮、卷筒等是否完好(是　否)	
16	年检要求：每两年年检一次		
处理方式	检查人(签字)：__________		

第四章
装载机安全技术操作规程

1. 人员

1.1 司机应经过专业技术培训，经考试合格，持证后方可单独操作。

1.2 在操作设备时，应戴工作帽，将长发置于帽子里。

2. 启动

2.1 作业前重点检查项目应符合下列要求：

2.1.1 照明、音响装置齐全有效。

2.1.2 燃油、润滑油、液压油符合规定。

2.1.3 各连接件无松动。

2.1.4 液压及液力传动系统无泄漏现象。

2.1.5 转向、制动系统灵敏有效。

2.1.6 轮胎气压符合规定。

2.2 启动内燃机后，应怠速空运转，各仪表指示值应正常，各部管路密封良好，待水温达到 55℃、气压达到 0.45 MPa 后，可起步行驶。

2.3 发动机每次启动时间不得大于 10 s；一次启动未成功，应等 1 min 后可再次启动，若三次启动不成功，应检查原因，排除故障后方可再次启动。

3. 行驶

3.1 起步前，应先鸣笛示意，宜将铲斗提升离地 50 cm 左右为宜，行驶中不得无故升降或翻转铲斗，行驶速度应控制在 20 km/h 以内，行驶中驾驶室门外不得载人站人。

3.2 装载时应低速进行，不得用铲斗高速猛冲插入料堆的方式装料。铲挖时铲斗切入不宜过深，一般控制在 15～20 cm 为宜。

3.3 行驶过程中应测试制动器的可靠性。行走路线应避开路障或高压线等。除规定的操作人员外，不得搭乘其他人员，严禁铲斗载人。

3.4 高速行驶时应采用前两轮驱动；低速铲装时，应采用四轮驱动。行驶中，应避免突然转向。铲斗装载后升起行驶时，不得急转弯或紧急制动。

3.5 在公路上行驶时应遵守交通规则，下坡不得空挡滑行。

3.6 机械进入现场前，应查明行驶路线上的桥梁、涵洞的上部净空和下部承载能力，保证机械安全通过。承载力不够的桥梁，事先应采取加固措施。

3.7 机械通过桥梁时，应采用低速挡慢行，在桥面上不得转向或制动。

3.8 在斜坡路上停车，不应踩离合器，而应使用制动踏板。

3.9 应经常检查整机储气罐及压力表、安全阀等零部件运行情况。

4. 作业

4.1 作业前，应查明施工场地明、暗设置物(电线、地下电缆、管道、坑道等)的地点及走向，并采用明显记号表示。严禁在离电缆、煤气管道 1 m 距离以内进行大型机械作业。

4.2 装载机运距超过合理距离时，应与自卸汽车配合装运作业。自卸汽车的车箱容积应与铲斗容量相匹配。

4.3 装载机不得在倾斜度超过出厂规定的场地上作业。作业区内不得有障碍物及无关人员。

4.4 装载机作业场地和行驶道路应平坦。在石方施工场地作业时，应在轮胎上加装保护链条或用钢质链板直边轮胎。

4.5 装料时，应根据物料的密度确定装载量，铲斗应从正面铲料，不得铲斗单边受力。卸料时，举臂翻转铲斗应低速缓慢动作。

4.6 操纵手柄换向时，不应过急、过猛。满载操作时，铲臂不得快速下降。

4.7 在松散不平的场地作业时，应把铲臂放在浮动位置，使铲斗平稳地推进；当推进时阻力过大时，可稍稍提升铲臂。

4.8 铲臂向上或向下动作到最大限度时，应速将操纵杆回到空挡位置。

4.9 不得将铲斗提升到最高位置运输物料。运载物料时，宜保持铲臂下铰点离地面 0.5 m，并保持平稳行驶。

4.10 铲装或挖掘应避免铲斗偏载。铲斗装满后，应举臂到距地面约 0.5 m 时，再后退、转向、卸料，不得在收斗或举臂过程中行走。

4.11 当铲装阻力较大，出现轮胎打滑时，应立即停止铲装，排除过载后再铲装。

4.12 在向自卸汽车装料时，铲斗不得在汽车驾驶室上方越过。当汽车驾驶室顶无防护板，装料时，驾驶室内不得有人。

4.13 在向自卸汽车装料时，宜降低铲斗，减小卸落高度，不得偏载、超载和砸坏车箱。

4.14 在边坡、壕沟、凹坑卸料时，轮胎离边缘距离应大于 1.5 m，铲斗不宜过于伸出。在大于 3°的坡面上，不得前倾卸料。

4.15 在电杆附近取土时，对不能取消的拉线、地垄和杆身，应留出土台，土台大小可根据电杆结构、掩埋深度和土质情况由技术人员确定。

4.16 机械不得靠近架空输电线路作业，并应按照表 4-4-1 留出安全距离。

表 4-4-1 作业安全距离

作业距离 \ 电压(kV)	<1	1～15	20～40	60～110	220	330	500
垂直方向(m)	1.5	3.0	4.0	5.0	6.0	7.0	8.5
水平方向(m)	1.0	1.5	2.0	4.0	6.0	7.0	8.5

4.17 作业时,内燃机水温不得超过 90℃,变矩器油温不得超过 110℃,当超过上述规定时,应停机降温。

4.18 机械运行中,严禁接触转动部位和进行检修。在修理(焊、铆等)工作装置时,应使其降到最低位置,并应在悬空部位垫上垫木。

4.19 配合机械作业的清底、平地、修坡等人员,应在机械回转半径以外工作。当必须在回转半径以内工作时,应停止机械回转并制动好后,方可作业。当机械需回转工作时,机械操作人员应确认其回转半径内无人时,方可进行回转作业。

4.20 在行驶或作业中,除驾驶室外,土方机械任何地方均严禁乘坐或站立人员。

4.21 装载机不应在倾斜度较大或形成倒悬体的场地上作业,挖掘时,掌子面不应留伞檐,不得挖顽石;不应利用铲斗吊重物或载人,推料时不得转向。

4.22 挖掘基坑时,当坑底无地下水,坑深在 5 m 以内,且边坡坡度符合表 4-4-2 规定时,可不加支撑。

表 4-4-2 挖方深度在 5 米以内的基坑(槽)或管沟的边坡最陡坡度(不加支撑)

岩土类别	边坡坡度(高:宽)		
	坡顶无荷载	坡顶有静载	坡顶有动载
中密的砂土、杂素填土	1∶1.00	1∶1.25	1∶1.50
中密的碎石类土(充填物为砂土)	1∶0.75	1∶1.00	1∶1.25
可塑状的黏性土、密实的粉土	1∶0.67	1∶0.75	1∶1.00
中密的碎石类土(充填物为黏性土)	1∶0.50	1∶0.67	1∶0.75
硬塑状的黏性土	1∶0.33	1∶0.50	1∶0.67
软土(经井点降水)	1∶1.00		

4.23 机械作业不得破坏基坑支护系统。

4.24 在施工中遇下列情况之一时应立即停工,待符合作业安全条件时,方可继续施工:

4.24.1 填挖区土体不稳定,有坍塌可能。

4.24.2 地面涌水冒浆,出现陷车或因雨发生坡道打滑。

4.24.3 发生大雨、雷电、浓雾、水位暴涨及山洪暴发等情况。

4.24.4 施工标志及防护设施被损坏。

4.24.5 工作面净空不足以保证安全作业。

4.24.6 出现其他不能保证作业和运行安全的情况。

4.25 注意经常观察各仪表指示,出现异常应及时予以排除,在原因未找到、故障未排除前应停止作业。

5. 停车

5.1 作业后,装载机应停放在安全场地,铲斗平放在地面上,操纵杆置于中位,并制动锁定。

5.2 停车时,应使内燃机转速逐步降低,不得突然熄火;应防止液压油因惯性冲击而溢出油箱。

5.3 停机时应停放在平坦、坚实的地面上,不妨碍其他车辆通行,并将铲斗落地。

6. 维护

6.1 装载机转向架未锁闭时,严禁站在前后车架之间进行检修保养。

6.2 装载机铲臂升起后，在进行润滑或调整等作业之前，应装好安全销，或采取其他措施支住铲臂。

6.3 寒冷季节应全部放净未加防冻液的冷却水，在更换加有防冻液的冷却水时，应先清洗冷却系统，防冻液的配制应比当地最低气温低10℃。

6.4 检查燃油或加油时，严禁吸烟和用明火实施照明。

6.5 注意磨合期的工作负荷。磨合期的工作负荷一般不要超过额定工作负荷的60%，并要安排合适的工作量。

6.6 注意经常检查润滑油、液压油、冷却液、制动液以及燃油油（水）位和品质，并注意检查整机的密封性。检查中发现油水缺少过多，应分析原因。同时，应强化各润滑点的润滑，建议在磨合期内，每班都要对润滑点加注润滑油（特殊要求除外）。

6.7 磨合期结束，应对机器强制保养，做好检查和调整工作，同时注意油液的更换。

6.8 保持机器清洁，及时调整、紧固松动的零部件以防因松动而加剧零部件的磨损或导致零部件的丢失。

7. 交接

交接班时，交接双方应做好“五交”“三查”。即交生产任务、施工条件及质量要求；交机械运行及保养情况；交随机工具及油料、配件消耗情况；交事故隐患及故障处理情况；交安全措施及注意事项。查机械运行及保养情况；查机械运行记录准确完善；查随机工具齐全。发现问题，应查明原因，协商处理，重大问题应向有关部门报告。

第五章 升降平台安全技术操作规程

1. 操作前注意事项

1.1 检查标志和警告标贴是否完好、清晰。

1.2 检查液压油是否泄露以及油位是否适当，并根据需要进行加油。

1.3 检查深坑保护装置是否正常。当平台升起到距地面 1.2 m 以上时，深坑保护装置应该展开；若没展开深坑保护装置，则当平台升至 1.8 m 以上时，警报器发出鸣响，同时机器停止驱动。

1.4 检查主要受力构件及焊缝应无变形、腐蚀和裂纹等缺陷。

1.5 检查升降台在升降过程中自然偏摆量、支腿回缩装置、防止工作台失控下降的安全装置、锁定装置、上升极限位置限制器等符合要求。

1.6 测试平台控制器和地面控制器各项功能是否正常。

1.7 测试手动平台下降功能是否正常。

1.8 测试倾斜传感器功能是否正常。

1.9 测试转向、驱动和刹车功能是否正常。

1.10 检查以下设备及零部件是否损坏、松动或丢失：

1.10.1 电气部件、接线和电缆。

1.10.2 液压动力装置、油箱、软管、管接头、液压缸和集流箱。

1.10.3 蓄电池组及其接线。

1.10.4 驱动电机。

1.10.5 耐磨垫。

1.10.6 轮胎和车轮。

1.10.7 限位开关、钥匙开关、紧急停机按钮、警报器和喇叭。

1.10.8 螺母、螺栓和其他紧固件。

1.10.9 平台入口链和门、平台延伸部位、平台控制器。

1.10.10 刹车松开部件。

1.10.11 安全臂。

1.10.12 剪式臂销和紧固件。

1.10.13 底盘架、设备焊缝及其他连接件、紧固件、侧栏等结构件和关键件。

1.11 对工作场所进行检查，当心和避免下列危险情况的出现：

1.11.1 陡坡或洞穴。

1.11.2 突起物、地面障碍物或碎屑。

1.11.3 空中障碍物和高压电线。

1.11.4 危险位置。

1.11.5 不足以支持由机器所施加全部负载力的表面支撑物。

1.11.6 风和天气状况。

1.11.7 出现未经许可的人员。

1.11.8 其他可能出现的不安全情况。

2. 操作中注意事项

2.1 升降平台车使用应符合下列要求：

2.1.1 操作时设备应放置稳固，防止滑动，平台上有人不能移位。

2.1.2 使用处下方可能坠落范围半径(R)范围内不准堆放杂物。

2.1.3 登高操作人员应注意力集中，不准携带重物进行高处作业。

2.1.4 在平台上作业时不应穿光滑硬底鞋，登高人员物品不应超载，并有监护人。

2.1.5 在平台上作业，不准往下抛掷材料、工具和其他物品。

2.2 防电击

2.2.1 应考虑平台移动、电线摆动或下垂等因素，有闪电或暴风雨时不要操作机器。

2.2.2 如果机器接触到带电的电线时，请远离机器。地面或平台上的人员禁止触摸或操作机器直至电源切断。

2.2.3 严禁在焊接时将机器用作地线。

2.3 防倾翻

2.3.1 平台上的设备和人员不得超过平台(a段)最大提升重量或平台延伸部分(b段)最大提升重量。

2.3.2 只有在坚固、平坦的地面上才能升降平台，若提升平台时发出倾斜报警声，要十分小心地降下平台。

2.3.3 强风或阵风时不要操作机器，不要增加平台表面积或负载，加大暴露在风中的面积将降低机器的稳定性。

2.3.4 当平台升起时，机器不能在不平坦的地形中、不稳定的表面上或其他危险状况下行驶，或在这些地区附近行驶；在平台收起状态下行驶时，要极端小心并降低速度。不要推拉平台外的任何物体。

2.3.5 不要在移动的或活动的表面或车辆上使用机器。

2.3.6 不要改变或损坏限位开关，平台升起时，行驶速度不超过 0.7 km/h。

2.3.7 不要把机器当吊车使用，不得在机器的任何部件上放置系缚固定荷载或悬垂载荷。不要通过平台来推动机器或其他物体。不要将平台与附近的物体接触；不要把平台捆绑在附近的物体上；不要把负载置于平台的周边之外；底盘架打开时不要操作机器。

2.3.8 当平台被卡住，或由于附近有其他物体阻碍它正常运动时，不要使用平台控制器释放平台。在打算使用地面控制器释放平台之前，所有人员必须离开平台。

2.4 防坠落

2.4.1 平台上的人员应佩戴安全帽和安全带，并将系索系在平台的固定点上，以防坠落。

2.4.2 严禁坐、站、爬在平台的防护栏上，任何时候都应当稳定地站在平台的防护板上。

2.4.3 当平台提升时，严禁从平台上爬下来。

2.4.4 保持平台地板上无碎屑。

2.4.5 操作前应当固定好平台入口链，或关闭入口门；只有已正确安装防护栏，且已保护好入口处时，才可以操作机器。

2.5 防碰撞

2.5.1 开动或操作机器时，应注意视线范围是否有盲点存在。

2.5.2 移动机器时，应考虑平台延伸出来的位置。

2.5.3 松开刹车之前机器必须置于水平面上，或已牢固固定。

2.5.4 检查工作区，以免顶上出现障碍物或有其他可能危险；当抓住平台防护栏时，应当心有挤压危险。

2.5.5 当使用驱动和转向功能时，应观察和使用平台控制器和平台贴板上的色标方向箭头。

2.5.6 只有平台下方区域没有人员和障碍物时，才能降下平台。

2.5.7 平台行驶时，应根据地面状况、拥挤程度、坡度、人员位置和可能引起碰撞的任何其他因素，限制行进速度。

2.5.8 不要在吊车或高空机械运动的路线上操作机器，除非吊车控制器已被锁定并已采取了防范措施，能防止任何潜在碰撞事件的发生。

2.5.9 操作机器时，严禁危险驾驶或野蛮操作。

2.6 防碾压

保持手和臂在剪式臂之外，当在地面上使用控制器操作机器时，请保持正常判断力和具有计划性。在操作员、机器和固定物体之间保持安全距离。

2.7 防爆炸和起火

在危险位置处或可能存在易燃易爆气体或微粒的场所，不要操作机器。

2.8 防身体受伤

当液压油或空气泄露时请不要操作机器。液压油或空气泄露可能会穿透和烧伤皮肤。

2.9 防机器损坏

2.9.1 不要使用已经损坏或有故障的机器。

2.9.2 在每次换工之前应彻底进行操作前检查并测试所有功能。已损坏的机器应立即加上标志并停止操作。

2.9.3 确保已按操作规程中的规定进行了所有维护操作。

2.9.4 确保所有标贴位置适当且易于识别。

2.9.5 禁止将设备用于规定之外的其他任何用途。

3. 停机注意事项

3.1 选择一个安全的停放位置，可以是坚固的水平地面、没有障碍物和避开运输繁忙的地方。

3.2 降低平台。

3.3 将钥匙开关转到关的位置并拔掉钥匙，以避免未经许可操作机器。

3.4 锁定车轮。

3.5 给蓄电池充电。

4. 蓄电池保养安全

4.1 蓄电池含酸性物质，使用时应避免电池中的酸性物质溢出或与之接触。使用蓄电池时应穿上防护服并戴上防护眼镜。用苏打水中和溢出的蓄电池酸性物质。

4.2 禁止火花、火焰和点燃的香烟靠近蓄电池。蓄电池会释放易燃易爆炸气体。

4.3 在整个充电过程中,蓄电池托架应打开。

4.4 不要使用可能引起火花的工具接触蓄电池端子或电缆夹。

4.5 严禁使用大于 24 V 的任何蓄电池充电器给蓄电池充电。

4.6 只能将蓄电池充电器连接到已接地的交流三线电源插座上。

4.7 避免由于与蓄电池端子接触而遭受电击。摘掉所有的戒指、手表和其他饰物。

4.8 不要使用重量小于原装蓄电池的蓄电池,蓄电池是用于配重,并保持机器稳定性的关键部件。每个蓄电池重量必须达到 29.5 kg。

5. 安全装置及日常维护保养要求

5.1 本设备包含深坑保护装置、倾斜传感器、手动平台下降装置、制动装置、转向装置和电池配重等安全装置。

5.2 作业前应检查深坑保护装置是否正常。当平台升起到距地面 1.2 m 以上时,深坑保护装置应该展开;若没展开深坑保护装置,则当平台升至 1.8 m 以上时,警报器发出鸣响,同时机器停止驱动。

5.3 作业前应检查并测试倾斜传感器功能是否正常。

5.4 手动平台下降装备应每周进行一次试验,确保其功能灵敏可靠。

5.5 作业前应检查并测试转向、驱动和刹车功能是否正常。

5.6 该设备蓄电池被用于配重,不得用重量不符的其他蓄电池替代。

第六章 穿梭车操作规程

为提高仓储空间的利用率，高密度地存储货物，穿梭式系统孕育而生。穿梭式系统是由货架、穿梭台车(UPC)及叉车组成的高密度存储系统。未来，在机器手码放、堆垛机升降、子母穿梭车纵横运行的紧密配合下，能够促进仓储管理向无人化发展。

1. 选型。根据穿梭车的载重功能、盘点功能、行驶速度、电量储备等指标选择合适的车型。

2. 配套叉车。使用带侧移功能的叉车或者窄巷道三向堆垛叉车。

3. 取车。取车前，应检查叉车两货叉的宽度不应小于穿梭车外壳底部凸出部位。首先将叉车叉齿货叉上平面放平再进叉；然后背叉，使叉车叉齿货叉后倾；再将穿梭车上抬升起；最后收叉将穿梭车从穿梭式货架导轨中取出。取车时，若操作不当会发生叉齿损坏穿梭车的数显和外壳部位的情况，如没有背叉动作就直接收叉、升叉，会使穿梭车滑落。

4. 移车。就是从一个导轨端口移到另一个导轨端口。首先，收叉、叉车后退，从导轨端口移出穿梭车，必须先将穿梭车从高位降落到低位；然后慢速行驶到目标导轨端口。若不后退叉车，直接拐弯，穿梭车会刮蹭到货架，造成穿梭车脱落。如高位举升闪速移车，拐弯时易导致穿梭车脱落，严重损坏穿梭车。

5. 放车。把穿梭车托运至另一目标导轨端口后，一层看穿梭车上沿边能否镶嵌入导轨，两层以上看穿梭车下沿边能否镶嵌入导轨，若略有差距，用左右侧移叉调整，慢慢放入导轨端口，以减少震动。

6. 电池的取出和放入。从电池仓或充电柜取出电池时，一定要垂直向上提起取出电池。放入电池仓或充电柜时，必须垂直向下放入电池，使电池插头紧密结合。取出和放入电池时，禁止左右晃动。

第五部分

常见险情及防汛物资使用

江河堤防防汛抢险

江河堤防防汛抢险包括渗水抢险、脱坡抢险、管涌和流土抢险、漏洞抢险、跌窝抢险、裂缝抢险、冲塌抢险、漫溢和浪坎抢险、风浪抢险、决口抢险等。根据2015—2016年苏南已出险堤防险工段长度占比情况统计，苏南山丘区、平原区河道堤防险情按照发生概率依次为漫溢、滑坡、渗漏管涌和决口，其中以漫溢占比最大，山丘区、平原区均占比超过70%。苏南山丘区、平原区河道堤防险工段混合占比分别为8.69%、8.97%，较接近，说明水位达到一定高度后，无论是山丘区还是平原区，滑坡、决口、漫溢、渗漏管涌等不同类型险情出现机率差异不大，见表5-0-1。

表5-0-1　2015—2016年苏南已出险堤防险工段长度占比情况统计

工程级别	山丘区					平原区					备注
	综合	决口	漫溢	滑坡	渗漏管涌	综合	决口	漫溢	滑坡	渗漏管涌	
混合	8.69%	1.09%	76.13%	12.59%	10.19%	8.97%	0.20%	90.23%	5.32%	4.25%	
1	2.31%	0.00%	100.00%	0.00%	0.00%	5.37%	4.63%	13.89%	0.00%	81.48%	
2						1.60%	0.34%	86.02%	7.66%	5.98%	
3	3.63%	4.96%	53.50%	4.75%	36.79%	12.99%	0.05%	97.17%	0.12%	2.66%	
4	6.53%	1.65%	59.84%	20.94%	17.57%	9.60%	0.56%	91.54%	6.82%	1.08%	
5	15.98%	0.15%	88.31%	9.71%	1.83%	9.47%	0.07%	85.52%	8.49%	5.92%	

第一章
渗水抢险

一、渗水险情

水利工程在高水位运行或在汛期高水位下，洪水偎堤后，背水坡及坡脚附近出现土壤潮湿、发软、有水流渗出或有积水的现象，称为渗水险情，又称为背水坡散浸险情。散浸如果处理不及时，就可能发展为漏洞、滑坡等险情。险情轻微时应由专人观测，严重时应及时抢护，以防发展成管涌、漏洞、滑坡等险情，见图 5-1-1。

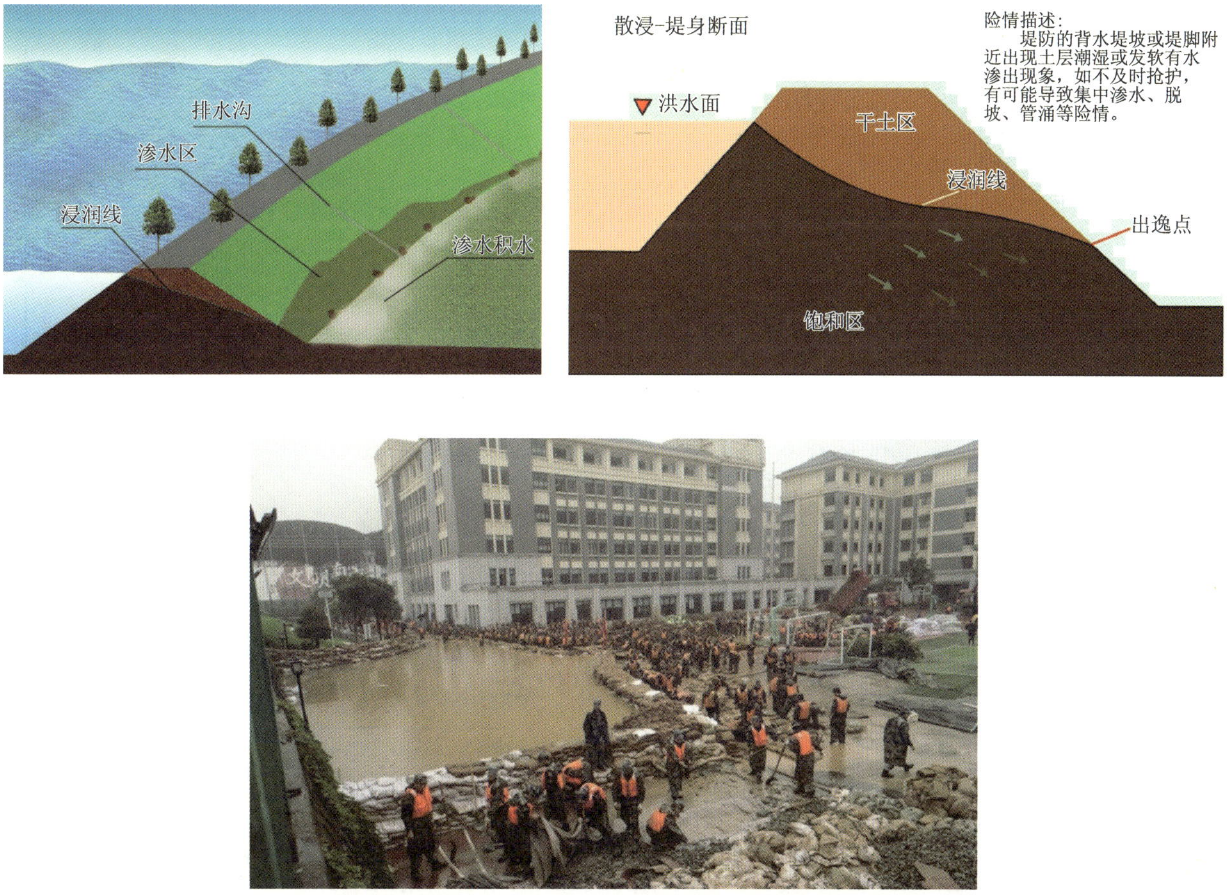

图 5-1-1　渗水险情

二、抢护要点

以“临水截渗，背水导渗，降低浸润线”为原则。

三、抢险物资

防汛麻袋、防汛石料、砂石、围井、土工织物、彩条布、自卸车、铁锹、防汛土料、黏性土袋等。

四、抢护措施

1. 开沟导渗

从浸润线顶点起至坡脚外止，开若干条与坡角线垂直的纵沟或成 45～60°的斜沟(“人”字沟或“Y”字沟)，纵沟和斜沟要连通，同时顺堤脚开一道排水沟与竖沟相连，使渗水集中沟内排出。一般沟宽 0.3～0.5 m，深不小于 0.3 m，沟距 6～10 m。沟内按反滤要求，分层铺填滤料，随挖随填，防止沟壁坍塌，不允许发生沟开好后等待滤料的现象，见图 5-1-2。

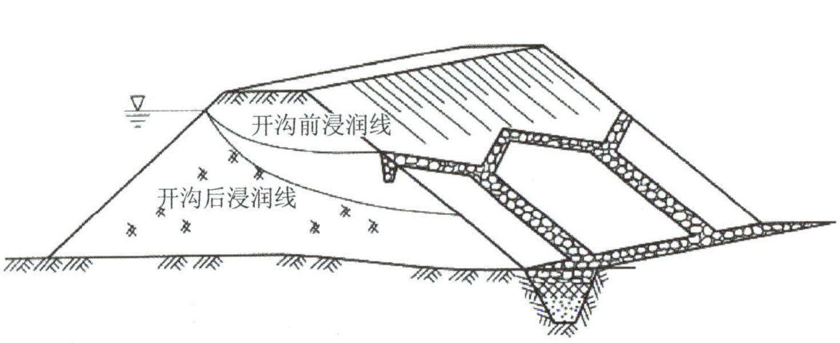

(a) 导渗沟示意图

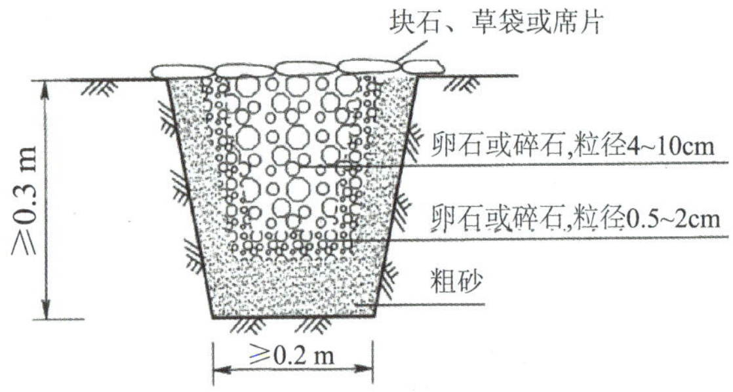

(b) 导渗沟横断面示意图

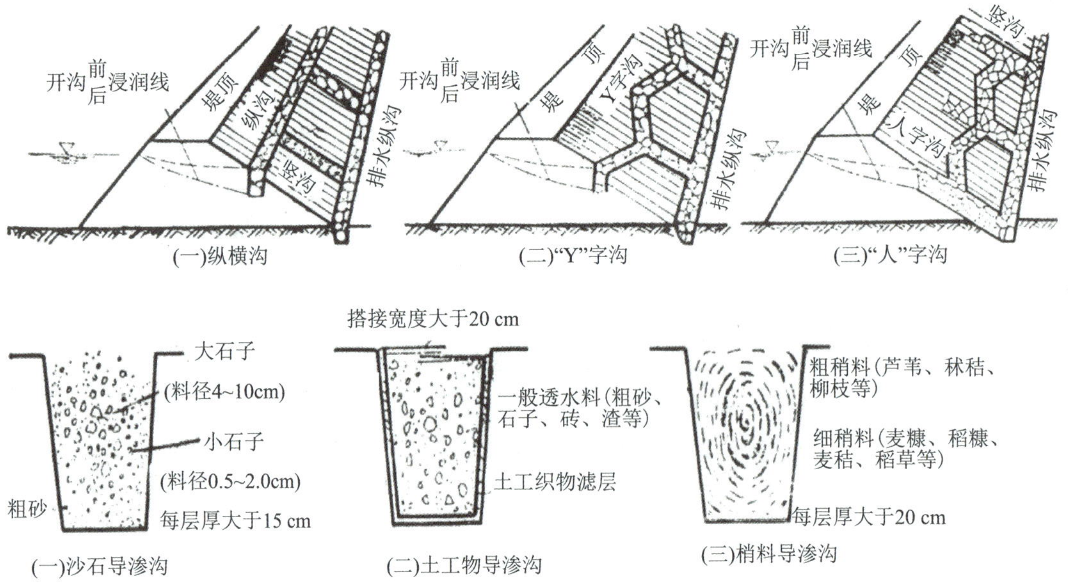

(c) 开挖反滤导渗沟

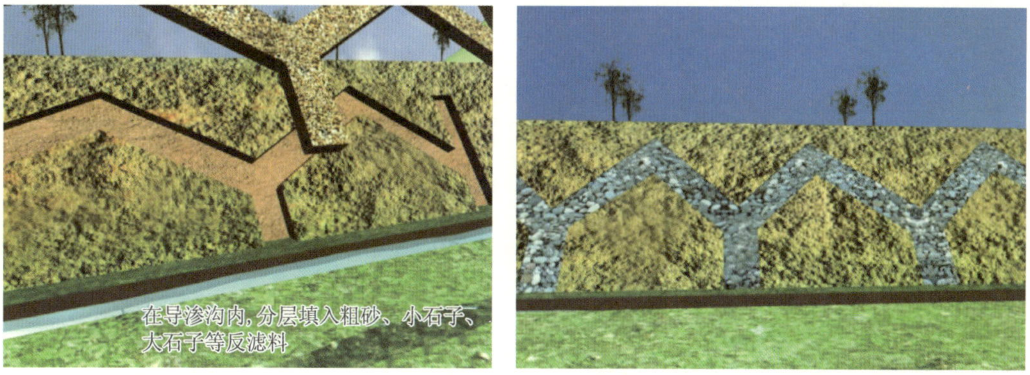

(d) 开挖反滤导渗沟

图 5-1-2　开沟导渗

2. 构筑反滤层

堤段反滤料丰富以及断面较小或土过于稀软不宜做导渗沟时,可采用反滤层法抢护,见图 5-1-3。

图 5-1-3　铺设反滤层

(1) 砂石反滤层方法:先将散浸部位表层厚约 30 cm 湿土清除→回填 15～20 cm 粗砂一层,上盖厚 10～15 cm 瓜米石一层→再盖厚 10～15 cm 碎石一层→最后盖上块石一层,让渗水从块石隙缝流入堤角下的滤水沟。

如果堤身需要培厚,应在块石上盖上一层草袋再在上面填土,见图 5-1-4。

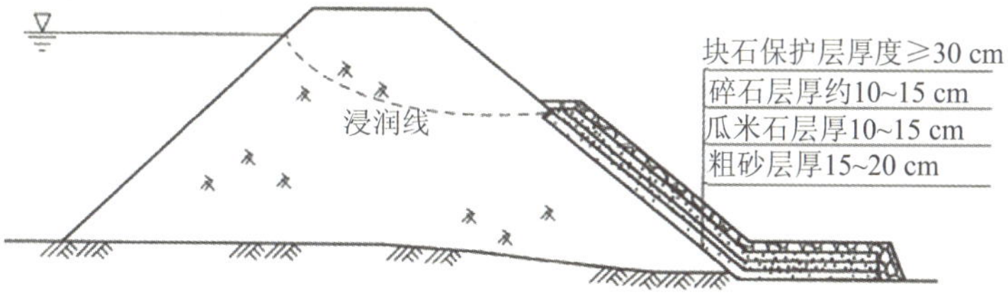

图 5-1-4　砂石反滤层示意图

(2) 梢料反滤层方法:先将散浸部位表层厚约 30 cm 湿土清除→铺设 10 cm 厚度细梢料一层→再铺30～40 cm 粗梢料一层→最后盖草袋一层或稻草,厚度不小于 10 cm→填土夯实。

所铺芦苇或稻草要露出堤脚外面,以便排出渗水,见图 5-1-5。

(3) 土工织物反滤层方法:先将散浸部位表层厚约 30 cm 湿土清除→铺设一层符合滤层要求的土工织

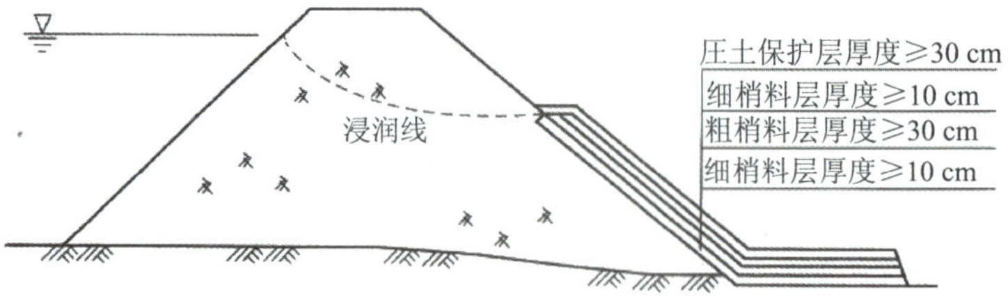

图 5-1-5 四层梢料反滤层示意图

物,搭接宽度不小于 20 cm→再铺一层一般透水材料,厚度 40~50 cm→最后压块石或土袋保护。

3. 透水压浸台(透水后戗)

抢筑时先将背水坡脚和堤面上的软泥、草皮、杂物清挖干净,清深约 10 cm→然后采用比堤身土透水性大的砂土填筑,分层夯实。砂土压浸台一般高出浸润线出逸点 0.5~1.0 m,顶宽 2~4 m,坡比 1∶3~1∶5,长度超出渗水两端各 5 m。采用透水性较大的粗砂、中砂做压浸台,断面可以小一些;采用渗水性较小的细砂、粉砂做压浸台,断面则大些,见图 5-1-6。

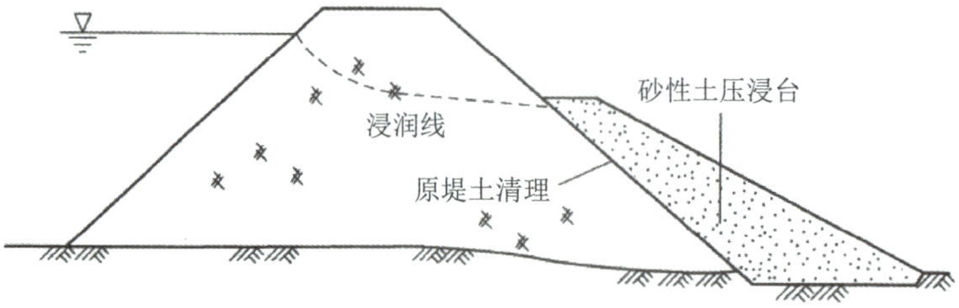

(a) 砂土压浸台示意图

(b) 透水后戗

(c) 透水后戗

图 5-1-6 透水压浸台

4. 邻水截渗(外邦)

适用于背水坡散浸严重,迎水坡水深不大,风浪较小,附近有黏土可取,可在迎水面做外帮的堤段;背水坡抢护有困难,必须在迎水坡抢护的堤段;有必要在迎背水两面同时进行抢护的堤段。

(1) 抛黏土截渗方法:先将迎水坡面杂物清除,使得抛填黏土能直接与堤坡土接触。抛填可以从堤肩向下抛,也可以用船只抛填。抛填时应集中力量沿迎水坡自上而下,由里向外,将黏土缓缓推下。填土时切勿用车将土向水中猛掀猛倒,以免沉积不实,失去截渗作用。截渗体尺寸一般顶宽 2~5 m,高出水面 1 m,超出渗水险段两侧至少 5 m,底部以能掩盖坡脚为宜,见图 5-1-7。

当水深较大或流速较大时,散土容易流失,可先在堤脚处抛填土袋构筑潜堰,然后在土袋潜堰与堤坝外坡之间倾倒散黏土分层填筑,直到所要求的高度,见图 5-1-8。

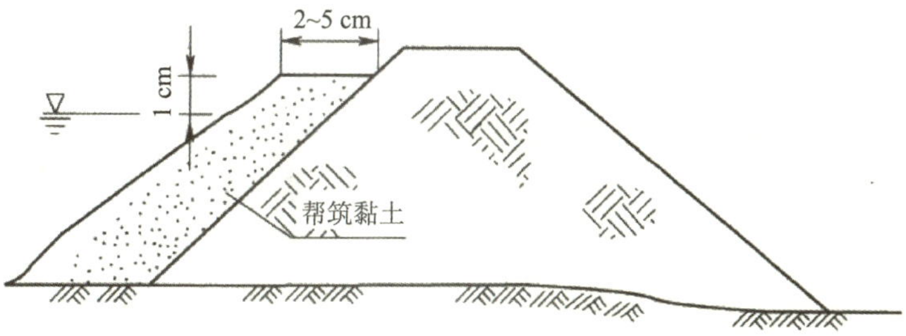

图 5-1-7 黏土截渗示意图

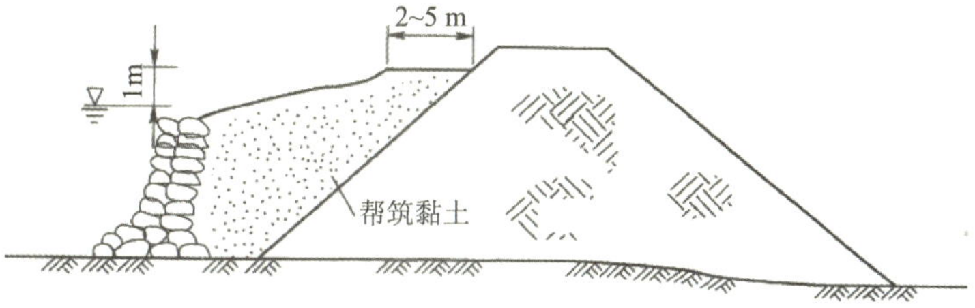

图 5-1-8 土袋前戗截渗示意图

(2) 复合土工膜截渗方法(迎水坡相对平整或无明显障碍时,采用此法):先将铺设范围内的树枝、杂物清理干净以免损坏土工膜→铺设从堤坡顶沿坡向下滚动展开,土工膜铺设的同时,用袋从土工膜下端压盖起,逐渐向上,要平铺压严,不留空隙,以免土工膜随水浮起。土工膜顺坡长度应大于堤坡长度 1 m,沿堤轴线铺设长度一般超过险段两端 5～10 m,搭接宽度不小于 50 cm,见图 5-1-9。

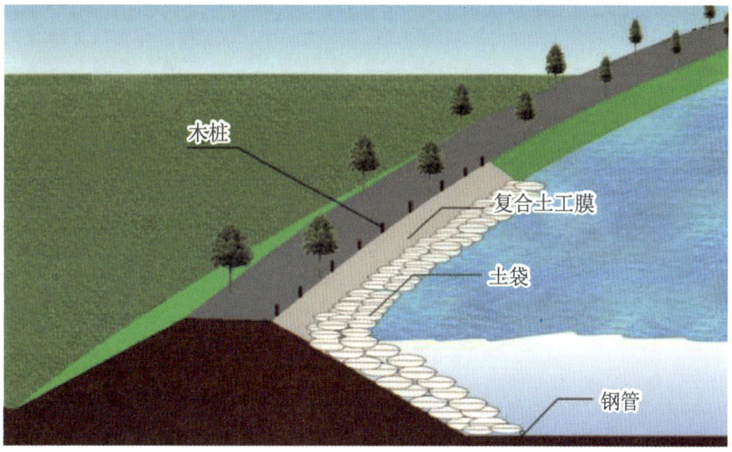

图 5-1-9 复合土工膜截渗示意图

第二章
脱坡抢险

一、脱坡险情

脱坡险情也叫堤防滑坡，是堤防抗洪中常见严重险情之一，是散浸或裂缝等险情的恶性发展。当堤防背水坡散浸严重又没有及时处理，则可能在散浸堤段的堤顶或内坡（背水坡），发生向堤脚下挫的弧形裂缝。随着土壤结构的破坏，堤坡就整块向下滑动，有时还会推动坡脚土层一起滑动，见图 5-2-1。

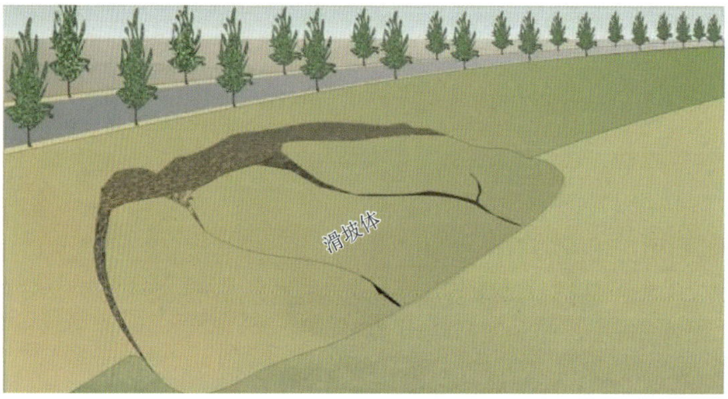

图 5-2-1　脱（滑）坡险情

二、抢护要点

固脚阻滑，削坡减载，见图 5-2-2。

图 5-2-2　脱（滑）坡险情汛后现场

三、抢险物资

防汛储物袋、彩条布、木桩、钢管、防汛块石、砂袋、砂料、土料、大型机械等。

四、抢护措施

1. 固脚阻滑：应及时在坡脚堆砌块石或砂袋，稳住堤坡。对地基不好或临近坑塘的地方，应先做填塘固基。如脱坡已形成，抢护时应在脱坡体上部削坡减载，下部做固脚阻滑，见图 5-2-3。

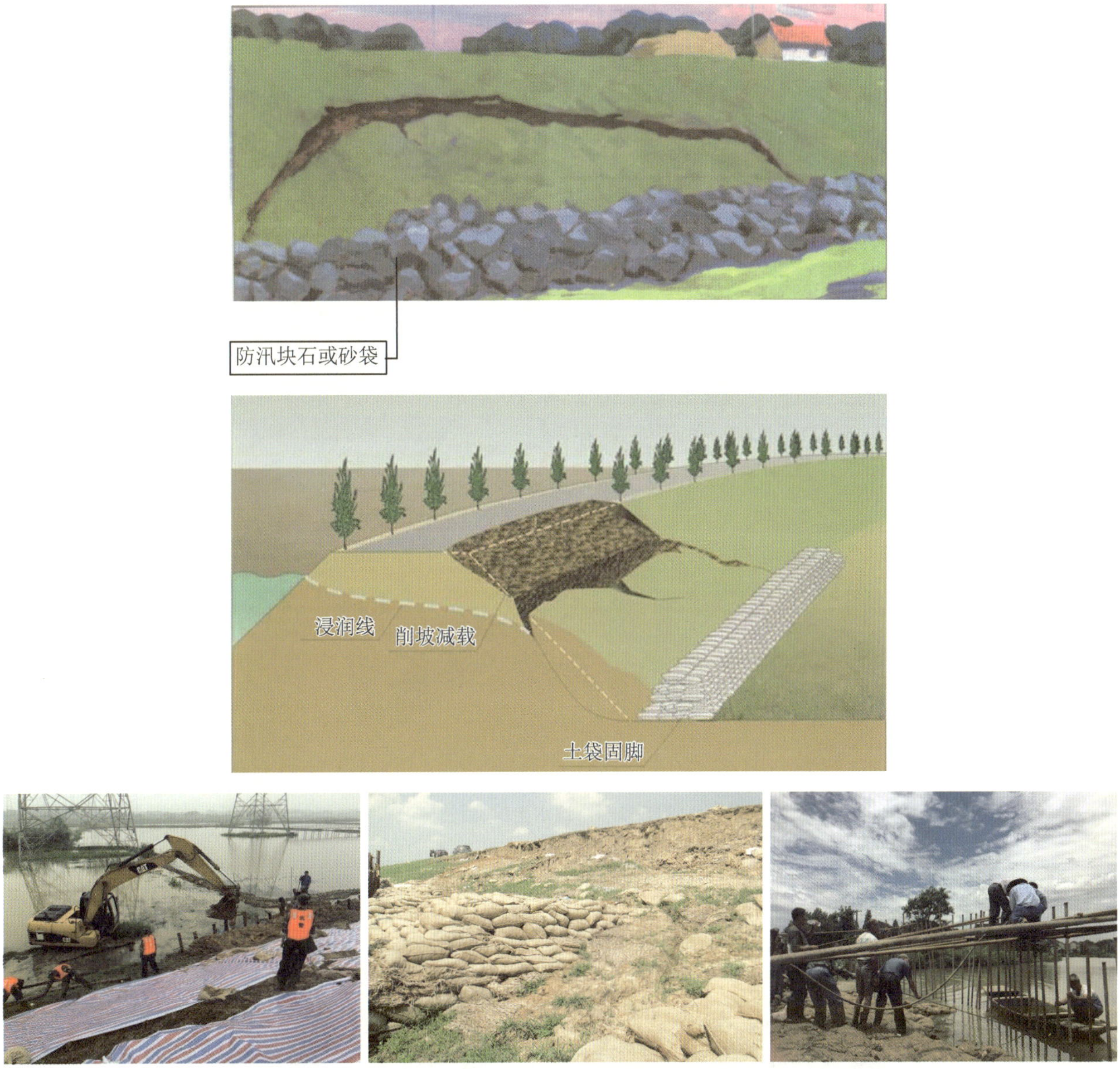

图 5-2-3　固脚阻滑

2. 滤水土撑和滤水后戗：当脱坡险情严重时，可采用滤水土撑或滤水后戗。先清理坡面，然后在脱坡部位顺坡挖沟，沟深最好挖至脱裂面，沟内按反滤要求铺设反滤料。开沟困难时，也可直接采用反滤层。在完成反滤沟或反滤体后，为防止继续脱坡，可用透水性大的砂料分层填筑夯实成透水土撑。土撑间距一般 8～10 m。如果堤坝断面单薄，背水坡陡，险情严重，可修筑滤水后戗，见图 5-2-4、图 5-2-5。

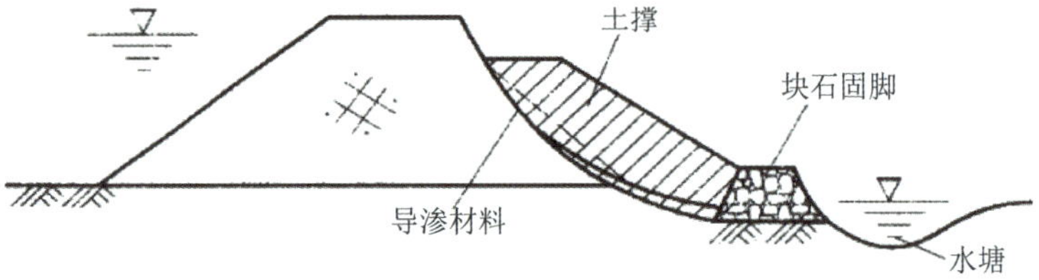

用滤水土撑治理滑坡示意图

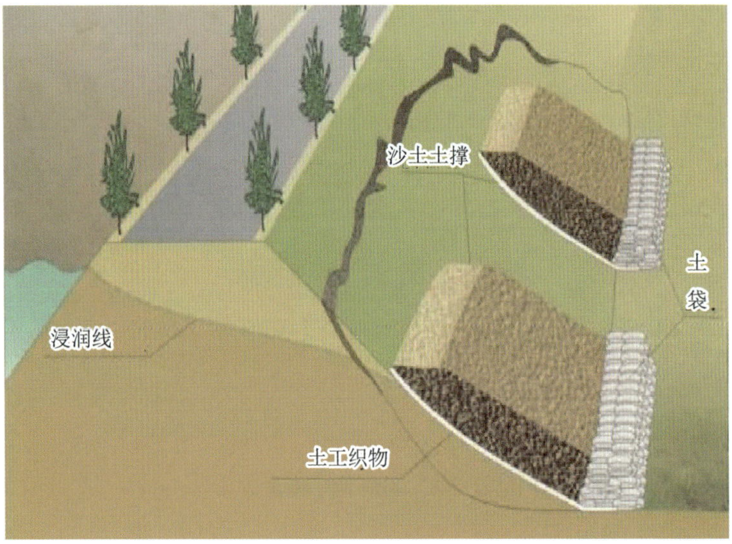

图 5-2-4　滤水土撑、后戗

图 5-2-5　铺盖阻水

3. 滤水还坡:根据脱坡情况将脱坡顶部陡坎削成缓坡,清除坡面松土杂物,做好导渗层。在坡脚堆放块石或砂袋固脚,然后直接回填中、粗砂还坡。也可采取临河筑戗以加大原堤防断面,见图 5-2-6。

图 5-2-6 滤水还坡

第三章
管涌和流土抢险

一、管涌和流土险情

在渗流作用下，无黏性土体中的细小颗粒通过粗大颗粒骨架的空隙发生移动或被带出，致使土层中形成孔道而产生集中涌水的现象，称管涌。或定义为：在高水位情况下，水流从基础的强透水层土壤中渗向背水方向，带走该土层中的粉砂、细砂，并在背水面弱透水层覆盖较薄的部位冒出，形成冒水带沙现象。管涌险情的最大特征是：冒水带沙。管涌俗称翻沙鼓水。一般发生在背水堤脚、附近洼地或坑塘里，地面上或坑塘中冒水、冒沙处形成沙环，有的地方出现单个或数个，甚至成管涌群。如果基础细沙层被淘空，就会导致堤身骤然下挫，甚至酿成决堤灾害。

在渗流作用下，黏性土或无黏性土体中某一范围内的颗粒同时随水流发生移动的现象，称流土。在实际防汛抢险中难以将管涌和流土严格区分，见图 5-3-1。

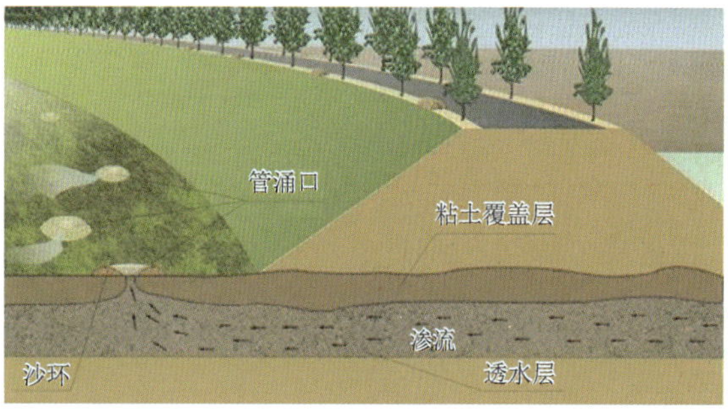

(1) 管涌险情

(2) 管涌险情

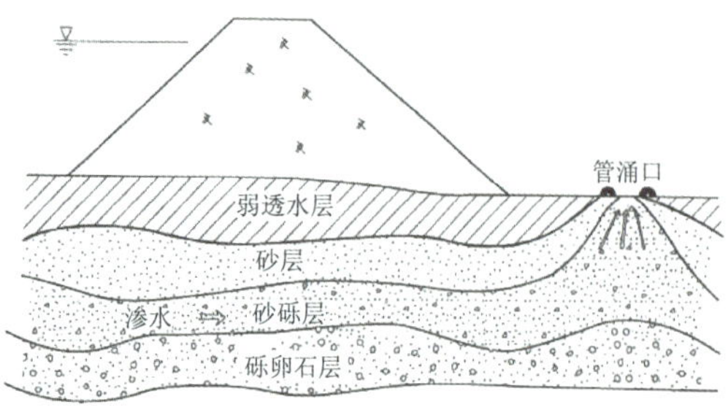

(3) 管涌险情示意图

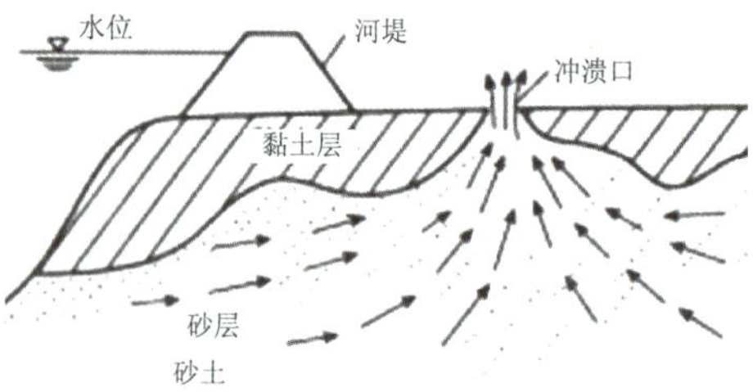

(4) 流土险情示意图

图 5-3-1　管涌险情

二、抢护要点

反滤导渗，蓄水反压。抢护管涌险情以“反滤导渗，控制涌水带沙，留出渗水出路，防止渗透破坏；对于小的仅出清水的管涌，可以加强观察，暂不处理；对于带沙的管涌，不论大小，均须迅速抢护”为原则。

三、抢险物资

防汛储物袋、木桩、滤垫、围井、土工布、沙石、土料、大型机械。

四、抢护方法

1．反滤压盖法

一般适用于管涌较多、面积较大、涌水带沙成片、涌水涌沙比较严重的堤段，可降低涌水流速，制止堤基泥沙流失，以稳定险情。做法是：先清理铺设范围内的软泥和杂物，对涌水带沙较严重的管涌出口，用块石或砖块抛填，消杀水势。同时，在已清理好的有大片管涌群的范围内，按反滤要求铺设反滤料物，做反滤层压盖。反滤料物用砂石、梢料和土工织物等，切忌使用不透水材料。根据所用反滤材料不同，反滤层覆盖可分为：砂石反滤压盖和土工织物反滤压盖。反滤料按照下层细上层粗、边上粗中间细的原则铺放，见图 5-3-2。

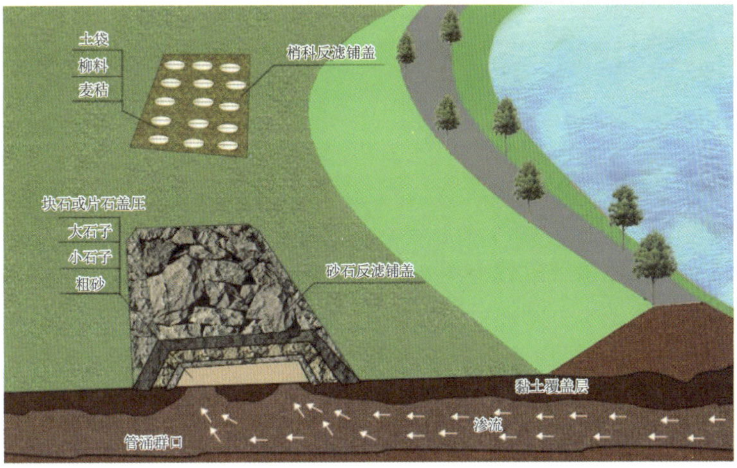

图 5-3-2　反滤铺盖

（1）砂石反滤压盖方法：在抢筑前，先清理铺设范围内的杂物和软泥，同时对其中涌水涌沙较严重的出口用块石或砖块抛填，消杀水势，然后在已清理好的管涌范围内，铺粗砂一层，厚约 20 cm，铺瓜米石和卵石（碎石）各一层，厚度均为 20 cm，最后压盖块石一层，予以保护，见图 5-3-3。

（2）土工织物反滤压盖方法：铺筑土工织物反滤压盖的要求与砂石反滤压盖基本相同，先平整管涌处地面，消除杂物，若渗流流速大先抛石，消杀水势后，铺一层土工织物，再铺一般透水材料 40～50 cm，或铺砂 5～10 cm，最后压片石或块石一层。在单个管涌口，可用反滤土工织物袋或草袋装卵石等粒料排水导渗，见图 5-3-4。

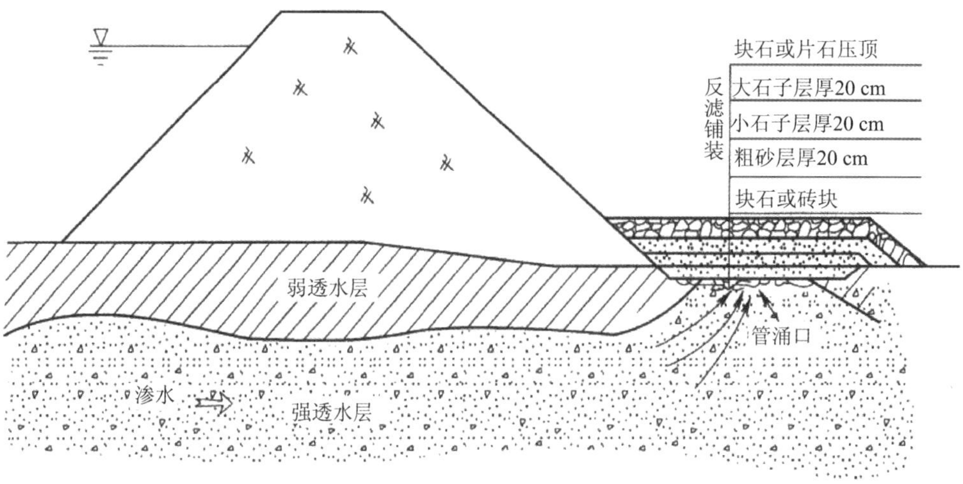

图 5-3-3　砂石反滤压盖示意图

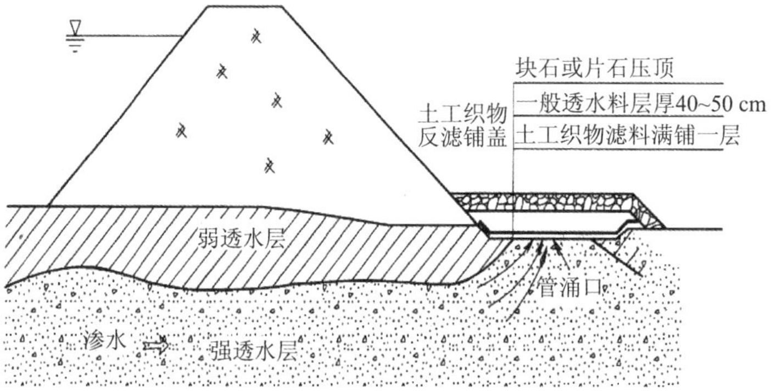

图 5-3-4　土工织物反滤压盖示意图

2. 反滤围井法

适用于背河地面或洼地坑塘出现数目不多和面积较小的管涌，以及数目虽多但未连成大面积可以分片处理的管涌群。对于水深较浅的水下管涌可用此法。

做法是：现将拟建围井范围内杂物清除干净，挖去软泥约 20 cm，周围用土袋排垒成围井，在预计蓄水高度上埋设排水管，蓄水高度以该处不再涌水带沙的原则确定。井内按要求铺设反滤料物，厚度按出水基本不带沙的原则确定。如涌水过大，填筑反滤料有困难时，可先用石块或砖块袋装填塞，待水势消杀后再填筑，如发现填料下沉，宜及时补充。背水面有集水坑、水井内出现翻沙鼓水的，可直接倒入滤料，形成围井。

管涌险情较严重时，在冒水孔处，清除杂物，挖去软泥，周围用土袋做成围井，井壁与地面严密接触，井内按反滤要求，分层铺设滤料，围井高度以能使冒水不挟带泥沙为宜，在井口安设排水管让渗出清水流走，以防溢流冲塌井壁。

在管涌口处用编织袋或麻袋装土抢筑围井，井内同步填反滤料，从而制止涌水带砂。围井面积应根据地面情况、险情程度、物料储备等来确定。围井高度应以能够控制涌水抑沙为原则，不能过高，一般不超过 1.5 m，以免围井附近产生新的管涌。

对管涌群，可以根据管涌口的间距选择单个或多个围井进行抢护。围井与地面应紧密接触，以防漏水使围井水位无法抬高。围井内必须用透水材料铺填，切忌用不透水材料。

根据反滤料的不同，反滤围井分为砂石反滤围井和土工织物反滤围井，见图 5-3-5。

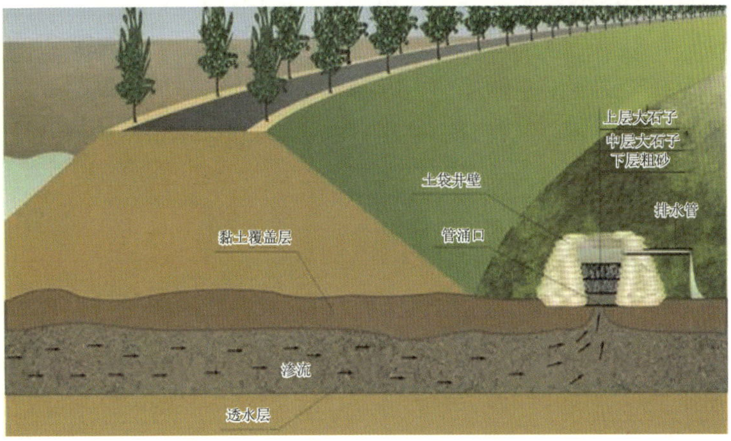

图 5-3-5 反滤围井

(1) 砂石反滤围井方法

该方法是抢护管涌险情的常见形式之一。

首先应清理围井范围内的杂物，再用编织袋或麻袋装土填筑围井。根据管涌险情严重程度不同，采用不同的方式铺填反滤料。

对管涌口不大、涌水量较小的情况，采用由细到粗的顺序铺填反滤料，即先填细料，再填过渡料，最后填粗料，每级滤料厚度为 20～30 cm。

对管涌口直径和涌水量较大的情况，可先填较大的块石或碎石以消杀水势，再按前述方法铺填反滤料，以免较细颗粒的反滤料被水流带走。

反滤料填好后应注意观察，若发现反滤料下沉可补足滤料，若发现仍有少量浑水带出而不影响其骨架改变(即反滤料不下陷)，可继续观察其发展，暂不处理或略抬高围井水位。管涌险情基本稳定后，在围井的适当高度插入排水管(塑料管、钢管或竹管)，使围井水位适当降低，以免围井周围再次发生管涌或井壁倒塌。同时，必须持续不断地观察围井及周围情况的变化，及时调整排水口高度，见图 5-3-6。

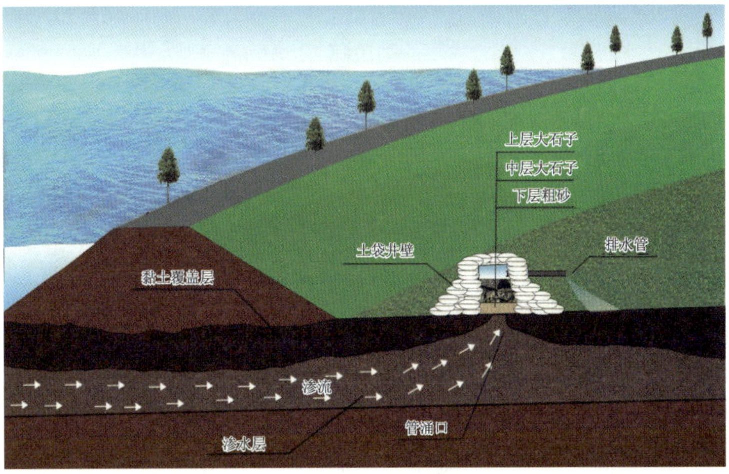

图 5-3-6 砂石反滤围井方法

(2) 土工织物反滤构筑围井方法

抢筑时，首先对管涌口附近进行清理平整，清除尖锐杂物。管涌口用粗料(碎石、砾石)充填，以消杀水势。铺土工织物前，先铺一层粗砂，厚 30～50 cm，然后选择合适的土工织物铺上。土工织物的选择应当慎重，并不是所有土工织物都适用。选择的方法可以将管涌口涌出的水砂放在土工织物上从上向下渗几次，看土工织物是否淤堵。若管涌带出粉砂时，要选用针刺型土工织物；若为较粗的砂，一般的土工织物均可选用。土工织物铺设一定要形成封闭区域，反滤层土工织物周围应嵌入土中，土工织物之间用线缝合。然后在土工织物上面用块石等强透水材料压盖，加压顺序为先四周后中间，最终中间高四周低，最后在管涌区四周用编织袋或麻袋装土修筑围井，围井修筑以及井内水位控制方法与砂石反滤围井构筑工艺相同。

3. 蓄水反压法(俗称养水盆)

当临背水头差较小时，可在涌水口用土袋抢修较大面积围井，壅水反压。如出现管涌群范围大时，可在背水坡脚处抢修月堤。围井和月堤高度以制止涌水带沙为宜。蓄水反压法通过抬高管涌区内的水位来减小堤内外水头差，减小出溢点水力坡度，降低渗透压力，达到稳定管涌险情的目的。此法适用于当地缺乏反滤材料、迎背水位差较小、出现管涌的周围地表坚实的情况。也适合于覆盖层相对薄弱的老险工段、管涌区域较大、其他反滤压盖措施难以见效或缺少砂石料的地方。由于只压不滤不导，常出现此压彼冒现象，因此使用此法须及时观察周边变化，见图 5-3-7。

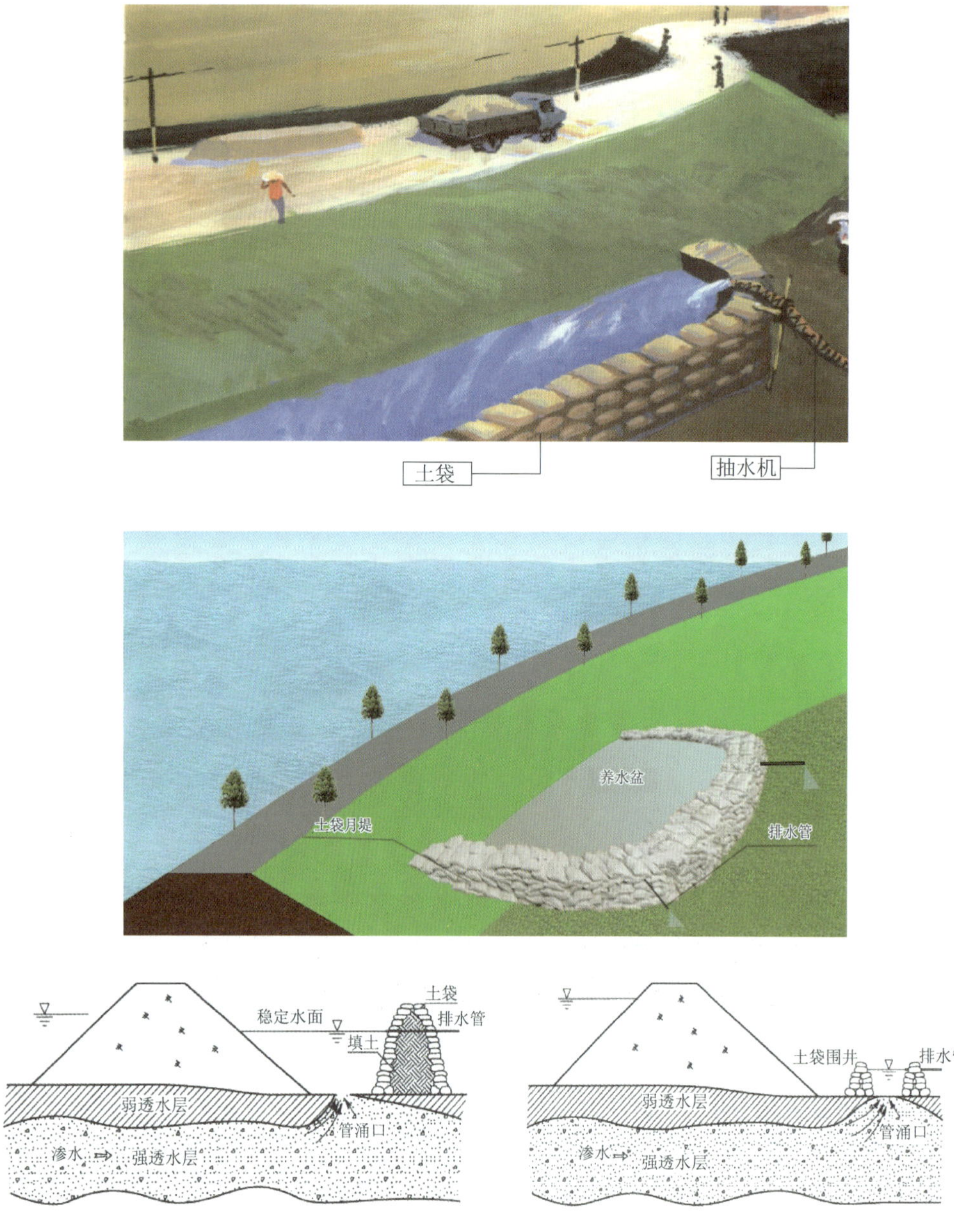

图 5-3-7 蓄水反压

4. 盖土平台法

当堤防背坡地面出现管涌群且发展危害堤防时，可用土直接覆盖修作平台，平台厚度 1～1.5 m，范围超出 2 m。如重新出现管涌可加厚加宽平台。

5. 水下管涌抢护

在潭坑、池塘、水沟、洼地等水下出现管涌时，可结合具体情况，采用填塘、水下反滤层、蓄水反压等方法抢护。

当坑、塘、水沟和水渠的水深较浅时，可采取反滤围井的办法。当水深较深，可采用水下抛填反滤层的办法。如管涌严重，可先填块石消杀水势，然后从水上向管涌口分层倾倒砂石料，使管涌处形成反滤堆，以控制管涌。当水下管涌群面积较大时，可采用蓄水反压的办法，直接向坑塘内蓄水，如有必要，也可在坑塘四周筑围堤蓄水。当水下管涌严重可能危及堤防安全时，如人力、时间和取土条件允许，可填坑、塘、水沟和水渠，在填管前，应对严重的管涌先抛砖、石等填塞，待水势削减后，集中人力和抢护机械，采用砂性土或粗砂将水塘填筑起来，以制止管涌渗水带砂。

6. “牛皮包”的处理

当地表土层在草根或其他胶结体作用下凝结成一片时，渗透水压把表层土顶起而形成的鼓包俗称为“牛皮包”。一般可在隆起的部位铺厚度 10～20 cm 的麦秸或稻草一层，其上再铺厚 20～30 cm 的柳枝、秫秸或芦苇一层，如厚度超过 30 cm 时，可分横竖两层铺放，然后再压土袋或块石。

7. 新型抢险技术

(1) 防汛装配式围井

主要规格：1.0 m×1.0 m、1.0 m×1.2 m、1.0 m×1.5 m。

原理：使围井内保持一定的水位，降低管涌孔口处水力坡降，减少动水压力，使管涌流动的土颗粒恢复稳定，抑制管涌破坏加重。

优点：抢险效率高、劳动强度低、抢险人员少、可重复利用(成本低)、环保无污染、效果好。

推广应用：中央和多省市(江苏、江西、安徽、湖北、湖南等)防汛物资仓库均有储备，实际抢险应用证明其性能优异，抢险效果良好，见图 5-3-8、表 5-3-1。

(a) 传统方法——利用沙袋构筑　　(b) 新型方法——利用装配式围井

图 5-3-8　装配式围井

表 5-3-1　装配式围井对比

分项	传统方法——利用沙袋构筑	新型方法——利用装配式围井
抢险队员数量	15 名	4 名
抢险机具	铁锹、挖掘机等	铁锹、扳手等
耗时	5 h	30 min

(2) 防汛土工滤垫(表 5-3-2)

表 5-3-2　防汛土工滤垫主要规格

序　号	规格型号	颜　色	滤垫尺寸	有效孔径
1	NH-GF01(中砂)	绿　色	1.4 m×1.4 m	0.25～0.35 mm
2	NH-GF02(细砂)	黑　色	1.4 m×1.4 m	0.15～0.28 mm
3	NH-GF03(粉砂)	黄　色	1.4 m×1.4 m	0.07～0.15 mm

原理:保土排水,防止土颗粒流失,排除渗水,消减全部或大部分水压力,保护土体结构不发生变化,达到稳定险情的目的。

优点:高效快捷、装配灵活、适应性强、效果好、抢险强度低、易保养储存、可重复使用。

应用效果:中央和多省市(江苏、江西、安徽、湖北、湖南等)防汛物资仓库均有储备,实际应用证明其性能优异,抢险效果良好。

第四章
漏洞抢险

一、漏洞险情

漏洞是汛期高水位情况下，洞口出现在背水坡或背水坡附近的横贯堤身的渗流孔洞。清水漏洞初期易被忽视，一旦形成后，出水量明显增加，水面上往往形成漩涡，漏洞扩大迅速，危及堤防安全，见图 5-4-1。

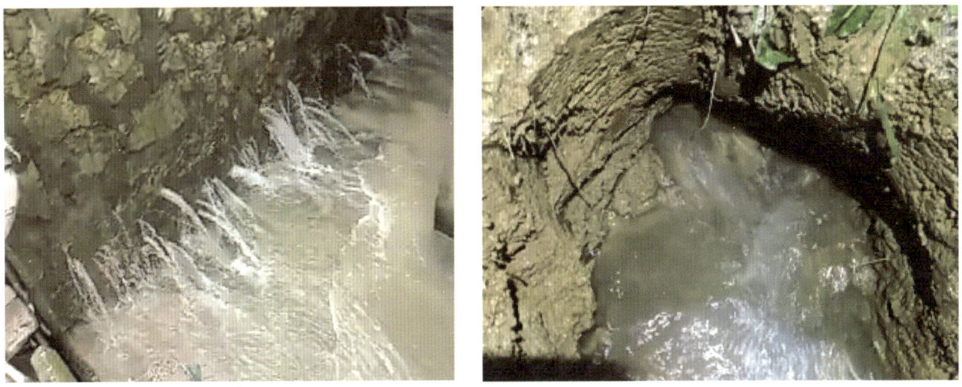

图 5-4-1　漏洞险情

二、抢护要点

前堵后导，临背并举。即在抢护时首先在临河找到漏洞进水口，及时堵塞，截断水源。同时，在背河漏洞出水口采取滤水措施，制止土壤流失，防止险情扩大，切忌在背河用不透水物料强塞硬堵，以免造成更大险情。

三、抢险物资

篷布或土工编织布、绳索、彩条布、木桩、防汛网兜、防汛堵漏材料、围井、黏土、自卸车等。

四、抢护方法

1. 软帘盖堵

当进水口较大或有多处孔洞土质松软时，可用篷布或土工编织布作为软帘盖堵，软帘大小根据盖堵的范围决定。软帘的上边用绳索或铅丝系牢于堤顶的木桩上,下边坠以重物,利于软帘沉贴边坡,并顺坡滑动。在盖堵前,先将软帘卷起,置放在洞口上部,盖堵时用杆子顶推,顺堤坡下滚,把洞口盖堵严密后,再盖压土袋,抛填黏土闭气,见图 5-4-2。

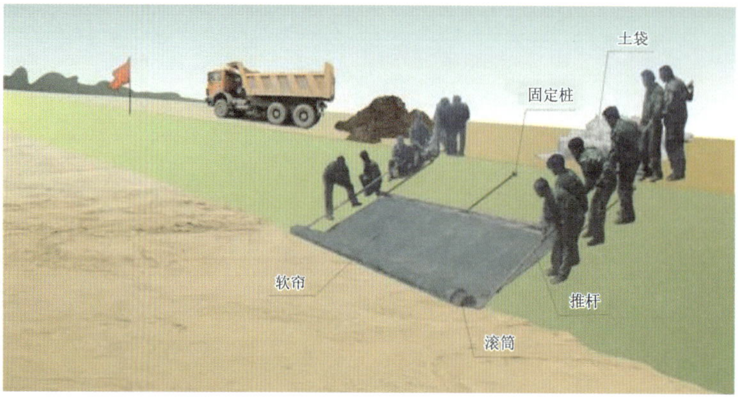

图 5-4-2 软帘盖堵

2. 软楔堵塞

当漏洞进口较小、周围土质较坚硬的情况下,可用绳结成楔形网兜,网兜内填麦秸、稻草等或用棉衣、棉被制作软楔,将进水口填实塞严,抛黏土或土袋闭气,也可用土袋抢修临河月堤,再填上闭气。软楔可为棉絮、草包、草捆等。适用于水浅、流速小,只有一个或少数洞口,洞口周围土质较硬,人可以下水接近洞口的地方,见图 5-4-3。

图 5-4-3 软楔堵塞

3. 临河月堤封堵(图 5-4-4)

图 5-4-4 临河月堤封堵

4. 反滤围井(或背水坡月堤)

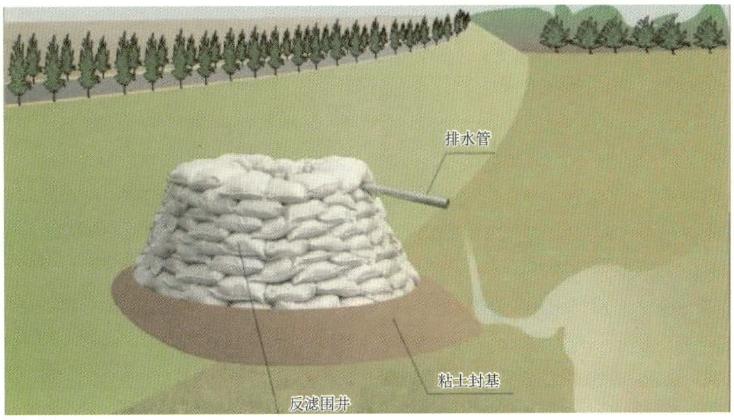

图 5-4-5　反滤围井(或背水坡月堤,见图 5-4-5、图 5-4-6)

图 5-4-6　反滤围井(2016 年 7 月 5 日,常州市新北区老德胜河港堤东岸北段自来水管道附近出现漏洞险情)

5. 抛填黏土前戗

条件许可时,根据漏水堤段的临水深度和漏水严重程度,确定抛填前戗的尺寸,一般顶宽 2～3 m,长度最少超过漏水堤段两端各 3 m,戗顶高出水面 1 m。抛填前须将边坡上的草、树和杂物尽量清除,见图 5-4-7、图 5-4-8。

图 5-4-7　抛填黏土前戗

图 5-4-8　构筑前戗

第五章
跌窝抢险

一、跌窝险情

跌窝，又称陷坑，俗称塌坑，是在堤顶、堤坡及堤脚附近突然发生局部下陷而形成的险情，有时还伴随渗水、漏洞等险情，危及堤防安全。产生的原因：堤身有隐患，堤防质量差，伴随渗水、管涌或漏洞形成，见图 5-5-1。

图 5-5-1　跌窝险情

二、抢护要点

查明原因,还土填实。

三、抢险物资

建筑土料、草袋、麻袋、编织袋、粗砂、反滤围井、钢管、大型机械等。

四、抢护方法

1. 填土夯实

凡是在条件许可又未伴随渗水、管涌等险情的情况下,均可采用此法。做法是:先将陷坑内的松土翻出,然后分层夯实,填满陷坑,恢复到堤防原状为止。如陷坑出现在水下且水不太深时,可修围堰,将水抽干后再行翻筑,见图 5-5-2。

图 5-5-2 翻填夯实

2. 填塞封堵

当陷坑发生在堤身单薄、堤顶较窄堤防的临水坡时,先沿陷坑周围开挖翻筑,加宽堤身断面,彻底清除堤身隐患。如发现漏洞进水口时,立即按抢堵漏洞的方法进行抢修。一般情况下,填塞封堵只是临时措施,对堤防的长期安全无效果,在汛后水位回落后,还需重新进行翻土填筑夯实处理,见图 5-5-3、图 5-5-4。

图 5-5-3 填塞封堵 1

图 5-5-4　填塞封堵 2

3. 填筑滤料

当陷坑发生在堤防的背水坡，伴随有渗水、管涌或漏洞险情时，除尽快对堤防迎水坡渗漏通道进行截堵外，对不宜直接翻土填筑夯实的背水坡陷坑，可采用填筑滤料的做法。即：先将陷坑内松土和湿软土壤挖出，然后用粗砂将坑填实，如渗涌水势较大，按背水导渗流的要求，加填石子、块石、砖块、梢料等透水材料，在消杀水势后再填实。待陷坑填满后，再按砂石反滤层的铺设方法进行抢护。在修筑反滤层时，必须正确选择反滤料，真正起到反滤作用，否则抢护会失败，见图 5-5-5。

图 5-5-5　填筑滤料

第六章
裂缝抢险

一、裂缝险情

裂缝是最常见的险情，有时可能是其他险情（如滑坡、崩岸等）的预兆。按其出现部位分为表面裂缝、内部裂缝；按其走向分为横向裂缝、纵向裂缝、龟纹裂缝；按其成因分为不均匀沉陷裂缝、滑坡裂缝、干缩裂缝、冰冻裂缝、震动裂缝。堤顶或堤坡发生裂缝，与堤身垂直的叫横缝，与堤身平行的叫纵缝。

其中以横向裂缝和滑坡裂缝危害性最大。横缝易形成渗水通道，险情较严重，应及时加以处理，见图5-6-1。

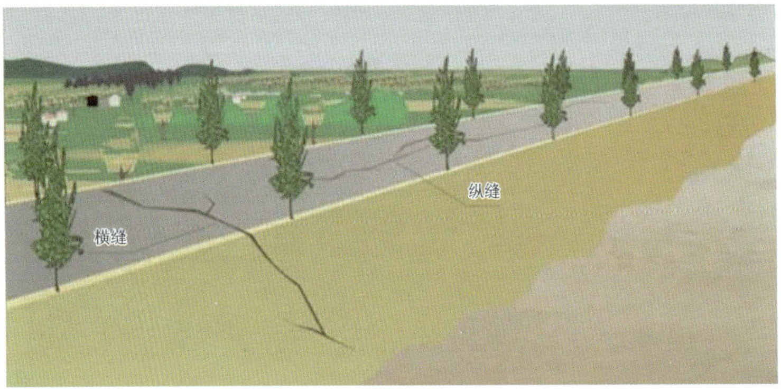

图5-6-1　裂缝险情

二、抢护要点

隔断水源，开挖回填。

三、抢险物资

防汛储物袋、土工膜、土工布、土料等。

四、抢护方法

1. 横墙隔断

此法适用于横向裂缝抢护。做法是：除沿裂缝开挖沟槽外，并在与裂缝垂直方向每隔 3～5 m 增挖沟槽，槽长一般为 2.5～3 m，开挖和回填要求与上述开挖回填法相同。如裂缝前端已与临水相通，或有连通可能时，在开挖沟槽前，应在裂缝堤段临水面先做前戗截流。在沿裂缝背水坡已有漏水时，应同时在背水坡做好反滤导渗，避免堤土流失。如裂缝一段临水尚未连通，并已趋于稳定，可采用横墙隔断方法处理，但开挖施工应从背水面开始，分段开挖回填。当漏水严重、险情紧急或河水猛涨来不及全面开挖时，可先沿裂缝每隔 3～5 m 挖竖井截堵，待险情缓和后，再伺机采取其他处理措施，见图 5-6-2。

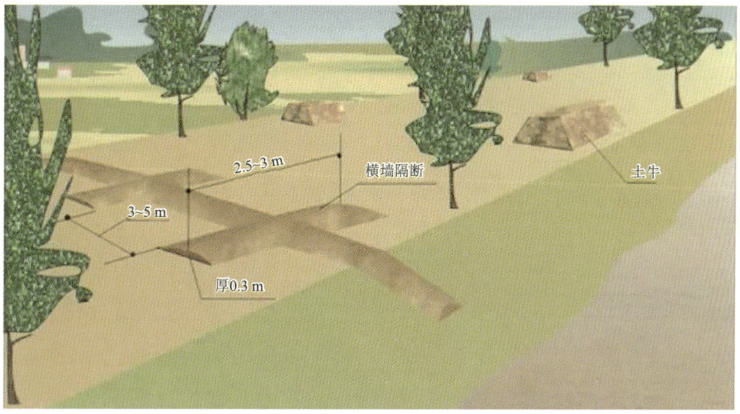

图 5-6-2 横墙隔断

2. 开挖回填

此方法适用于没有滑坡可能性，经检查观测已经稳定的纵向裂缝，抢护比较彻底。做法是：在开挖前，将过滤的石灰水灌入裂缝，了解裂缝的走向和深度，以便指导开挖。在开挖时，一般采用梯形断面，深度挖至裂缝以下 0.3～0.5 m，底宽至少 0.5 m，边坡要满足稳定及新旧填土接合的要求，便于施工。开挖沟槽长度应超过裂缝端部 2 m。开挖的土料应分别堆放，不应堆放在坑边，以免影响边坡稳定。开挖后，应保护坑口，避免日晒、雨淋和冻融。回填土料应与原土料相同，控制在适宜的含水量内。填筑前，检查坑槽底和边壁原土体表层土壤含水量。如偏干，则在表面洒水湿润；如过湿或冻结，应清除后再回填。回填要分层夯实，每层厚度约 20 cm，顶部应高出堤顶面 3～5 cm，做成拱形，以防雨水灌入，见图 5-6-3。

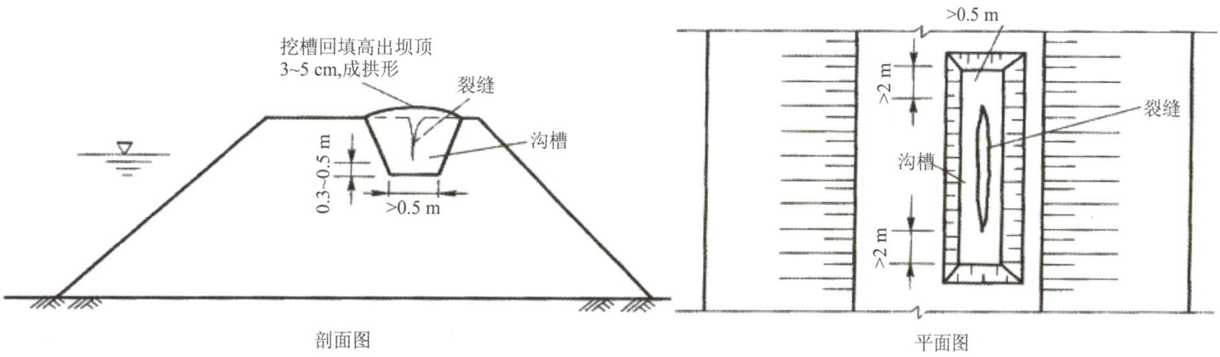

图 5-6-3 开挖回填处理裂缝示意图

3. 土工膜盖堵

此法适用于洪水期深度大且贯穿大堤断面的横缝。用防渗土工薄膜或复合土工薄膜、土工织物在临水堤坡全面铺设，并用土帮坡或铺压土袋、砂袋等，使水与堤隔起截渗作用；在背水坡用透水土工织物进行反滤排水，保持堤身土粒稳定，见图 5-6-4。

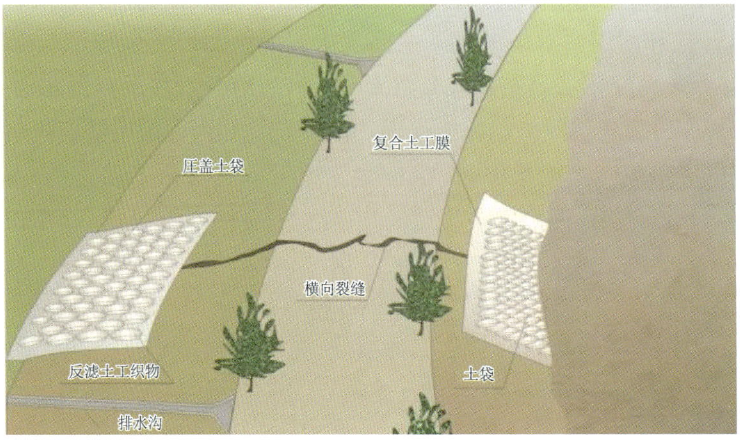

图 5-6-4 土工膜盖堵

4. 封堵缝口

对宽度小于 3～4 cm、深度小于 1 m、不甚严重的纵向裂缝和不规则纵横交错的龟纹裂缝，经检查已经稳定时，可采用此法。做法是：用干而细的砂壤土从缝口灌入，再用板条或竹片捣实；灌塞后，沿裂缝筑宽5～10 cm、高 3～5 cm 的拱形土埂，压住缝口，以防雨水浸入；灌完后，如又有裂缝出现，证明裂缝仍在发展，应仔细判明原因，另选适宜方法处理。对缝宽较大、深度较小的裂缝，可采用自流灌浆法处理，即在缝顶开宽、深各为 0.2 m 的沟槽，先用清水灌一下，再灌水土重量比为 1∶0.15 的稀泥浆，然后灌水土重量比为 1∶0.25 的稠泥浆。泥浆土料为壤土，灌满后封堵沟槽。如果裂缝深且宽大，开挖困难，可采用压力灌浆法处理，即灌浆时将缝口逐段封死，将灌浆管直接插入缝内，也可将缝口全部封死，由缝侧打眼灌浆，反复灌实；灌浆压力一般控制在 0.12 MPa 左右，避免跑浆。此法对已稳定的纵缝适用，不能用于滑坡性裂缝，以免加速裂缝发展。

此外，对于未堵和已堵的裂缝，均要加强观测，分析产生裂缝原因，研究其发展情况，以便及时采取必要措施，如裂缝由滑坡、坍塌等原因引起，则立即采取相应措施抢护。当发现裂缝后，应尽快用土工膜、雨布等覆盖保护，不让雨水流入缝中，必要时采取相应的措施处理。

第七章
冲塌抢险

一、冲塌险情

冲塌险情即坍塌崩岸险情，因水流冲击，浸泡后岸坡土体内部的摩擦力和黏结力抵抗不住土体的自重和其他外力，使土体失去平衡而下榻的现象称为崩塌滑坡失稳。大堤临水堤坡或控导工程被洪水水流冲塌，或退水期堤岸失去水体支撑，再加上反向渗透压力，出现崩岸，如抢护不及时，即有决堤的危险，见图 5-7-1。

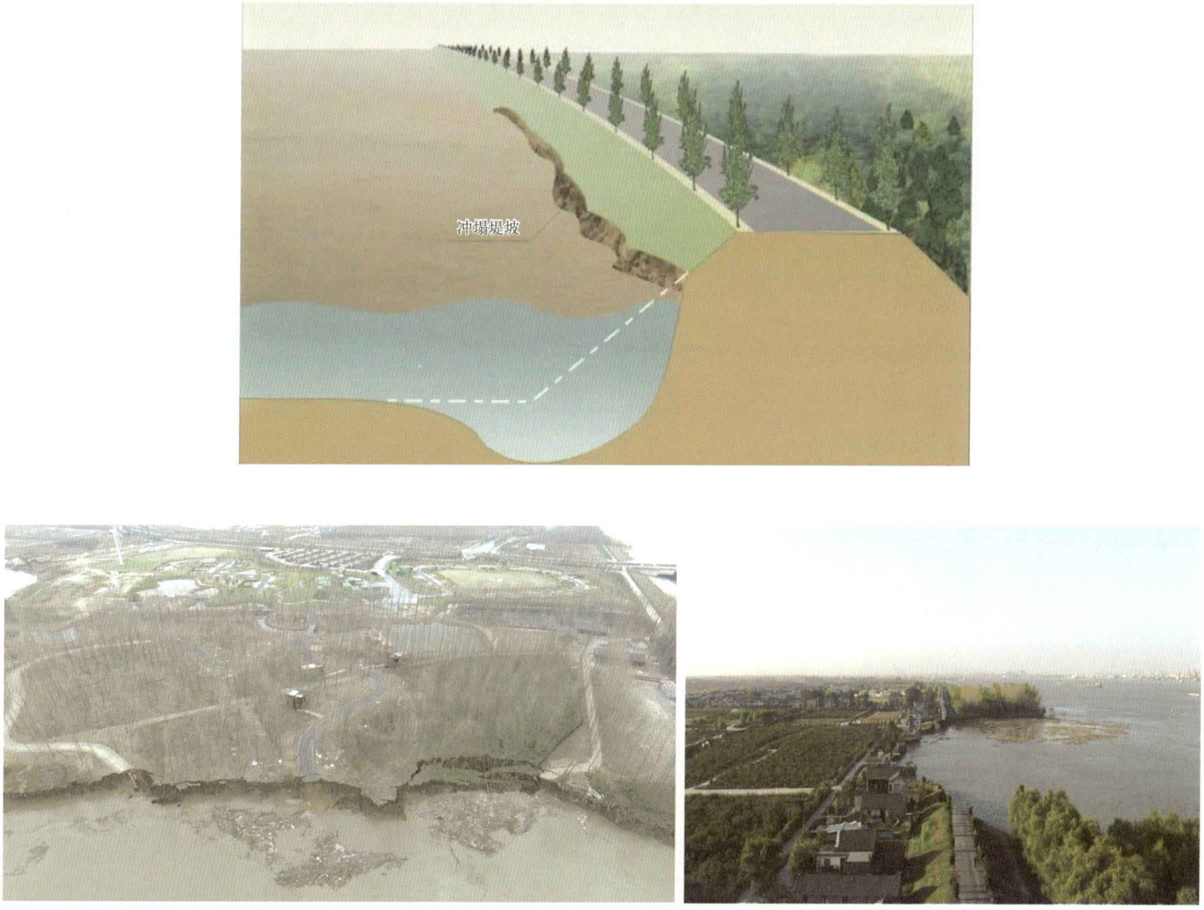

图 5-7-1　冲塌险情

二、抢护要点

缓溜防冲,护脚固基。即减少水流冲淘,护坡、护脚,缓流挑流,减载加帮,崩塌险情应及早抢护,见图 5-7-2。

图 5-7-2 冲塌险情排除

三、抢险物资

复合土工膜、彩条布、土工布、防汛块石、柳石枕、铅丝石笼、块石、大型机械。

四、抢护方法

1. 护脚防冲法

通过护坡固脚防冲,在堤顶或船上沿坍塌部位抛投块石、柳石枕或铅丝(竹)石笼。先从顶冲坍塌严重部位抛护,然后依次从上到下进行,抛至稳定坡度为止。采用的防汛物资有石块、大型机械险,见图 5-7-3～图 5-7-5。

图 5-7-3 护脚防冲

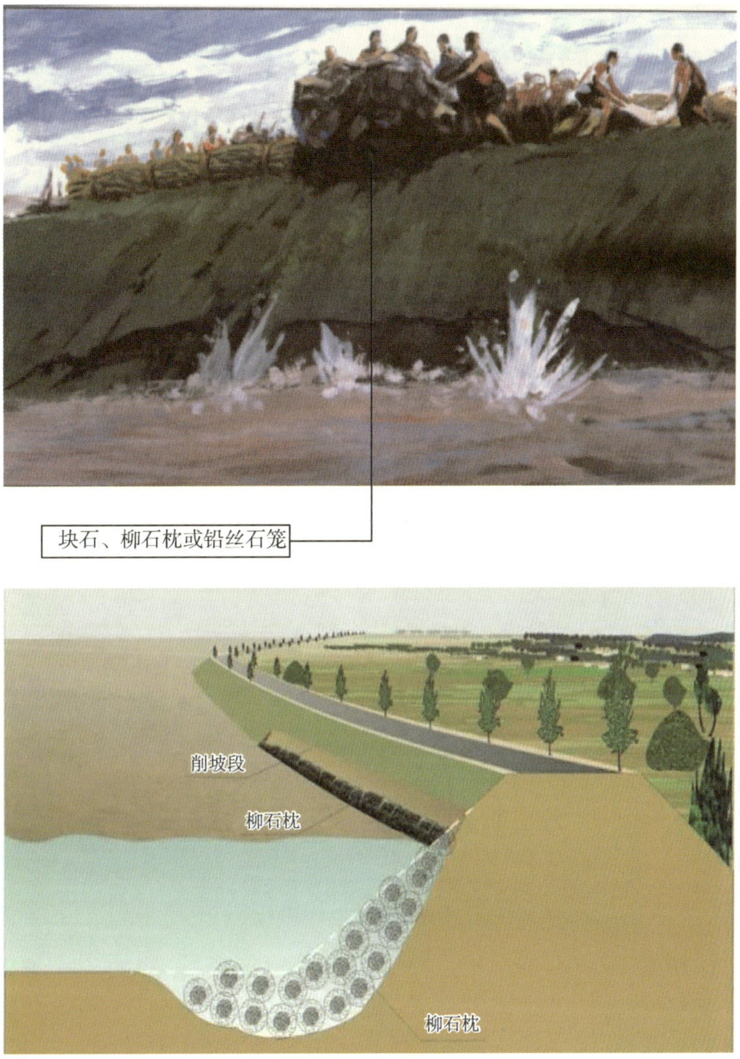

图 5-7-4　固脚护基

图 5-7-5　抛石固基

2. 桩柴护岸法

在水不太深的情况下，坡脚受水流淘刷而崩塌时，可采用此法。

抢护前，先探摸崩塌部位水位，确定木桩的长度。

抢护时,在崩塌处下沿打木桩一排,间距 1 m,桩顶略高于崩塌体最高点;木桩后密压厚 0.1 m 的柳把(或散柳)一层,并栓牢在木桩上,其后用散柳、散枝或其他软料铺填厚 0.2 m,软料背后用黏土填实;在崩塌部位的上部与前排桩交错另打长 0.5~0.6 m、桩距 1.0 m 的签桩一排,略露桩顶,并用麻绳或铅丝将前排桩拉紧,固定在木桩上,最后用 0.2~0.3 m 厚黏性土封顶。

3. 柳柴护岸法

通过沉柳缓溜防冲,采用枝多叶茂的柳树头,用铅丝或麻绳将大块石或砂袋拴在树杈上,装在船上从下游向上游,由低处到高处,依次抛沉。如一排不能掩护淘刷范围,可增加沉柳排数,树头依次排列,前后树梢紧密相连,见图 5-7-6。

图 5-7-6 沉柳缓溜防冲

适用迎水坡被淘刷范围较大的险情,对减缓流速、抗御冲刷较为有效。

要先摸清堤坡被淘刷的位置、水深和范围,决定沉柳的底部位置和应沉的数量。采用枝叶茂密的柳树头,用铅丝或麻绳将大块石或土袋捆扎在柳树头的树杈上。用船抛投,待船定位后,将树头推入水中。要从下游往上游,由低处至高处,依次抛投,务必使树头依次排列,紧密相连。

4. 外削背帮法

堤坝宽大、无外滩或滩地狭窄,可先将迎水面陡坡部分削缓,减轻下层压力,降低崩塌速度,同时在背水坡坡脚铺砂、石、梢料或土工布作排渗体,再在其上利用削坡土内帮,迎水坡脚抛石防冲,见图 5-7-7。

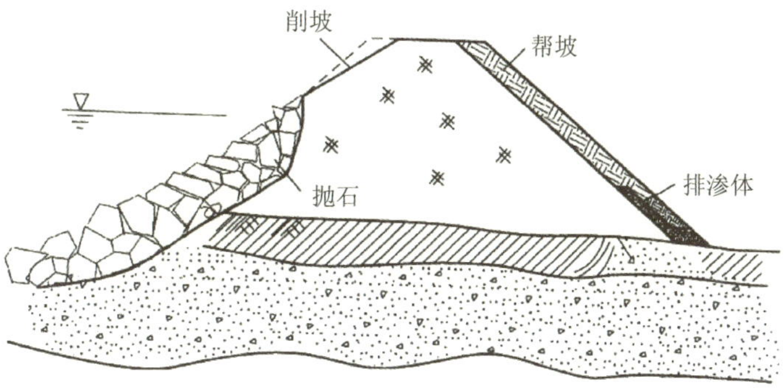

图 5-7-7 外削内帮示意图

5. 新型物料使用——快速固化石

作用:替代传统抛石,用于抢护汛期堤防临水坡发生崩岸险情。

原理:就近将土石料固化成石,可形成大小和形状各异的块体,在水中长时间不会散体。

优点:取料方便、抢险快速、绿色环保,可制成不同大小和形状的块体,在水中长时间不会散体,见图 5-7-8。

图 5-7-8 快速固化石使用示意图

第八章
漫溢抢险

一、漫溢险情

汛期，由于洪水漫过堤坝，将对堤防的下游坝坡产生冲刷破坏，从而引起堤防的失稳险情。因此，汛期要采取切实可行的措施，防止洪水漫过坝顶。

根据水情预报，洪水位将超过设计洪水位，甚至可能超过堤顶时，在洪水来临之前，在堤顶临水一边抢修子埝，以防漫溢，见图 5-8-1。

图 5-8-1　漫溢险情

二、抢护要点

预防为主，水涨加堤，水多分流。当洪水有可能超过堤坝顶部时，临时加高堤坝或抢筑子堤，或利用分蓄洪区或相邻河道分洪，以降低水位。

三、抢险物资

防汛麻袋、编织袋、彩条布、土工膜、砂卵石袋、木桩、黏土、土料、电动泵等。

四、抢护方法

1. 构筑土料子堤法

筑于堤坝顶部靠迎水坡一侧，距坡肩 0.5～1.0 m，子堤顶宽 0.6～1.0 m。边坡不大于 1∶1，子堤顶应超过推算最高水位 0.5～1.0 m。在抢筑时，在堤坝顶先开挖一条结合槽，槽深 0.2 m，底宽 0.3 m 左右，边坡 1∶1，子堤底宽范围内的原堤坝顶部应清除路面杂物，并将表层土刨松或犁成小沟，以利新老土结合。土料宜选用黏性土，填筑时要分层夯实，见图 5-8-2。

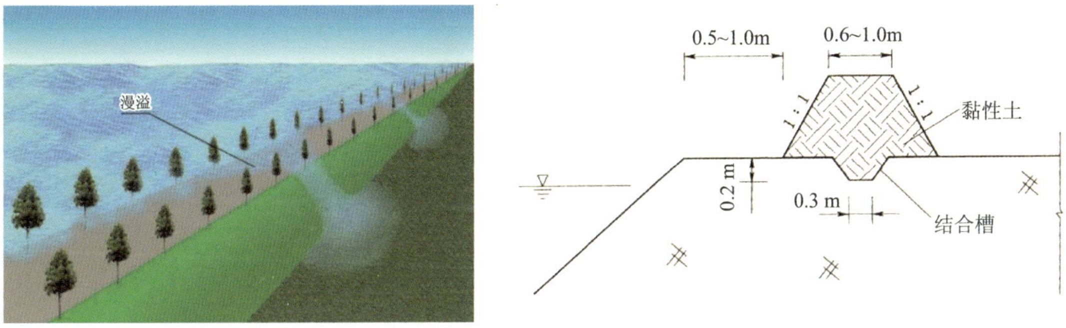

图 5-8-2　土料子堤

2. 构筑土袋子堤法

当风浪较大时，一般用编织袋、草袋或麻袋，装土七八成，将土袋袋口缝严。土袋放置于迎水面，起到防浪作用，一般以黏土土料为宜，颗粒较粗或掺杂砾石的土料也可使用。铺砌土袋距迎水坡肩 0.5～1.0 m，袋口朝向背水面，排砌紧密，袋缝上下层错开，并使土袋迎水面形成 1∶0.5～1∶0.3 的边坡。不足 1.0 m 高的子堤，临水叠砌一排土袋；较高的子堤底层可酌情加宽为两排或更宽些。土袋后加筑防渗土戗，随砌土袋，随分层铺土夯实，背水坡比不大于 1∶1。子堤顶应超过推算最高水位 0.5～1.0 m，当堤坝顶即将漫溢，来不及从远处取土时，在堤坝顶较宽的情况下，可临时在背水坡肩取土筑子堤，见图 5-8-3、图 5-8-4、表 5-8-1。

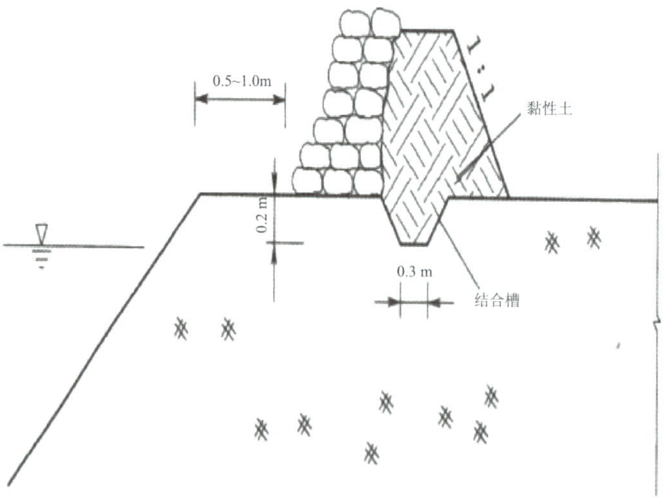

图 5-8-3 土袋子堤

图 5-8-4 构筑土袋子堤法

表 5-8-1 土袋性能指标

序 号	项 目	单 位	性能指标
1	经向断裂强度 1	kN/m	≥18
2	纬向断裂强度	kN/m	≥16
3	经纬向断裂伸长率	%	≥15

续 表

序 号	项 目	单 位	性能指标
4	缝向断裂强度	kN/m	≥7
5	等效孔径 ϕ95	mm	0.1～0.5
6	摩擦系数	/	≥0.3
7	顶破强力	kN	≥1.2
8	垂直渗透系数	cm/s	10^{-3}～10^{-2}

3. 土工织物子堤(图 5-8-5、图 5-8-6)

图 5-8-5 土工织物子堤

图 5-8-6 机泵排水

4. 新型抢险技术

(1) 防汛浮力式、装配式子堤

由防汛装配式围井的单元围板改造，具有施工高效快捷、装配灵活、适应性强、便于储运、造价低廉、可重复使用及绿色环保等特点。单元子堤尺寸：宽 1.0 m，高分别为 1.0 m、1.2 m 和 1.5 m。子堤长度：可根据漫溢浪坎险情的实际情况和抢险要求，组装成任意长度子堤角度：可调为 70°、80°和 90°。优点：具有施工高效快捷、装配灵活、适应性强、便于储运、造价低廉、可重复使用及环保等特点。

(2) 超长防汛袋管

作用：构筑临时挡水子堤，抢护漫溢险情；城市防洪中构筑应急安全通道。

原理：“就地取材，以水挡水。”见图 5-8-7。

图 5-8-7 防汛装配式子堤

结构:管袋内充水体,分为两层,外层为抗老化高强度的编(机)织土工布,内层为不透水布,内置 2 个平行水体,自身实现稳定。超长防汛管袋是由一组平行内袋和一个外袋组合而成,依靠自重及平行内袋相互牵制实现整体稳定。单袋最大挡水高度 2.0 m,可逐级叠置,最大挡水高度可达 4.0 m,单袋长度可任意按需求设置,常规 30～100 m。超长防汛管袋外袋为绿色,材质为全新聚丙烯特制,内袋为黑色,材质为全新聚乙烯特制。超长防汛管袋首节长度 5.0 m,其余单节 20.0 m,也可以根据需求任意定制,节与节之间可通过连接支架、连接套筒及连接袖口搭接,从而在长度方向实现无限延伸。

优点:结构简单、连接方便、适应性强、抢险效率高、挡水高度高、可靠性好、抗风浪能力强、可重复使用、易保养存储等,见图 5-8-8。

图 5-8-8 超长防汛袋管

(3) 泄洪防护垫

作用:防止临时泄洪时堤坝泄洪段背水坡的冲刷破坏,堪称“大坝雨衣”。

原理:结构分为三层,外层为高强不透水防护层,中间层为特殊结构网状弹性体,底层为高摩擦抗滑体。宽幅最大 6.0 m,单体长度 30 m。

优点:具有抢险速度快、铺设连接方便、抗滑稳定性好及可重复使用等优点,见图 5-8-9。

图 5-8-9 泄洪防护垫

第九章
风浪抢险

一、风浪险情

高水位时风大浪高，堤（坝）迎水坡受风浪冲击，连续淘刷，侵蚀堤身，造成局部堤段浪坎险情，严重时有决口危险，见图 5-9-1。

图 5-9-1　风浪和浪坎险情

二、抢护要点

消能防冲，保护堤坡。

三、抢险物资

防汛土工织物、土工膜布、沙袋、大块石、木桩、钢丝、柳树（枝）、麻绳、铅丝等。

四、抢护方法

1. 土工织物防浪

用土工织物、土工膜布、篷布或彩色编织布铺放在堤坡上。铺设时,织物的上沿应高出洪水位 1～2 m,织物四周用沙袋或大块石压牢,但要加强观察,以防被冲失。也可用编织袋装土、砂卵石等,沿水边线排放连成排体防浪,见图 5-9-2。

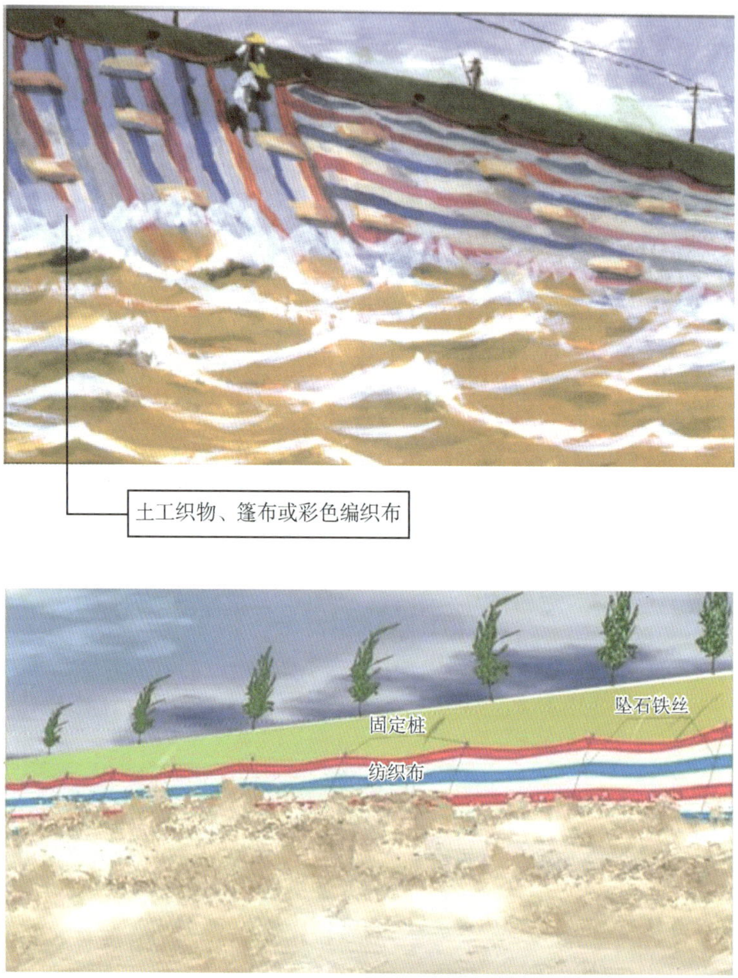

图 5-9-2 织物防浪

2. 土袋防浪(图 5-9-3)

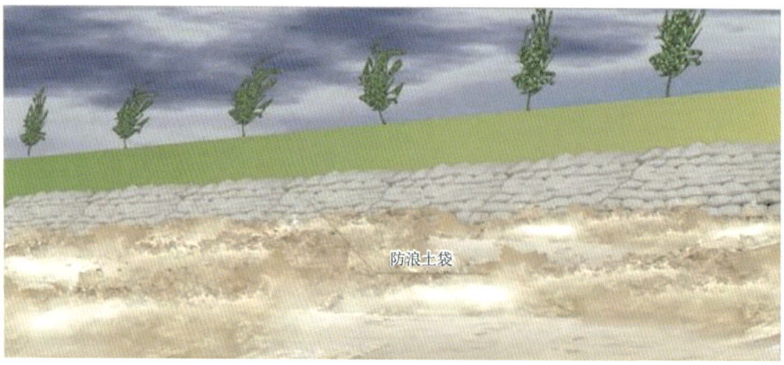

图 5-9-3 土袋防浪

3. 挂柳(枕)防浪

用柳树、秸料或苇料等,扎成直径 50 cm 厘米的枕,将枕两端用绳系在堤岸木桩上,推置水面上,随波起伏,起到消浪作用。使用的防汛物资有木桩、钢丝、柳枝,见图 5-9-4、图 5-9-5。

图 5-9-4 挂枕防浪

图 5-9-5 浪坎险情抢护

第十章
决口抢险

一、决口险情

决口险情又叫堵口，堤防出现管涌、漏洞、滑坡、漫溢等险情时，若未及时发现和有效处置，随着险情进一步发展，将可能形成决口险情，对决口及时进行封堵称堵口，见图 5-10-1。

图 5-10-1　决口险情

二、抢护要点

安全救援，快速封堵，见图 5-10-2。

图 5-10-2　决口险情排除后

三、抢险物资

散石、混凝土块、柳石枕、铅丝笼、木桩等。

四、抢护方法

1. 立堵：提防决口两端做好裹头，从口门两端同时抛投堵口材料，可根据水深和流速采取不同方法。如流速不大或静水，可直接填土进行封堵；如流速较大，可用打桩、抛枕、抛笼等进行封堵，最后集中抛投合龙，见图 5-10-3、图 5-10-4。

图 5-10-3 立堵

图 5-10-4 立堵（钢木土石组合坝封堵）

2. 平堵:沿口门选定堵口堤线,利用架桥或船只平抛料物,如散石、混凝土块、柳石枕、铅丝笼或竹笼、块石等,从河底开始逐层填高,直至高出水面,以堵截水流,达到堵口目的,见图 5-10-5。

图 5-10-5　平堵

(以上图片由江苏省防汛防旱抢险中心提供)

编后记

中共中央总书记、国家主席、中央军委主席习近平高度重视防汛救灾工作，近年来多次对防汛救灾工作作出重要指示，"要始终把保障人民群众生命财产安全放在第一位"，"抓细抓实各项防汛救灾措施"，"要坚持人民至上、生命至上，统筹做好疫情防控和防汛救灾工作，坚决落实责任制，坚持预防预备和应急处突相结合，加强汛情监测，及时排查风险隐患，有力组织抢险救灾，妥善安置受灾群众、维护好生产生活秩序，切实把确保人民生命安全放在第一位落到实处"。为进一步强化江苏省水旱灾害防御物资储备管理工作，提高规范化、标准化、智能化管理水平，提升突发险情灾情的应急响应能力，根据《中华人民共和国防汛条例》《中央防汛抗旱物资储备管理办法》《江苏省省级防汛抗旱物资储备管理办法》等法律法规，结合省级防汛抗旱物资储备管理工作实际，江苏省水利防汛物资储备中心组织编写了《江苏省省级水旱灾害防御物资管理手册》(上、下册)，助力指导全省水旱灾害防御物资储备单位管理能力建设。

本手册结合江苏省水利防汛物资储备单位管理实践，以现行法律法规和标准规范为依据，采取文字介绍与图片相对照的方式，对物资储备管理工作进行了全方位阐述。内容涵盖规章制度、应急预案、储备物资管养及使用说明、仓储作业设备安全操作规程、常见险情及防汛物资使用等，图文并茂，生动形象，充分展示防汛物资储备管理、应急调运中的具体做法和常见问题，针对性、实用性强，可供广大水旱灾害防御物资储备管理工作者参考使用。

《江苏省省级水旱灾害防御物资管理手册》(上、下册)共 5 部分 41 章，由韦建斌、周根富负责大纲编写和内容审定，华庆莉负责统稿等工作。上册分为"江苏省防汛特性"、"规范化管理"和"附录"三个部分，共 17 个章节，下册分为"储备物资及其使用说明"、"仓储作业设备安全操作规程"和"常见险情及防汛物资使用"三个部分，共 24 个章节。由周根富编写第三部分第一章第 1～2 节，第四部分第一章，第五部分第一章；韦建斌编写第三部分第二章 3～4 节，第八章第 1～2 节，第五部分第二章、第三章、第四章；骆勇编写第三部分第二章第 1～2 节，第五部分第七章、第八章；夏晶编写第三部分第六章第 1～3 节，第五部分第五章、第六章；华庆莉编写第三部分第一章第 3 节，第四部分第三章，第五部分第九章；李江编写第三部分第一章第 5～6 节，第三章第 1 节，第四章第 1～2 节；田志平编写第三部分第一章第 7～8 节，第三章 5～6 节，第七章第 4 节；唐菊明编写第三部分第一章第 9 节，第三章第 2～3 节，第四部分第二章；许峰编写第三部分第一章第 11～12 节，第三章第 9～10 节，第四部分第五章；王建锁编写第三部分第一章第 13～14 节，第四章第 4～5 节，第七章第 3 节；陈擎宇编写第三部分第一章 15～16 节，第四章第 3 节，第四部分第六章；陈小田编写第三部分第五章第 3～4 节，第五部分第十章；孙良权编写第三部分第一章第 4 节，第三章第 4 节、第 11 节；武闻天编写第三部分第三章第 7～8 节，第七章第 5 节；张枫雷编写第三部分第一章第 10 节，第二章第 5 节；郭尉编写第三部分第一章第 17～18 节，第七章第 2 节；陈其林编写第三部分第五章第 1～2 节，第七章第 1 节，第四部分第四章。该手册编写过程中，陈庆山、汪敏、包海、范文建、徐业伟、殷爱斌、李金星、陆菲、葛卫东、朱威威、许文、浦骏、朱国宇、周福强、孙飞等同志给予精心指导和热心帮助，在此一并表示感谢。

由于编者水平有限和成文时间仓促，本手册难免存在疏漏和不足，个别章节的解读深度不够，编著不当之处敬请读者谅解并提出宝贵意见。

编写组

2022 年 7 月